LE VOYAGEUR FRANÇOIS,

OU

LA CONNOISSANCE

DE L'ANCIEN

ET DU NOUVEAU MONDE.

VOYAGE DE FRANCE,

Mis au jour par Monsieur D***.

TOME XXXIII.

Prix 3 liv. relié.

A PARIS,

Chez MOUTARD, Imprimeur-Libraire de la Reine, rue des Mathurins, hôtel de Cluni.

M. DCC. XC.

Avec Approbation, & Privilege du Roi.

LE VOYAGEUR FRANÇOIS.

LETTRE CDXXX.

SUITE DU LANGUEDOC.

LE diocèse d'*Aleth*, que je viens de parcourir, Madame, a été démembré, comme je l'ai dit dans la lettre précédente, du diocèse de Narbonne. On le divise en deux parties. *Aleth* est la capitale de l'une, & *Limoux* celle de l'autre qu'on appelle comté de *Razès*. Ce diocèse est borné à l'est par celui de Narbonne; au nord par les diocèses de Saint-Papoul & de Carcassonne ; à l'ouest par celui de Mirepoix & le comté de Foix ; & au sud par le Roussillon.

La partie méridionale de ce diſtrict eſt un pays de montagnes qui produiſent peu de blé, mais de fort bons pâturages pour les beſtiaux. Ce ſont les baſſes Pyrénées, où l'on eſt dans la neige la moitié de l'année. On prétend que du temps des romains ces montagnes renfermoient des mines d'or; & l'on prouve cette aſſertion, non-ſeulement par les ouvertures & les cavités que l'on voit dans les rochers, mais encore par les paillettes qu'on trouve dans les ruiſſeaux qui en ſortent. Mais il faut, ou que ces mines aient été épuiſées, ou qu'on ignore l'art de les trouver. Colbert forma en 1672, une compagnie qui ſe donna beaucoup de ſoins pour découvrir ces mines ; on avoit même attiré des ſuédois habiles en ce genre de recherches. Mais tous ces travaux ſe terminerent à la découverte de quelques rameaux de cuivre, qui diſparurent preſqu'auſſitôt, & qui à beaucoup près ne payerent pas les frais.

Dans le territoire de Limoux, on recueille des vins blancs de très-bonne qualité, mais qui ne ſe transportent pas. Il ſe fabrique auſſi dans ce can-

LE LANGUEDOC.

ton des draps & des ratines; & la ville de Limoux est l'entrepôt où l'on transporte les fers de toutes les forges voisines. La riviere d'*Aude* qui vient des Pyrénées, traverse ce diocèse, & abonde en excellent poisson. On y pêche aussi de temps en temps quelques paillettes d'or, mais en très-petite quantité.

C'est sur la rive droite de cette riviere, &, dans une vallée assez fertile qu'est située la ville épiscopale d'*Aleth*. Elle n'étoit autrefois qu'une abbaye de l'ordre de saint Benoît. Les maisons qu'on y bâtit tout auprès, formerent insensiblement une petite ville. Le pape Jean XXII y transféra en 1318, l'évêché qu'il avoit voulu établir quelque temps auparavant à Limoux. L'abbé étoit alors seigneur temporel de cette petite ville; & c'est sur cette seigneurie qu'est encore fondé le revenu de l'évêque. L'église & le couvent étoient très-beaux. Mais les calvinistes détruisirent entierement l'église au seizieme siecle; & lorsque les évêques sont rentrés en possession du couvent, on a été réduit à faire la cathédrale de l'ancien réfectoire des moines. On voit dans le cimetiere les tombeaux de MM. *Pavillon* & *Taffoureau*, l'un & l'autre évêques d'Aleth, & tous deux fort célebres, le premier surtout pour avoir défendu avec la plus grande vivacité les écrits de Janfenius.

A une lieue d'Aleth, on trouve sur la riviere d'Aude la ville de *Limoux*, dont les environs sont trés-agréables. Elle est à présent le chef-lieu du comté de *Razès*, dont le nom latin est *Redæ*. Ce pays avoit autrefois une capitale qui portoit ce même nom, & qui n'existe plus. Les archevêques de Narbonne s'y réfugierent, lorsqu'ils furent chassés de leur ville par les sarrasins. Ces prélats resterent même assez long-temps les maîtres du Razès. Les comtes de Carcassonne, qui l'étoient en même temps de Beziers, les en dépossederent; & ce pays devint l'appanage des seconds fils de ces comtes. Durant les guerres des albigeois, il passa à Simon de Montfort, & fut enfin réuni à la couronne en même temps que Carcassonne.

Le village de *Rennes* est à une demi-lieue d'Aleth. Il y a une fontaine d'eau minérale appellée *le Tuberon*, dont les vertus médicinales sont en grande réputation. Ces bains étoient fréquentés par les romains puisqu'on y trouve beaucoup d'inscriptions & de médailles du temps de ce peuple.

Les autres lieux les plus remarquables sont *Quillan*, *Saint-Paul de Fenouilledes*, & *Caudiés*, situés au midi.

L'extrémité du diocèse d'Aleth, qui avoisine le comté de Foix, est le pays de *Sault*, dont la longueur est d'environ cinq lieues, & la largeur de deux. Il est arrosé à l'orient par la riviere d'Aude, & plein de montagnes & de bois. Le bourg d'*Escouloubre* en est le chef-lieu. Il y a un bailliage royal, qui ressortit à la sénéchauffée de Limoux. Ce pays avec titre de vicomté étoit anciennement compris dans le Razès. Il fut réuni au domaine des comtes de Barcelonne, & ensuite à celui des comtes de Touloufe.

En fortant de ce diocèse, je suis remonté vers le nord pour parcourir celui de *Carcassonne*, borné au sud par le diocèse d'Aleth & celui de Narbonne; à l'est par ce dernier; au nord par celui de Lavaur; & à l'ouest par celui de saint Papoul. Il est rempli de montagnes, de coteaux & de petites plaines. Le terroir n'en est pas des plus fertiles, quoiqu'il produise de l'huile, d'excellens vins & de bons fruits. A peine donne-t-il autant de denrées que les habitans peuvent en consommer. Cependant ils sont riches, ou du moins vivent dans l'aisance. Leur activité & le grand commerce qu'ils font, les dédommagent amplement de certains avantages qu'il semble que la nature leur a refusés. Dans presque tous les lieux de ce diocèse, les personnes qui n'ont point d'occupation particuliere, en trouvent dans les manufactures de draps du pays. On y est par-tout occupé à carder, à filer & à préparer la laine. La ville de Carcassonne n'est, à proprement parler, qu'une manufacture de draps, qui sont les plus estimés de toute la province.

Cette ville dont l'évêché est suffragant de Narbonne, siege d'une sénéchaussée & d'un présidial, est située sur la riviere d'Aude, à une demi-lieue du canal royal, dans la partie la plus agréable & la plus fertile de tout le diocese, & qu'on appelle le *Carcassés*. César en parle dans ses commentaires, mais seulement comme d'un château ou d'un poste de guerre. Ce furent les visigoths qui érigerent Carcassonne en cité, & qui y établirent un évêque dans le sixieme siecle.

Malgré la certitude de ces faits, quelques historiens de cette ville ont cru devoir l'illustrer, en inventant des fables concernant son origine. S'il faut les en croire, elle fut fondée par des troyens, qui, de la Phrygie vinrent s'y établir. Suivant les uns c'est un géant, suivant les autres c'est une amazone, qui conquit & fonda Carcassonne. Une preuve que cette derniere opinion a été en vogue, c'est qu'au seizième siecle, l'on voyoit au-dessus de la porte de la cité une figure de femme armée, grossierement sculptée & représentée à mi-corps avec cette belle inscription au-dessous, *Carcas sum* (*je suis Carcas*). On sait partager aux *Carcaſſois* tous les exploits vrais ou prétendus des tectoſages. Enfin Belleforêt voudroit nous faire croire qu'il y a eu dès les premiers ſiecles de l'égliſe neuf ſaints évêques de Carcaſſonne. On voyoit leurs peintures à freſque très-malfaites, & leurs noms mal écrits ſur les murs de la cathédrale. On prétend même avoir des reliques de *ſaint Gimer*, le premier d'entr'eux, & de *ſaint Lupin*, le dernier. Mais aucun acte authentique ne parle des évêques de Carcaſſonne, avant ceux d'un concile tenu au ſixieme ſiecle ſous les rois goths.

Il paroît conſtant que ces peuples ſe fortifierent dans cette ville, & que pendant un temps ils y garderent leurs tréſors. Attila, roi des huns, ne put les y forcer; & fut même battu aſſez près de là. Alaric roi des goths ſortit de Carcaſſonne pour combattre Clovis; mais il fut vaincu & tué de la propre main de ce monarque. Cependant les francs ne purent s'emparer de la cité, très-forte par ſa ſituation; & elle reſta aux viſigoths juſqu'au huitieme ſiecle, que les ſarrasins de concert avec *Eudes* ou *Hunault*, duc d'Aquitaine & de Gascogne, s'en rendirent les maîtres. Ils en firent leur place principale d'armes, & s'y maintinrent jusqu'au règne de Charlemagne. Cet empereur acheva de punir les gascons rébelles, & poursuivit les sarrasins jusques sous les murs de Carcassonne. Il défit le roi ou seigneur mahométan de cette ville, qui étoit venu au-devant de lui avec quelques troupes, & le fit pendre.

Balaac (c'étoit le nom de ce Sarrasin) laissa une veuve, qui étoit une héroïne. Elle défendit la place pendant cinq ans contre Charlemagne. Quoiqu'elle portât un nom sarrasin, elle n'est connue dans le pays que sous celui de *la dame Carcasse* ; & c'est sous ce nom qu'on lui attribue toutes sortes d'aventures, que Belleforêt convient n'être fondées que sur des traditions populaires, qui ont passé des nourrices aux enfans, & de ceux-ci, quand ils ont été vieux, à leur postérité. La dame *Carcasse* est la mélusine de ce canton. Elle mourut apparemment à la fin du siege, puisque ce fut un roi sarrasin, nommé

Anchise, qui remit la place à Charlemagne.

Cet empereur étant parti pour aller assiéger Narbonne, trouva sept hermites dans une forêt du Carcassés, & y fonda une abbaye que l'on appelle aujourd'hui *Notre-Dame la Grasse*. J'ai entendu dire qu'il existe un vieux & précieux manuscrit qui contient un poëme en langue catalane ou ancienne languedocienne, sur la prise de Carcassonne & la fondation de l'abbaye de la Grasse en 791, accompagnée des circonstances les plus miraculeuses, ou pour mieux dire, les plus étranges. On prétend que l'auteur s'appelloit, *Philomena*, & qu'il étoit secrétaire de Charlemagne même.

Nos rois de la seconde race établirent des comtes à Carcassonne au commencement du neuvieme siecle. Ceux-ci se rendirent héréditaires comme tant d'autres. Le premier que l'on nomme dans l'histoire, s'appelloit *Roger*. Sa postérité masculine finit à la troisieme génération. *Ermengarde* sœur & héritiere de Roger, troisieme du nom, avoit épousé *Raymond Trincavel*, vicomte de Beziers. Elle &

son mari prétendirent être comtes de Carcassonne. Mais ils eurent des guerres à soutenir contre Raymond Berenger, comte de Barcelonne, qui parvint à partager le Carcassés avec eux.

Au commencement du douzieme siecle, les Trincavel rentrerent dans Carcassonne, mais avec l'obligation d'en faire hommage aux comtes de Barcelonne, & de se contenter du titre de vicomtes. Les comtes de Barcelonne étant devenus rois d'Arragon, les vicomtes de Carcassonne continuèrent de se reconnoître leurs vassaux. Moyennant cette subordination, ils conserverent Carcassonne, Beziers & Nimes jusqu'aux premieres années du treizieme siecle.

A cette époque Raymond Roger ayant eu l'imprudence de se déclarer pour Raymond, comte de Toulouse, qui favorisoit les albigeois, fut assiégé par l'armée des croisés dans Carcassonne; fut fait prisonnier, & mourut quelques jours après. Simon de Montfort fut investi du comté de Carcassonne, comme de tant d'autres grands fiefs du Languedoc. Il le pos-

A 6

séda jusqu'à sa mort; & son fils aîné, Amauri, en jouit après lui pendant quelques années. Mais bien-tôt celui-ci le céda à Louis VIII, & fut fait en récompense connétable de France. Cependant cette cession ne fut parfaitement consommée que sous le regne de saint Louis. Il y avoit encore un descendant des Trincavel avec qui il falloit s'accommoder: d'ailleurs le roi d'Arragon soutenoit toujours ses prétentions de suzeraineté sur Carcassonne. Mais saint Louis s'arrangea enfin avec l'un & l'autre de ces prétendans; & le comté fut absolument réuni à la couronne.

La ville de Carcassonne se divise en haute & basse. La haute que l'on appelle *la Cité*, est située sur un grand plateau & entourée de tous les côtés par la ville basse & le fauxbourg qu'elle domine. La riviere d'Aude traverse la ville basse, tourne autour du plateau de la cité, & lui sert en partie de fossés. A l'extrémité de la cité, est le château, qui s'éleve & commande les deux villes. C'est dans la cité, qui n'a qu'environ deux mille habitans, qu'on voit la cathédrale, le palais épiscopal, qui sont deux vieux édifices, & une abbaye de religieuses Bernardines fondée dès le treizieme siecle.

Dans la ville basse se trouvent toutes les manufactures qui font la grande richesse de Carcassonne. Aussi la ville haute est-elle presque déserte, tandis que celle ci est bien peuplée. Elle renferme environ douze mille âmes, & le faubourg deux mille comme la cité; ce qui fait en tout seize mille habitans. Cette ville basse est bien percée; les rues y sont droites & les maisons bien bâties. C'est la ville de tout le Languedoc la plus régulierement construite. La place est un grand carré long. Au milieu on remarque une fontaine faite de cailloux, sur le haut de laquelle est un Neptune. Quatre chevaux marins sortent à demi-corps de cette espece de petit rocher. La principale rue est plantée d'un double rang d'arbres. Le palais de la justice, l'hôtel de ville, les couvens, les églises & jusqu'aux chapelles, sont de jolis édifices. Dans la manufacture de draps, qui est au-deslà du pont, on voit en tout temps plus de mille personnes qui y sont employées.

Ce diocèse, le dernier du Bas-Languedoc, dont j'avois à vous parler, renferme quatre-vingt-seize paroisses ou villages. A l'une des extrémités près de l'abbaye de *la Grasse*, on en trouve un nommé *la Cannette*, où l'on dit qu'il y a une mine d'argent.

Je suis, &c.

A Carcassonne, ce 20 décembre 1760.

LETTRE CDXXXI.

SUITE DU LANGUEDOC.

Nous voici, Madame, dans le Haut-Languedoc, où le climat est comme dans le bas, doux & tempéré. Les fréquentes pluies qui y tombent, empêchent que les chaleurs n'y soient excessives, & contribuent beaucoup aux récoltes qu'on y fait de toutes sortes de fruits. Les terres, d'ailleurs, y sont très-fertiles en grains, & ne frustrent que rarement les espérances du cultivateur. Mais il n'y croît ni mûriers, ni oliviers, ni salicot; & les vins rouges, les seuls qu'on y receuille, ne sont pas à beaucoup près aussi bons que dans le Bas-Languedoc.

Pour faire une description exacte de la partie haute de cette province, je la diviserai en deux grands pays, connus anciennement, l'un sous le nom d'*Albigeois*, à l'orient; l'autre sous le nom de *Toulousain*, à l'occident. Le premier comprend deux autres petits pays, le *Lauraguais* au midi, & l'*Albigeois*, proprement dit, au nord. Le Lauraguais, le premier que l'on voit en fortant du diocèse de Carcaſſonne, par l'occident, va faire la matiere de cette lettre.

Ce pays avoit autrefois pour capitale *Laurac*, ville qui fut ruinée dans le temps des guerres des albigeois. Celle qui l'eſt aujourd'hui eſt *Caſtelnaudarry*, qu'on éleva dans le voiſinage de l'ancienne. Il obéit d'abord aux comtes de Carcaſſonne, & fut enſuite ſoumis aux comtes de Barcelonne & aux rois d'Arragon. Ces derniers le donnerent, à charge d'hommage, aux vicomtes de Beziers, qui le céderent au roi ſaint Louis en 1258. Cette même année, Jacques, roi d'Arragon, céda auſſi au monarque français tout le droit qu'il avoit ſur le Lauraguais, qui depuis dépendit du domaine de la couronne juſqu'en 1477. A cette époque, le roi Louis XI l'érigea en comté pour Bertrand de *la Tour II* du nom, comte d'Auvergne, en échange du comté de Boulogne, ſur lequel ce ſeigneur

avoit des droits, & dont le roi s'étoit
saisi après la mort de Charles *le Téméraire*, duc de Bourgogne.

A Bertrand de la Tour succéda
Jean III, son fils. Celui-ci ne laissa
que deux filles, Anne mariée à Jean
Stuart, duc d'Albanie, & Magdeleine,
femme de Laurent de Médicis, duc
d'Urbin. Anne étant morte sans postérité, Magdeleine recueillit toute la
succession de Jean son pere. Cette
derniere fut mere de Catherine de
Médicis, son unique héritière, qui
épousa le roi Henri II. Charles IX,
fils de ce monarque, & un de ses
successeurs, donna le comté de Lauragais à Charles de Valois, comte
d'Auvergne, son fils naturel. Mais
celui-ci en fut dépossédé en 1606,
par arrêt du parlement de Paris,
parce que le contrat de mariage du
roi Henri II. & de Catherine de Médicis portoit substitution. Ce comté
fut adjugé à la reine Marguerite, fille
de Catherine de Médicis, qui dans la
suite en fit donation au dauphin qui
régna depuis sous le nom de Louis
XIII, à condition qu'il le réuniroit inséparablement à la couronne. Aujourd'hui la maison de Brancas a le do-

maine utile de ce pays, érigé en duché en 1731.

Le Lauraguais est divisé en haut & bas. Le haut comprend le diocèse de *Saint-Papoul* au midi, & le bas celui de *Lavaur* au nord. Le diocèse de *Saint-Papoul*, est borné à l'orient par le diocèse de Carcassonne ; au nord par celui de Lavaur ; à l'occident par le diocèse de Toulouse, & au midi par celui de Mirepoix. C'est un pays riche en blés, sur tout du côté de Castelnaudarry, où les terres sont fort bonnes. Elles le sont moins du côté de la montagne. On y recueille plus de blé qu'il n'en faut pour la subsistance des habitans. Les paysans y vivent de millet, & vendent leur blé pour se procurer les commodités ou les douceurs de la vie.

La ville épiscopale de *Saint-Papoul* n'est point la capitale de ce diocèse ; ce n'est qu'un bourg situé sur la rivière de Lembe, à quelque distance du canal royal. Elle doit son origine à un monastere de bénédictins, connu dès le neuvieme siecle, & dont le dernier abbé fut créé évêque de *Saint-Papoul* par le Pape Jean XXII. Le chapitre n'a été sécularisé que sous le regne de Louis XIV. Son patron qui lui donna son nom, vers la fin du troisieme siecle, étoit compagnon de *saint Sernin* ou *Saturnin*, apôtre de Toulouse, dont cet évêché est suffragant. Il ne contient pas plus de quarante-cinq paroilles.

Castelnaudarry qui en est la ville principale, est située sur une petite éminence, au pied de laquelle est un bassin du canal royal, & d'où l'on découvre une grande plaine fertile. Elle étoit déja considérable au seizieme siecle, puisque Henri II y établit un présidial en 1553. Mais depuis l'établissement du canal royal, elle est devenue bien plus riche & plus fréquentée ; étant située sur ses bords, & très-voisine du point central de la distribution des eaux de ce canal. C'est aux environs de Castelnaudarry, que se livra, entre l'armée de Louis XIII & celle des mécontens, un combat où fut pris le maréchal de Montmorenci, qui fut ensuite décapité à Toulouse.

Cette ville a donné naissance à Antoine *Tolosani*, abbé de saint Antoine de Vienne, fameux par ses écrits, ses prédications, & la fondation de trois maisons de son ordre. Elle a été aussi la patrie de Germain *de la Faille*, qui nous a laissé les *annales de la ville de Toulouse* & un *traité de la noblesse des capitouls*.

Il y avoit autrefois dans ce diocèse une petite ville nommée *Mas-Saintes-Puelles*, dont il ne reste aujourd'hui que quelques vestiges. Elle fut assiégée en 1586 par le maréchal de Joyeuse qui fut obligé d'en lever le siege. En 1623 elle fut brûlée & détruite lors du passage de l'armée de Louis XIII qui alloit faire le siege de Montpellier. *St-Pierre-Nolasque*, fondateur de l'ordre de la Merci, en étoit natif.

Avignonet, près de la riviere de Lers, au nord de Castelnaudarry, est une petite ville connue dans l'histoire par le massacre que les albigeois y firent l'an 1242, de cinq inquisiteurs. Comme ce meurtre se commit dans la maison que le comte Raymond avoit en cette ville, il fut violemment soupçonné de l'avoir commandé.

Le diocèse de *Lavaur* est borné au sud par ceux de Saint-Papoul, de Carcassonne & de Narbonne; à l'est

& au nord par celui de Castres, & à l'ouest par celui de Toulouse. C'est un canton, comme le précédent, très-fertile en blés. Il y croit du vin, mais en petite quantité, & il se consomme dans le pays.

La ville épiscopale située sur la riviere d'Agout, étoit autrefois un bourg, remarquable par un château élevé sur une roche, environné de murailles, & défendu de larges fossés. C'étoit une des places les plus fortes du parti des albigeois. Simon de Montfort, général des croisés, l'assiégea l'an 1211. Ce château appartenoit alors à une veuve nommée *Guiraude*. Aymeri, son frere, seigneur de Montréal, au diocèse de Carcassonne, s'étoit retiré auprès d'elle avec quatre-vingts chevaliers, tous également braves & résolus de se défendre jusqu'à la derniere extrémité, avec un grand nombre d'albigeois qui s'étoient réfugiés dans cette place. Les assiégés firent en effet une très-longue & très-vigoureuse résistance. Un conduit souterrain qui menoit de la place au fossé, leur donnoit de grandes facilités pour repousser les efforts des assiégeants.

Les croisés désespéroient de se rendre maîtres du château, lorsqu'on imagina cet expédient qui réussit. L'ouverture par laquelle les assiegés entroient librement dans le fossé, fut bouchée avec une grande quantité de branches d'arbres toutes vertes. On y mit ensuite du bois sec & menu, des étoupes & plusieurs autres matieres combustibles enduites de graisse toutes allumées. Enfin on remit par-dessus du bois verd, des hottes de foin mouillées & de l'herbe: Cet amas remplit le conduit souterrain d'une fumée si épaisse, qu'il ne fut plus possible aux assiegés de profiter de ce passage pour s'opposer aux desseins des croisés. Ceux-ci comblerent, le fossé sans obstacle, firent approcher des murailles les machines de guerre & travaillerent à la sappe. Ce fut envain que les assiegés jetterent sur les machines une prodigieuse quantité de tisons allumés, de la graisse bouillante, & des pieux éguisés par le bout. Les travailleurs percerent la muraille, & les croisés étant entrés dans Lavaur, y firent un massacre terrible sans distinction ni d'âge ni de sexe. Ce fut le 3 mai en 1211.

Un chevalier croisé, plus compatissant que les autres, ayant appris qu'un grand nombre de femmes s'étoient rassemblées avec leurs enfans dans une maison, sollicita leur grace auprès de Montfort qui la lui accorda. Aymeri fut fait prisonnier, & conduit chez le général avec quatre-vingts chevaliers de la garnison. Simon ordonna aussi-tôt qu'on les fit tous pendre à des gibets qu'il avoit fait préparer exprès. Aymeri fut exécuté le premier à une potence plus élevée que les autres : mais comme elle n'étoit pas bien assurée, elle vint à tomber. Montfort voyant qu'on emploieroit trop de temps pour affermir les autres, ordonna qu'on passât au fil de l'épée tous ceux qui restoient; & cet ordre fut exécuté sur le champ. Quant à Guiraude, il la fit jetter toute vivante dans un puits qu'il fit ensuite combler de grosses pierres. Cette scene horrible fut terminée par le spectacle de quatre cents buchers où périrent quatre cents des principaux sectaires albigeois, qui s'étoient trouvés dans Lavaur. Quels temps ! quelles mœurs.

L'année suivante, c'est-à-dire en 1212, il se tint dans cette ville un concile contre les mêmes hérétiques. Le comte Raymond leur protecteur la reprit sur Amauri de Montfort fils de Simon, & quelque temps après la remit au roi, après en avoir fait détruire les fortifications. Il y avoit un ancien monastere qui n'étoit qu'un simple prieuré dépendant de l'abbaye de Saint-Pons. En 1318, le pape Jean XXII y érigea un évêché, auquel il donna une partie des biens de celui de Toulouse, dont il est suffragant. En 1462 le roi Louis XI érigea Lavaur en comté en faveur de Jean de Foix-Candale. Mais en 1483 ce comté fut réuni pour toujours à la couronne.

La ville de Lavaur telle qu'elle est aujourd'ui n'a rien qui mérite l'attention du voyageur. L'évêque est seigneur d'une bonne partie du diocèse qui renferme quatre-vingt-huit paroisses. On y compte trois petites villes,

villes, *Revel*, *Soreze*, & *Puy-Laurens*, qui dans le seizieme siecle furent occupées & fortifiées par les Huguenots, mais dont les fortifications furent rasées en 1629. *Revel* est à l'extrémité méridionale, sur une hauteur près du bassin de *Saint-Feriol*, qui fournit de l'eau au canal royal. La plaine sur laquelle cette petite ville domine, est un des plus beaux & des plus fertiles cantons du Languedoc.

A une demi-lieue de Revel, est *Soreze*, sur le ruisseau de Sor. Il y a une abbaye de l'ordre de saint Benoît, connue dès le neuvieme siecle, & que l'on appelloit *l'abbaye de la paix*. Elle fut ruinée par les Huguenots au seizieme siecle; & les bâtimens ont été rétablis depuis à condition qu'on y éléveroit quelques jeunes gentils-hommes de la province.

Puy-Laurens, chef-lieu d'une jurisdiction étendue, est un peu plus vers le nord. Cette ville avoit été érigée en Duché, sous le regne de Louis XIII, en faveur de la niece du Cardinal de Richelieu. Les Calvinistes y avoient établi une académie des sciences, qui fut supprimée après la révocation de l'édit de Nantes.

Je suis, &c.

A Lavaur, ce 4 janvier 1761;

LETTRE CDXXXII.

Suite du Languedoc.

L'Albigeois proprement dit comprend le diocèse de *Castres* au midi, & celui d'*Albi* au nord. Le premier est borné à l'est par les diocèses de Saint-Pons & de Beziers, & au Sud & à l'ouest par celui de Lavaur. C'est un pays mêlé de montagnes cultivées & de petites plaines. Les montagnes y sont couvertes de pâturages & remplies de bestiaux. Les plaines y sont assez fertiles, & produisent toutes sortes de denrées qui n'y sont cependant pas superflues. Ce sont principalement les manufactures de petites étoffes de laines qui attirent beaucoup d'argent dans ce diocèse.

La ville de *Castres*, située presqu'au confluent des rivieres d'Agout & de Thoret, doit son origine à une abbaye fondée au septieme siecle. L'abbé en fut seigneur jusqu'au treizieme,

& à cette époque elle se donna, lors de la guerre des Albigeois, à Simon de Montfort. L'arriere petite file de ce général des Croisés la porta dans la maison de Vendôme, en faveur de laquelle le roi Jean érigea cette ville en comté. Elle passa de cette maison dans celle de Bourbon, & enfin à Jacques d'Armagnac, à qui Louis XI fit trancher la tête en 1477. Ce comté fut alors donné à Boissilis Del-Giudice, à la mort duquel il fut réuni à la couronne. L'abbaye avoit été changée en évêché par le pape Jean XXII l'an 1317. Mais les moines continuerent à faire l'office dans la cathédrale dédiée à saint Benoit, jusqu'en 1535 qu'ils furent déclarés chanoines séculiers.

Le Calvinisme s'établit à Castres, & y fit de grands progrès au milieu du seizieme siecle. En 1567 & 1569, les Huguenots s'en emparerent, en ruinerent toutes les églises, entr'autres la cathédrale & le palais épiscopal, & y formerent une espece de république. Ce fut un des plus forts boulevards de leur parti, jusqu'à ce qu'enfin Louis XIII s'en rendit pour toujours le maître. Cependant une chambre mi-partie de magistrats catholiques & Huguenots qu'on y avoit établie en 1595, en vertu de l'édit de Nantes, y subsista presque toujours jusqu'à la revocation de cet édit.

L'église cathédrale & le palais épiscopal n'ont été rétablis qu'après que les Huguenots ont cessé de dominer dans cette ville. Le palais épiscopal est une très-belle maison bâtie sur les desseins d'Hardouin Mansart. Les jardins ont couté des sommes immenses à cause de l'inégalité du terrain. Mais aussi il y en a peu qui offrent plus de beautés en fait de jardinage.

Cette ville renferme environ neuf mille habitans. C'est une des plus commerçantes de la province par les diverses étoffes de laine qu'on y fabrique. Elle a produit plusieurs hommes connus dans les lettres. Les plus célebres sont André *Dacier* de l'académie françaife, auteur d'un grand nombre de traductions d'ouvrages grecs & latins ; Paul *Rapin de Thoiras*, qui nous a laissé une *histoire d'Angleterre* complete, mais très-partiale & injurieuse pour notre nation ; &

Pierre *Borel*, auteur d'un *tréfor des recherches & antiquités gauloifes*, livre eftimé des Érudits & de ceux qui s'appliquent à étudier férieufement notre langue & notre hiftoire.

L'évêché de Caftres eft fuffragant d'Albi dont il eft un démembrement, & n'a que quatre-vingts paroiffes. Prés de la ville épifcopale, on trouve des mines de Turquoifes peu inférieures à celles qui viennent d'Orient. L'action du feu qui affoiblit ou même détruit entierement les couleurs des autres pierres précieufes, colore ces Turquoifes & les rend bleues. Ce qu'il y a de plus fingulier, c'eft que la matiere minérale repréfente des os pétrifiés, non feulement par fa figure extérieure, mais encore par fa tiffure intime. Elle eft compofée de différentes couches ou écailles, dont les feuilles forment quantité de cellules remplies de la matiere qui s'y eft pétrifiée. L'action du feu fur cette matière la colore de plus en plus jufqu'à un certain point : enfuite la couleur s'altere ; elle n'a plus aucun rapport avec celle de la Turquoife.

A une demi-lieue de Caftres fur

la riviere de l'Agout eſt le petit lieu de *Saïx*, où il y a une fort belle chartreuſe qui fut bâtie en la place d'une autre détruite par les Calvinilles en 1569. Tous les religieux furent maſſacrés à la réſerve de trois ou quatre, auxquels on donna la vie avec la liberté de ſe retirer où bon leur ſembleroit. Ils ſe réfugierent à Touloufe, où ils bâtirent dans la ſuite un des plus beaux monaſteres de leur ordre. Cependant ils ne perdirent point le ſouvenir de leur origine; & dès que les guerres de religion furent finies, & la chartreuſe de Touloufe richement fondée, ils envoyerent à Saïx en 1674, des religieux qui y éleverent un monaſtere plus beau que celui qui y étoit auparavant.

Deux curioſités d'hiſtoire naturelle très-intéreſſantes qui ſont à une lieue de Caſtres, près le village de *la Roquette*, fixent l'attention du voyageur. La premiere eſt le roc qui tremble. C'eſt un rocher d'un poids & d'une maſſe énorme, fait en forme d'œuf, & d'une hauteur conſidérable: il a vingt-ſix pieds dans ſa plus grande largeur, & au moins douze à sa base. Lorsqu'on le pousse avec un bâton, ou qu'un homme robuste pose la main dessus, le rocher remue sensiblement & se balance. Il est placé entre une infinité d'autres masses de la même espece, dont quelques-unes sont couvertes de terre & cultivées.

Au milieu de ces rochers on voit l'entrée d'une grotte souterraine de vingt-huit pieds de long sur dix de largeur & quinze de hauteur. C'est là, dit-on, que saint Dominique, lors de la persécution des Albigeois, alloit faire ses prieres & ses méditations. Cette grotte est éclairée par des fentes & des jours ménagés au milieu du rocher même. Elle présente de toutes parts des pointes qui forment des figures bizarres. Mais le coup d'œil en est singulier & assez agréable. Plus loin sont des caves ou allées tout à fait obscures. On ne peut s'y conduire qu'avec des flambeaux : mais le coup d'œil en est encore plus extraordinaire & plus remarquable.

Le diocese d'Albi est borné au midi

par les diocèses de Castres, de Lavaur, & de Toulouse; à l'est & au nord par le Rouergue; à l'ouest par le Querci & la partie du diocèse de Montauban qui dépend du Languedoc. Ce district à quarante paroisses dans la montagne; le reste consiste en belles plaines arrosées du Tarn qui est navigable, de l'Aveirou & de plusieurs autres rivieres. Le climat y est sain & assez tempéré; la terre fertile en blé, en vins, en pastel, en safran & en fruits. Les pâturages n'y sont pas moins bons qu'abondans. Aussi l'on y nourrit une grande quantité de menu bétail. Il y a dans les montagnes deux mines de charbon qui sont très-bonnes.

Du temps de César l'Albigeois étoit habité par les *Eleutheri*. Sous Honorius ce pays se trouvoit compris dans la premiere aquitaine. De la domination des romains, il passa sous celle des Visigoths vers la fin du cinquieme siecle. Dans la suite il obéit aux rois de France, & successivement aux comtes de Toulouse & à des seigneurs particuliers.

Bernard I vicomte d'Albi vivoit

en 918. Bernard-Athon III, cinquieme vicomte, issu au quatrieme dégré de Bernard I, mourut en 1062. Il eut pour successeur Raymond Bernard, surnommé *Trincavel* qui épousa Ermengarde vicomtesse de Carcassonne, de Razès, de Beziers & d'Agde. Trincavel fit pendant quelque temps la guerre à Raymond Berenger, comte de Barcelonne, qui s'étoit mis en possession du comté de Carcassonne. Mais après divers succès, les deux prétendans en vinrent à un accommodement; & Trincavel obtint une portion du comté de Carcassonne qu'il revendiquoit.

Bernard-Athon IV, fils de Raymond Trincavel, lui succéda à la vicomté d'Albi, & fut encore, du chef de sa mere, vicomte de Carcassonne, de Razès, de Beziers & d'Agde. Il transigea avec le comte de Barcelonne, & fut obligé de lui rendre hommage pour la partie du comté de Carcassonne qu'il possédoit. Il épousa Cécile vicomtesse de Nîmes, qui lui donna trois fils, Roger, Raymond & Bernard. Le premier eut Carcassonne & Albi; Le second Beziers & Agde,

& le troisieme le comté de Nîmes.

Raymond Roger, arriere-petit-fils de Bernard Athon IV, fut le treizieme & le dernier vicomte d'Albi, de Carcassonne &c. Il prit le parti des hérétiques qui s'étoient élevés dans Albi même, & qu'on appelloit à cause de cela *Albigeois*. Un ancien auteur de l'histoire du Languedoc prétend qu'on les reconnoissoit parce qu'ils se rasoient le haut de la tête, & portoient leurs cheveux longs & traînans par derriere. Il en coûta cher à Raymond Roger pour avoir voulu soutenir ses sujets qui lui étoient fideles, mais rebelles à l'église. Lui & Raymond VI comte de Toulouse, furent, comme je l'ai dit ailleurs, dépouillés de leurs états. & Albi fut donné à Simon de Montfort qui en jouit jusqu'à sa mort en 1218. Son fils Amauri, le conserva encore pendant quelques années. En 1229, ce pays fut absolument cédé au roi saint Louis, quant à la souveraineté. Mais pour le domaine utile, il passa à l'évêque qui par-là se trouve aujourd'hui avoir des revenus considérables,

& être un des plus riches prélats du Languedoc.

On prétend que le premier évêque d'Albi s'appelloit *Saint-Clair*, qui souffrit le martyre sous le regne du Trajan l'an 117. Ses reliques sont conservées dans la cathédrale. Cependant son existence est douteuse. On n'a la suite exacte des évêques de ce diocese, que depuis le cinquieme siecle. Au seizieme, on en comptoit déjà treize qui avoient été élevés au cardinalat. Le chancelier du Prat fut de ce nombre. En 1680, cet évêché fut érigé en archevêché par le pape innocent XI, à la sollicitation de Louis XIV. Les suffragans qu'on lui donna, furent soustraits comme Albi même, à la jurisdiction de l'archevêque de Bourges. Il en a cinq, *Castres* & *Mende* dans le Languedoc, *Cahors* dans le Querci; *Vabres* & *Rhodés* dans le Rouergue.

La ville d'Albi est avantageusement située sur un tertre, au pied duquel coule la riviere de Tarn. Ce qu'il y a de beau à voir dans l'intérieur, c'est la cathédrale dédiée à sainte Cécile. Bernard *Castanet*, cardinal &

archevêque de cette ville, en posa la premiere pierre. Elle est grande & bien décorée ; la voûte est peinte en or & en azur, & le chœur un des plus beaux du royaume. La chapelle de *Saint-Clair* est magnifique & ornée de très-belles peintures. La châsse d'argent qui contient les reliques de ce saint, est très-riche & très-délicatement travaillée : c'est une espece de mosaïque d'un bon goût. Elle fut donnée au chapitre en 1704, par *M. le Goux de la Berchere,* archevêque de narbonne, & qui l'avoit été auparavant d'Albi. En 1737 M. Pierre Armand *de la Croix de Castries,* archevêque, fit construire dans cette église un orgue que les connoisseurs regardent comme le plus beau qu'il y ait en France, pour la perspective, le dessein & la sculpture. Ils ajoutent que c'est un des meilleurs pour l'harmonie, & que le jeu de voix humaines est un des plus agréables qu'on ait jamais entendus.

Le palais de l'archevêque mérite d'être vu. Dans l'appartement de ce prélat, on jouit d'une vue charmante. Le Tarn bat presque les hauts murs de ce palais, & lui sert d'ornement & de défense. Les bords de cette riviere sont ici fort élevés; & les arbres plantés sur le rivage, y forment aux yeux une forêt continuelle.

Tout autour de la ville, regne une promenade que l'on appelle *la Lice*. Elle consiste en une terrasse élevée au dessus d'un mail également large & profond qui sert de fossé à la ville. Deux rangs d'arbres bien entretenus bordent cette terrasse, où l'on monte par de larges degrés. Quatre portes y répondent pour la commodité des quartiers de la ville; & à chaque porte il y a une place, d'où la vûe s'étend sur toutes les beautés d'une plaine délicieuse.

De l'autre côté de la riviere de Tarn, est la petite ville de *Chateau-Vieux*, qui sert de faubourg à la ville même. Il y a un fort beau couvent de filles de la visitation.

La ville d'Albi contient environ dix mille habitans, & a quelques petites manufactures de crépons, de burats & de razes. Elle étoit autrefois un entrepot des huiles qu'on y amenoit du Bas-Languedoc sur des mulets.

Mais elle a perdu cet avantage par le canal royal de cette province.

On compte dans ce diocèse cent quatre vingt-dix-sept paroisses. Le lieu le plus remarquable est *Gaillac*, connu par ses vins, les seuls qui puissent se transporter. Il s'en fait un grand commerce par la riviere de Tarn, sur laquelle cette petite ville est située. On voiture ces vins à Bordeaux, où on les vend aux Anglais & autres peuples du nord. Ils ont cela de particulier que la mer & le transport les rendent beaucoup meilleurs. On estime aussi les vins de *Lautrec*, petite ville avec un château ruiné, située sur une montagne, à l'extrémité méridionale de ce diocèse.

La petite ville de *Rabastens* est sur la même riviere. On l'appelle en latin *Castrum Rabastense*; elle est ancienne, mais la ville & le château sont aujourd'hui fort délabrés.

Réalmont est au midi d'Albi. On y voit quelques manufactures de la même espece que celles qui sont établies dans la ville épiscopale.

Je suis, &c.

A Albi, ce 18 janvier 1761.

LETTRE CDXXXIII.

Suite du Languedoc.

Si je devois vous tracer ici, Madame, une histoire, abrégée du *pays Toulousain*, je serois obligé de répéter ce que j'ai dit dans mes précédentes lettres concernant la province de Languedoc. Il me suffira de vous rappeller que ce pays formoit seul, dès l'origine des comtes de Toulouse, toutes les possessions de ces Seigneurs, qui dans la suite devinrent souverains de la plus grande partie de cette province. Il comprend le diocese de Toulouse, celui de Rieux, & une partie de celui de Montauban qui appartient au Languedoc.

Le diocèse de Toulouse est borné à l'est par les dioceses de saint Papoul & de Lavaur; au nord par ceux d'Albi & de Montauban; à l'occident par la Gascogne, & au midi par le diocese de Rieux, le comté de Foix & le diocese de Mirepoix. Ce pays est coupé de plusieurs rivieres qui arrosent des prairies, dont la plus remarquable, traversée par la riviere de Lers, a cinq lieues de longueur, & près d'une demi-lieue de largeur. Elle s'étend jusqu'au diocese de Saint-Papoul, où elle est bordée par le chemin du bas Languedoc. La plaine qui s'étend depuis Toulouse jusqu'à Montauban, est une des plus belles & des plus abondantes en blés qui soient dans le royaume. Dans ce diocese toutes les terres sont très-bien cultivées. Outre les blés ordinaires, il y croit une grande quantité de millet, espece de de blé dont les paysans se nourrissent; & qui leur donne le moyen de vendre leur blé fin. On y voit encore du pastel, herbe qui sert à la teinture en bleu. Mais les Vignobles n'y produisent que des vins de médiocre qualité qui se consomment dans le pays.

La ville de Toulouse capitale de toute la province, est située sur la rive droite de la Garonne à la fin du canal royal. Il y a des auteurs qui en font remonter l'origine jusqu'à plus de treize siecles avant l'ere chrétienne, & qui en regardent comme le fondateur *Tolus*, descendant de Japhet au soixante douzieme degré. Ce n'est pas, dit-on, au lieu où est actuellement Toulouse, que la vieille Toulouse fut bâtie, mais sur un coteau plus éloigné de la Garonne, & assez élevé pour n'être pas sujet aux inondations. Ce coteau d'où la vue est des plus agréables & des plus étendues s'appelle le *Puy David*; & Belleforêt prétend que de son temps on y voyoit encore quelques ruines. Nicolas Bertrand, auteur des *gestes Toulousains*, imprimés en 1527, & Noguier auteur de l'*histoire Tolosaine*, imprimée en 1529, disent qu'on le croyoit habité par des fées, & qu'il y apparoissoit des fantômes.

Quoi qu'il en soit, quelques siecles après l'époque de cette prétendue fondation, la ville de Toulouse fut la capitale des Volces-Tectosages qui habitoient ce qui forme aujourd'hui le haut Languedoc. Ces peuples Gaulois étoient braves: ils devinrent conquérans & voyageurs, & se signalerent par des exploits vraiment étonnans. Réunis au nombre de trois cent mille sous la conduite de Brennus, ils sortirent de leur pays, débarquerent dans la Grece, pénétrerent jusques dans la Phocide, & entreprirent de prendre & de piller le temple de Delphes. Ici les sentimens des auteurs sont partagés. Suivant les uns, ces Gaulois réussirent dans leur entreprise, & rapporterent de grandes richesses dans leur pays : suivant les autres ils furent vivement repoussés ; Brennus fut tué avec une partie des siens, & le reste se dispersa. Parmi ceux - ci, quelques-uns s'établirent dans la Thrace, où ils fonderent des colonies, desquelles sont venus les Galates ; d'autres s'arrêterent dans l'Asie mineure, & y bâtirent la ville d'Ancyre. On place cette expédition environ deux cent cinquante ans avant Jésus-Christ.

Dans le siecle suivant, Annibal & son armée voulant passer d'Espagne en Italie, traverserent le pays des Volces-Tectosages. Ceux-ci étonnés de voir des Africains au milieu d'eux, voulurent d'abord les arrêter. Mais désespérant d'en venir à bout, ils s'arrangerent avec eux pour leur donner un libre passage. Noguier a prétendu nous conferver les Harangues d'Annibal au fénat de Toulouſe, & la réponſe des Toulouſains.

Les Carthaginois après pluſieurs guerres, & bien des batailles ayant été chaſſés d'Italie par les romains, ceux-ci pénétrerent à leur tour dans le pays des Tectoſages, & les aſſujettirent. Cependant ils traiterent toujours, dit-on, les Toulouſains avec diſtinction. Nos vieux auteurs veulent même nous faire croire que la république de Rome écrivoit à celle de Toulouſe, & la traitoit de ſœur & d'égale. Peut-être fut-ce avec ces procédés amiables que les romains parvinrent à faire de Toulouſe une place forte, & à y établir une garniſon.

Cette ville étoit alors au même endroit où nous la voyons. On montre encore les lieux qu'occupoient deux châteaux bâtis par les Tectoſages, & qui ſont aux deux extrémités de la ville. Le premier eſt à la porte que l'on appelle de *Baſacle*. Il y a actuellement dans cet endroit un très-beau moulin à ſeize meules que la Garonne fait tourner étant retenue par une digue courte, mais très-forte. Ces seize meules vont toujours sans qu'on entende comme par-tout ailleurs le tintamarre des roues & des meules. On voit descendre les bateaux par le pas de la navigation qui est le long de la chauffée près du Basacle, mais avec une si grande vîtesse qu'on les croit engloutis lorsqu'ils sont au pied de la cascade, parce que la rapidité de l'eau y forme de gros bouillons qui s'élevant plus de six pieds par dessus, font faire aux bateaux qui donnent contre, un mouvement extraordinaire.

Ce moulin est remarquable par sa grandeur & sa fabrique. Les roues qui font tourner les arbres, y sont attachées de niveau, & tournent dans des cylindres verticaux, où l'eau tombant les oblige à se mouvoir. Chaque meule peut moudre quarante ou cinquante septiers de grain par jour. Tout joignant ces meules, mais dans un endroit séparé, sont quatre moulins à foulon qui agissent aussi par la chute des eaux de la Garonne. Les roues du moulin du Basacle ont environ trois pieds de diametre extérieur, & huit pouces d'épaisseur. Elles sont de bois coupées obliquement & en arrondissant. L'extérieur est cerclé de fer haut & bas, & les cylindres dans lesquels elles se meuvent, sont composés de plusieurs pièces jointes ensemble comme les douelles d'un muid.

A la fin du seizieme siecle, on fit de grandes réparations à ce moulin. On découvrit alors quelques ruines d'un de ces anciens châteaux, & d'un temple dédié sans doute à Pallas, puisqu'on remarquoit des chouettes sculptées sur ses pierres.

Le second château bâti par les Tectosages a subsisté bien plus long temps que le premier, puisqu'il n'a été démoli qu'au seizieme siecle. On ignore le nom qu'il portoit à son origine : mais sous les Goths & les comtes de Toulouse, il s'appelloit le *château Narbonnois*. Les proconsuls & gouverneurs, quelquefois les empereurs romains l'ont habité. Les rois Visigoths trouverent cette demeure charmante & délicieuse. Les rois d'Aquitaine, les ducs & enfin les comtes de Toulouse, jusqu'à leur extinction, y demeurerent ; & chacun de ces hôtes illustres prit soin de l'embellir dans le goût de son temps.

Depuis l'établissement du parlement de Toulouse, c'est dans ce château que cette compagnie s'est toujours assemblée. Au seizieme siecle, on le trouva trop antique & trop gothique, mais très solide ; car on eut toutes les peines imaginables à le démolir. Nicolas Bertrand qui avoit vu ce château dans son entier, Noguier & Belleforêt qui l'avoient vu abattre dans leur jeunesse, nous en ont laissé des descriptions, & même quelques desseins, entr'autres celui d'une des portes chargée de trophées & d'ornemens d'architecture d'assez bon goût. Au milieu du château étoit une tour fort élevée qu'on appelloit la tour de l'*Aigle*, parce qu'on voyoit s'élever au-dessus une aigle dorée qui servoit de girouette. Ce fut un architecte nommé *Bachelier*, qui fut chargé de la démolition & de la reconstruction du château. Il paroît qu'il se servit de quelques anciennes fondations qu'il eut été difficile d'arracher, parce qu'elles étoient composées de pierres enormes; si bien liées, qu'elles ne sembloient faire qu'une masse.

Au milieu de la ville, on voyoit du temps des Tectosages un temple fameux dédié à Apollon. C'etoit là qu'on gardoit les trésors dont parlent Justin, Strabon, & plusieurs autres anciens auteurs sous le nom *d'or de Toulouse*. Mais ils sont partagés sur la premiere source de ces trésors : quelques-uns ont tort de croire qu'ils venoient originairement du pillage du temple de Delphes; il est sûr que cette entreprise échoua. De quelque part que vint cet or, la masse en étoit considérable ; tant dans le temple d'Apollon même, que dans un lac qui y touchoit, & où les Toulousains avoient jetté une partie de leurs richesses pour les mieux cacher. Elles ne consistoient point en pieces frappées d'aucun coin, mais en lingots. Ce trésor échappa pendant quelque temps à l'avidité des romains. Enfin le consul Cépion qui vint commander dans la Gaule Narbonnoise, trouva ce prétexte ci pour s'en emparer.

Les Toulousains favoriserent les Cimbres qui s'avançoient du fond du nord

LE LANGUEDOC.

nord à dessein d'envahir l'Italie, & chasserent de leur ville la garnison romaine qui y étoit établie. Cépion au lieu de poursuivre les barbares, tomba sur la ville de Toulouse, s'en rendit le maître, la livra au pillage, & fit enlever les trésors du temple & du lac. Le malheureux Cépion & ses soldats n'en tirerent aucun profit. Ils furent vaincus par les cimbres ou par les tectosages mêmes, qui les poursuivirent & leur reprirent une partie du butin. Mais la peste se mit dans Toulouse; & de-là est venue l'expression *or de Toulouse*, pour indiquer quelque chose qui porte malheur, parce qu'on avoit remarqué que tous ceux qui avoient touché à cet or, avoient éprouvé des désastres. Cependant quelque temps après, les romains défirent les cimbres, & rentrerent dans Toulouse. César y ayant rétabli la garnison romaine, s'en servit comme d'un point d'apui pour ses conquêtes ultérieures. Cette ville fut très favorisée du temps des premiers empereurs. Une colonne romaine y fut envoyée, à ce que l'on croit, sous l'empire de

Tome XXXIII. C

Galba, & il y eut alors des écoles fameuses.

Quelques vieux auteurs croient que saint Martial y prêcha la foi dès les premiers siecles de l'église, ainsi que dans toute l'Aquitaine. Mais les bons historiens conviennent qu'on ne fait rien touchant l'établissement du christianisme à Toulouse, avant le martyre de saint Saturnin, que les toulousains appellent *saint Sernin*. Il y vint prêcher la foi l'an 250 de notre ère sous l'empire de Decius. Les actes de son martyre disent qu'il étoit obligé de traverser le capitole, pour se rendre à la petite église, où s'assembloient secrétement les chrétiens.

Cet édifice avoit été bâti à l'instar du fameux capitole de Rome. On voyoit au milieu un temple dédié à Jupiter Capitolin, où les prêtres payens faisoient leurs sacrifices & rendoient les oracles de leurs fausses divinités. Un jour que Saturnin traversoit le capitole & le temple, les prêtres s'apperçurent que sa présence faisoit taire leurs Dieux. Ils exciterent aussi-tôt contre lui le peuple, qui saisit le saint homme, & le lià un taureau fougueux destiné aux sacrifices. L'animal l'entraîna dans sa course, & se brisa avec lui dans une rue de la ville. Des femmes pieuses ramasserent les reliques du saint. On bâtit, dans le même endroit où il expira, une église qu'on nomme *sainte Marie*, ou *Saint-Sernin du Taur* ou *Taureau* : c'est une des paroisses de Toulouse.

Au quatrieme siecle la conversion de l'empereur Constantin fit triompher la religion chrétienne du paganisme dans Rome même. L'église cathédrale de Toulouse, dédiée à *saint Etienne*, fait remonter son antiquité jusqu'à ce temps. Mais on n'y trouve plus aucun monument de cette époque. Elle a été entierement rebâtie, peut être même plusieurs fois. Le chœur en est beau, clair & élevé : c'est dommage que la nef ne réponde pas à ces beautés. Il y a dans le clocher de cette église une cloche d'un poids énorme, qu'on appelle *la Cardaillac*, parce qu'elle fut donnée par *Jean de Cardaillac*, patriarche titulaire d'Alexandrie, & l'un des premiers archevêques de Toulouse, mort en 1390.

Elle pese cinq cents quintaux, c'est-à-dire, cinquante mille livres.

Les églises de *la Daurade* & de *Saint-Sernin* renfermoient au seizieme siecle les monumens les plus précieux des premiers temps du christianisme, & même quelques traces de celui du paganisme. L'une & l'autre avoient été des temples d'idoles; & ce n'est que sous l'empire d'Honorius qu'elles furent consacrées au vrai Dieu. Celle de *la Daurade* étoit alors un temple dédié à Pallas; une partie des murailles, le chevet, & le fond de l'église même, étoient encore au seizieme siecle les mêmes qui avoient servi au temple; les caveaux placés sous le grand autel avoient été employés pour les oracles; & les ornemens d'architecture, ainsi que les colonnes de pierres, annonçoient que cet édifice avoit été construit avant les siecles d'ignorance & de barbarie qui préparerent la chute de l'empire romain. Honorius ayant ordonné, l'an 399 de notre ère, que les temples payens qui subsistoient, fussent tous convertis en églises chrétiennes, celui de Pallas subit ce sort.

Saint Exupere, alors évêque de Toulouse, présida à cette transformation, aidé de la protection de Placidie, sœur des empereurs & femme d'Ataulphe roi des visigoths, qui faisoit sa résidence à Toulouse. On substitua le nom de la sainte Vierge à celui de Pallas; & Placidie voulant donner une nouvelle preuve de son zele & de sa dévotion, s'empressa d'ajouter à cette église tout ce qui pouvoit la décorer & l'embellir. Ce fut elle qui fit incruster l'intérieur de ce temple de mosaïques qui représentoient Jésus-Christ, la sainte Vierge, les apôtres & les anges. Le dessin en étoit à la vérité assez grossier. Mais l'ouvrage étoit exécuté avec art, & de maniere à durer bien des siecles. Aussi ces incrustations se sont-elles soutenues autant que le bâtiment même; & comme les dorures y étoient très-multipliées, très-vives & très-belles, c'est ce qui a fait donner à cette église le nom de *la Daurade*. Ce fut peut-être alors que l'on y plaça une statue de la sainte Vierge, qui y est encore révérée, & qu'on appelle *Notre-Dame la Noire*. L'affluence du peuple catholique de Toulouse fut bientôt d'autant plus grande à cette église, que cette image fut regardée comme miraculeuse. Il fallut agrandir la nef, & faire de nouveaux murs pour la prolonger, sans détruire entierement l'ancien édifice du temple de Pallas.

Cette construction fut ordonnée par la reine Ragnachilde, femme, suivant nos anciens auteurs, de Théodoric II, roi des viligoths. On a vu jusqu'en 1727 le tombeau de cette reine en pierre, placé sur une porte latérale de cette église. Chabanel, auteur de l'histoire de la Daurade, prétend que cette reine fut celle que l'on surnomma *Pedauque*, c'est-à-dire, *Pied-d'Oie*, sur-nom très-singulier qui lui fut donné, non qu'elle eut les pieds faits comme un canard, quoiqu'elle ait été souvent représentée avec cet attribut ridicule, mais parce qu'elle faisoit un usage journalier des bains, & qu'on disoit qu'elle avoit presque toujours les pieds dans l'eau comme les oies. On montre encore à Toulouse les ruines de ces bains qui ne font pas loin du château narbonnois qu'habitoient les rois goths. Ce château étoit aſſez près de la Daurade, pour que Théodoric & ſa femme puſſent aiſément y aller prier Dieu. On croit qu'ils y furent enterrés, parce qu'on y voyoit un tombeau briſé ſur lequel, on remarquoit les lettres *Théodo....*; ce qui a fait penſer à quelques ignorans que le tombeau de l'empereur Théodoſe étoit dans cette égliſe.

La reine Ragnachilde ayant fait cette augmentation de bâtiment à la Daurade, les autres rois de Toulouſe, ſes deſcendans continuerent de la fréquenter & de l'embellir. Nos rois de la premiere race la prirent également ſous leur protection. Les rois & les ducs d'Aquitaine l'agrandirent encore, & l'augmenterent en y faiſant ajouter de groſſes colonnes très-maſſives. Ils y établirent une collégiale ou chapitre de chanoines. Mais ceux-ci s'étant fort relachés & ayant négligé le ſervice divin, Guillaume IV, comte de Toulouſe donna, l'an 1077, cette égliſe à Hugues, abbé de Cluni qui y envoya des religieux capables d'y rétablir la discipline ecclésiastique. Cependant à la longue les moines se relâcherent aussi, & furent sécularisés. La Daurade redevint collégiale & paroissiale. Enfin on la rendit au dix-septieme siecle aux religieux bénédictins de la congrégation de saint Maur.

Pendant le temps qu'elle étoit entré les mains des moines de Cluni, il s'étoit formé tout auprès un établissement remarquable : c'étoit un cimetiere destiné particulierement aux comtes de Toulouse. Ces princes en effet y furent enterrés. Mais le tombeau du malheureux Raymond VI n'y a jamais été. Le pape ne voulut point permettre qu'il fût enterré en terre sainte parce qu'il avoit favorisé les Albigeois. On l'enterra dans le jardin des chevaliers de l'ordre de saint Jean de Jérusalem, à présent dit de Malte.

Le monastere qu'occupent les bénédictins de Saint-Maur auprès de cette église, est très-beau. Mais comme il est entouré de maisons, & qu'il ne peut y avoir de jardin, on a pratiqué au haut du bâtiment une terrasse sur laquelle les religieux se promenent, & que l'on appelle *l'amirande*, parce qu'on a de là une fort belle vue sur la Garonne & les environs de la ville.

Le temple d'Apollon & le lac voisin qui renfermoient ce fameux trésor dont j'ai déjà parlé, existerent jusqu'au quatrieme siecle, que le temple fut converti en une église qui est aujourd'hui celle de l'abbaye de Saint-Sernin. Silvius, un des premiers évêques de Toulouse, fit ce changement vers l'an 380. Il entreprit même d'augmenter l'édifice & de l'étendre sur une partie du lac. Ce projet ne fut exécuté que quelque temps après. Clovis & ses descendans trouverent cette construction achevée, lorsqu'ils devinrent maîtres de l'Aquitaine & de Toulouse. Les reliques les plus précieuses s'accumulerent successivement dans cette église. Charlemagne en donna beaucoup; & les rois d'Aquitaine, ainsi que les comtes de Toulouse, grossirent encore ce trésor sacré. Enfin jusqu'au seizieme siecle, on y rassembla un très-grand nombre de corps saints, & l'on employa des richesses immenses pour construire & orner leurs châsses & leurs chapelles.

Cette église est un vaste édifice qui au dehors a l'air d'une citadelle, & qui est surmontée d'un clocher d'une prodigieuse élévation. On est frappé en entrant, de voir dans les chapelles, à droite & à gauche, des armoires qui contiennent des châsses que l'on découvre & que l'on montre dans les grandes occasions. Il y a dans une grotte souterraine sept chapelles où l'on voit des autels, des sépultures, des inscriptions, des lampes & les autres ornemens que peuvent comporter ces saintes cavernes. Cette église se vante d'avoir vingt-six corps saints, parmi lesquels il y en a sept d'apôtres. La châsse qui renferme les reliques de saint Saturnin, est grande & couverte de lames d'argent. Celle de saint Georges est d'un prix inestimable : elle représente un temple à l'antique d'ordre corinthien, avec des figures de ronde bosse dans les entre-colonnes, & quatre autres qui représentent les quatre évangélistes, & sont assises, une à chaque coin du socle. Cette châsse est le chef-œuvre de Bachelier, orfevre très habile, & frere de ce fameux sculpteur à qui les Toulousains ont donné une place parmi les illustres qui sont dans la galerie du capitole.

L'église des carmes est belle & vaste, & la chapelle du Mont-Carmel superbe pour ses dorures & autres ornemens. On y voit un ancien tableau représentant le roi Charles VI, incliné devant une image de la sainte Vierge, & accompagné de sept seigneurs armés comme lui de pied en cap, hors la tête. Il paroît que ce sont de vrais portraits: les noms de ceux qu'ils représentent sont à leurs pieds. On y lit du moins ceux du duc de Bourbon & d'Olivier de Clisson: tous portent des bandelettes sur lesquelles est écrit le mot *espérance*. On sait que ce tableau fut placé dans cette chapelle à l'occasion d'un vœu que fit Charles VI, après s'être égaré en chassant dans la forêt de Bouconne près de Toulouse. Il passa toute la nuit sans savoir où il étoit, & fort inquiet. Dans cette situation il eut recours à *Notre-Dame de Bonne-Espérance*, à laquelle étoit apparemment dédiée une chapelle de cette église. A la pointe du jour les seigneurs de sa suite & ses gens l'ayant rejoint, il accomplit son vœu, & forma une espéce d'ordre de l'*espérance* qui n'a pas subsisté.

Une des églises les plus vastes & les plus élevées de Toulouse est celle des Dominicains. Elle est la plus ancienne de cet ordre, puisque c'est-là que Saint Dominique en jetta les premiers fondemens, tout au commencement du treizieme siecle. On montre encore dans le couvent qui en est voisin, l'ancienne cellule du saint qui a été convertie en une chapelle. On peut dire que c'est-là que l'inquisition a aussi commencé, ou du moins qu'elle a reçu sa forme par les soins de saint Dominique. Depuis le temps où ce saint a vecu, l'administration de ce severe tribunal a toujours été confiée aux religieux de son ordre. Il commença à la fin du douzieme siecle, en conséquence des décrets du concile général de Latran tenu en 1179. Dès le seizieme il étoit réduit dans Toulouse à un vain titre de grand inquisiteur, que l'on accordoit encore à un Dominicain avec de modiques appointemens. La seule fonction qui restoit à ce religieux, il y a deux cents ans, étoit d'examiner la catholicité de ceux qu'on élisoit Capitouls; encore a-t-il perdu ce droit.

On voit dans cette église des Dominicains, le tombeau de saint Thomas d'Aquin, auquel les religieux de son ordre ont prodigué de si beaux titres. Ce saint mourut l'an 1274; en se rendant au concile général de Lyon, & son corps fut transporté à Toulouse. Sa sépulture est disposée de maniere que quatre prêtres peuvent en même temps dire la messe sur quatre autels différens qui entourent ce tombeau.

L'église & le couvent des cordeliers sont aussi très-grands & très-vastes, & des plus anciens de leur ordre. Saint Antoine de Padoue, contemporain de saint François & de saint Dominique y professa la théologie. Cette église est principalement fameuse par son *charnier* qui a, dit-on, la vertu de conserver les corps. On y voit environ soixante-dix cadavres n'ayant que la peau colée fur les os. Ils font dreffés tout à l'entour contre la muraille de ce caveau. Ces corps ainfi defféchés font ceux qu'on retire des tombes de l'églife, cette terre étant ici la feule qui ait la propriété de confumer les chairs fans endommager le refte. Lorfque l'on inhume dans l'églife des corps nouveaux, on porte les anciens au haut du clocher pour que le mauvais air foit diffipé, & de là on les tranfporte dans le charnier. Parmi ces corps defféchés on voit celui de la *belle-Paule*, d'une famille confidérable de Toulouse. Nous avons au fujet de cette femme un ouvrage intitulé la *Paulegraphie*, d'un habile médecin, qui explique d'abord phyfiquement comment les corps fe confervent dans le caveau des cordeliers. Il fait enfuite en particulier l'hiftoire de la belle-Paule; & par la conformation de fon fquelette, il décide qu'elle devoit être de la plus grande beauté.

L'ordre de Malte a dans Toulouse un beau & riche grand-prieuré ; c'eft le fecond de la langue de Provence, & par conféquent de l'ordre.

On l'appelle le *prieuré de Saint-Gilles*, parcequ'il fut fondé par Raymond IV, comte de Toulouse, dit de Saint-Gilles, qui fut un des chefs de la premiere croisade en 1096 & mourut au siege de Tripoli en 1105. De ce grand-prieuré dépend en quelque maniere le couvent des religieuses nommées les *dames maltoises*. On les distingue en trois classes, comme messieurs de Malte. Les dames chevalieres font les mêmes preuves que les chevaliers ; la seconde classe est composée de religieuses servantes, & la troisieme des simples sœurs converses.

La chartreuse qui se trouve placée dans la ville mérite d'être vue. C'est une des plus belles du royaume. Le cloître est fort long ; & plusieurs des cellules sont proprement & agréablement arrangées.

Il y a dans Toulouse quatre confreries de pénitens, noirs, blancs, gris, & bleus. Ceux-ci sont les plus riches & ont la plus belle chapelle. Les réglemens en sont remarquables ; ils ont été donnés sous le règne de Henri III, & rédigés par le P. Edmond Auger, confesseur de ce prince. Plusieurs de nos rois & des princes de leur sang ont inscrit leurs noms dans les registres de cette confrerie.

J'ai parlé un peu plus haut d'un troisieme temple de Toulouse qui étoit dans le capitole, dédié à Jupiter, représenté, dit-on, sous la figure d'un bélier, comme dans le temple de Jupiter Hammon. Lors de la conversion des édifices payens en églises chrétiennes, celui-ci fut transformé en chapelle, dédiée à saint Quintin, sénateur romain, martyrisé pour la foi. Cette chapelle existe encore sur la place & en face de l'hôtel-de-ville, que l'on appelle toujours le *capitole*. On conserve encore dans ce capitole, dont la construction est moderne, tout ce qui peut constater l'ancienne gloire de Toulouse, & prouver même qu'elle n'a point dégénéré. Un coup-d'œil sur le dedans de cet édifice peut en convaincre.

Les capitouls, ou magistrats municipaux de Toulouse existoient déjà sous la domination des comtes, mais ils augmenterent beaucoup de considération, lorsque ce comté fut réuni à la couronne, sous Philippe le hardi, en 1271. Ils furent les premiers à prêter serment de fidélité au roi, & obtinrent alors les plus beaux priviléges, & la jurisdiction tant civile que criminelle dans toute la ville. Ils en jouissent encore, du moins en premiere instance, & ont sur-tout la police & la voirie dans Toulouse & sa banlieue.

Ces magistrats ont été autrefois au nombre de dix, & on les appelloit les décemvirs. A compter de 1285, époque depuis laquelle leurs registres sont bien en regle, jusqu'en 1438, on en voit la plûpart du temps douze. On les trouve ensuite réduits à huit, la disposition des quartiers de la ville ayant alors changé : car il y a toujours autant de capitouls que de quartiers ; les quartiers mêmes s'appellent *capitoulats*.

Ce qui distingue principalement les capitouls de Toulouse, c'est le droit d'acquérir la noblesse en entrant en place, & de la transmettre à leurs descendans. Quelques auteurs croient qu'ils sont en possession de distinction depuis l'an 1280. D'autres reculent cette époque de quelques années; & quelques-uns ont voulu la fixer au regne de Charles VII, vers le commencement du quinzieme siecle. Mais il paroît que la noblesse des capitouls fut seulement alors mieux reconnue & constatée.

Bertrand avance que les quatre premiers capitouls avoient sous leurs ordres, chacun cent hommes d'armes *prêts à batailler, si besoin en étoit;* que ces capitouls ne devoient point par conséquent être clercs, encore moins *gens méchaniques,* mais nobles & militaires. Aussi quelques-uns d'entr'eux prenoient-ils le titre de chevaliers, preuve qu'ils avoient été à la guerre. Jusqu'au seixieme siecle, plusieurs bons gentilhommes se faisoient honneur d'être capitouls de Toulouse, parce que ces places leur procuroient des distinctions dans la ville. Mais ce n'étoit sûrement pas pour acquérir la noblesse, puisque leurs maisons étoient souvent illustres. D'ailleurs les capitouls ont toujours été juges des citoyens, & n'étoient presque jamais jurisconsultes. On leur donnoit des assesseurs gradués, pour les aider dans l'examen & le jugement des procès ; c'est ce qui se pratique encore.

Vers l'an 1280, on voit parmi les noms des capitouls, celui de *Pierre de Toulouse*, avec cette épithete, *damoiseau*. La Faille prétend que ce capitoul descendoit de *Bertrand*, fils cadet de Raymond VI, comte de Toulouse. Le fils de Bertrand épousa l'héritiere de *Lautrec*. MM. de *Toulouse Lautrec*, doivent assurément se faire honneur d'être de la même maison, puisque, dans ce cas, ils seroient vraiment descendans des anciens comtes de Toulouse, comme Borel & la Faille, auteurs estimés, paroissent le croire.

En 1301, on trouve encore parmi les capitouls de Toulouse, *Guillaume Adhemar*, chevalier. La Faille dit qu'il étoit descendu de Hugues Adhemar, dont le frere, évêque du Puy, fut légat du saint-siége, lors de la premiere croisade, à la fin onzieme siecle. On trouve enfin dans la liste des capitouls du treizieme & quatorzieme siecles les plus grands noms des provinces voisines du Languedoc, tels que ceux de *Durfort*, de la *Barthe*, d'*Espagne*, de *Nogaret*, de *Montault*, de *Lescure*, de *Barbasan* & de *Noë*.

En entrant sous la porte de l'hôtel-de-ville ou *capitole*, on voit un grand corps-de-garde, où sont quelques armes & des boucliers ronds des anciens toulousains. On y lit une inscription en lettres d'or, qui est un magnifique éloge de Louis-le-grand. Un peu plus bas est un soleil d'or, au-dessous duquel sont huit fleurs de soleil, ou girasols, inclinées de son côté, & ce vers :

Nous regardons toujours celui qui nous a faites.

Il fait allusion aux huit capitouls de ce temps-là, dont les armes sont à côté.

Les salles où s'assemblent les capitouls, s'appellent *consistoires*. On remarque dans la plus grande, un tableau qui représente l'entrée de Louis XIV dans Toulouse. Vis-à-vis, est la statue en marbre blanc, de la fameuse *Clémence Isaure*. La belle & longue inscription qui est au bas, explique toutes les obligations que lui a la ville de Toulouse. Cette dame en effet lui a fait présent de plusieurs bâtimens ou terreins qui servent à des usages publics & utiles ; elle contribua à la construction de l'hôtel-de-ville, & fut la premiere institutrice des *jeux floraux*.

Ces jeux sont une espece d'académie composée, à l'imitation de celles d'Italie. Les académiciens s'assemblent, non pour disserter ni faire quelqu'ouvrage en commun, mais pour distribuer des prix de différentes valeurs à ceux qui produisent les meilleures pieces de poésies en différens genres. On fait remonter l'institution de ces jeux à l'an 1323 : elle fut renouvellée en 1585. Les cinq prix que distribue cette académie, sont en forme de fleurs. Le premier est une *amaranthe* d'or, destinée à une ode ; le second une *églantine* aussi d'or, pour un discours en prose sur un sujet donné. Les trois derniers sont des fleurs d'argent pour une églogue, une élégie & un sonnet. Cette académie a encore reçu, au dix septieme siecle, quelques degrés de perfection. Dans le nôtre on a établi à Touloufe des académies des sciences & des belles-lettres, de peinture, de sculpture & de deſſin.

Au reſte, l'exiſtence de *Clémence Iſaure* eſt actuellement fort conteſtée. Il y a eu ſur cet article des diſſertations ſavantes ; & l'on peut dire que l'une & l'autre opinion ont pour elles de grandes probabilités. Ceux qui ſoutiennent l'affirmative, n'ont pas manqué de citer une ode hiſtorique adreſſée à cette illuſtre fondatrice, ſur le départ des braves toulouſains, qui, en 1365, accompagnerent le célebre Dugueſclin dans ſon expédition contre Pierre le Cruel, roi de Caſtille. Quoi qu'il en ſoit, c'eſt ſur ce fondement que l'académie des jeux floraux a été établie par une dame, que les dames y furent admiſes dès la fin du ſeizieme ſiecle, en faiſant les preuves convenables d'eſprit, de goût & de talens.

Le portrait de Clémence Isaure est aussi dans une des salles contiguës au *petit consistoire* des capitouls. Elle y est représentée sous la figure d'une femme couchée, qui tient un bouquet de souci : derriere elle sont deux enfans qui jouent des instrumens, & dans le lointain, la ville de Toulouse. Ce tableau est d'une beauté parfaite.

Dans ce petit consistoire, sont les registres ou annales de l'hôtel-de-ville, tous en très-bon ordre, depuis l'an 1285. Ils sont contenus dans plusieurs grands livres manuscrits sur velin, ornés de très-belles miniatures, dont quelques-unes représentent au naturel ceux qui ont exercé le capitoulat depuis ce tems-là, & plusieurs belles & grandes cérémonies, entr'autres les entrées des rois Charles VII & Louis XI, qui n'étoit encore que dauphin, & qui, pour faire donner à sa mere le dais qu'on lui refusoit, la fit entrer en croupe derriere lui. On y voit aussi les entrées de Louis XII, de François I, de Charles IX, de Louis XIII & de Louis XIV.

Une salle, qu'on appelle la galerie des hommes illustres, offre les bustes en marbre des plus grands hommes dans les armes & dans les lettres, auxquels Toulouse a donné la naissance. Ces portraits sont au nombre de trente, à commencer au temps le plus florissant de l'empire Romain. Ces hommes illustres sont *Antoine*, surnommé *Becco* dans son enfance, un des plus grands capitaines de son temps, selon Tacite, & dont l'éloquence égaloit la valeur: *Stabius Surculus*, rhéteur qui vivoit du temps de Néron : *Emil. magnus Arboricus*, qui enseigna dans Toulouse les belles-lettres aux freres de Constantin : *Victorinus*, rhéteur célèbre : les deux *Théodoric*, rois des goths, qui regnerent à Toulouse & favoriserent les lettres & les savans : *Raymond de Saint-Gilles*, & *Bertrand*, Comtes de Toulouse : Guillaume de *Nogaret*; Jacques *Fourneri* ou *Fournier*, qui fut pape sous le nom de Benoît XII : Pierre *Bunel* qui a contribué des premiers au rétablissement de la pureté de la langue latine : *Joannes Pinus*, évêque de
Rieux

Rieux : Nicolas *Bachelier*, grand architecte & grand Sculpteur, élève de Michel-Ange : Jean de *Nogaret de la Valette*, gouverneur de Languedoc sous Charles IX : *Arnoul du Ferrier*, un des plus grands jurisconsultes de son temps, ambassadeur pour le roi au concile de Trente : Jacques *Cujas*, le plus savant homme que nous ayons eu pour le droit Romain. Piqué de l'injustice que lui firent ses concitoyens, en lui préférant un homme qui ne le valoit pas, il jura de ne jamais rentrer dans sa patrie, qui lui a fait, pour ainsi dire, ses excuses, en plaçant son portrait dans cette salle.

On y trouve ensuite les bustes de *Gui du Faur*, seigneur de *Pibrac*, bien connu par ses quatrains : de *Pierre du Faur de Saint-Jorry*, son frère, premier président du parlement de Toulouse : de Jean-Etienne *Duranti*, aussi premier président, vertueux magistrat, opposé au parti de la ligue, sous Henri III, mort dans une émeute populaire, de la maniere la plus tragique & la plus touchante : d'Antoine *Tolosani*, réformateur & général de l'ordre de Saint-Antoine de Vienne ; d'*Auger Ferrier*, médecin de la reine Catherine de Médicis ; de Philippe *Bertier*, président au parlement de Toulouse ; d'Antoine *de Paule*, grand maître de l'ordre de malte ; de Guillaume *Maran*, professeur de droit ; de Guillaume *Catel*, historien ; de Guillaume *de Fieubet*, président au parlement de Toulouse ; de Pierre *de Caseneuve* ; de François *Maynard*, poëte estimé, & de l'académie françaife ; de *Goudouli*, si connu par ses poésies languedociennes ; enfin du pere Emmanuel *Maignan*, minime, savant dans la philosophie, la théologie & les mathématiques.

Au fond de cette galerie est le buste de Louis XIV, orné de trophées magnifiques. Il fut placé sous le capitoulat de *Jean*, d'*Albert*, de *Marrast*, de *Tiffi*, de *Cantuer*, de *Crozat* & *de la Faille*, auteur des annales de Toulouse.

Les colléges sont en grand nombre dans cette ville. Mais il n'y a d'exercice public pour la philosophie & les arts, que dans celui des Jésuites ; & dans celui des doctrinaires, dit de *Lesquille*. Dans le premier, on voit un morceau de sculpture de *Bachelier*, qui est d'un goût exquis. Il représente Hercule, qui s'étant débarrassé de ses langes, étouffe de chaque main un serpent. Les attitudes sont si naturelles & si animées, que les connoisseurs y trouvent quelque chose du *Laocoon* du vatican.

Il n'y a pas long-temps qu'on a fait construire un amphithéatre d'anatomie, sur la porte duquel on a gravé ce fameux vers latin :

Hic locus est ubi mors gaudet succurrere vitæ.

(C'est ici que la mort rend service à la vie).

Cette inscription est sans doute la plus belle que puisse porter un établissement de cette espece. Toulouse a aussi plusieurs séminaires, une belle abbaye de bénédictins, un grand nombre de communautés religieuses, plusieurs hôpitaux très-vastes & très riches, un hôtel des monnoies, & une université, établie en 1218 par Raymond VII, le dernier des comtes. Dès son origine, on

D 2

y enseigna le droit civil Romain; & depuis, elle a toujours été en grande réputation pour ce genre d'enseignement. Je vous ai parlé ailleurs, madame, de son parlement.

En général les rues de Toulouse sont larges & droites. Il y a de fort belles maisons particulieres, outre les édifices publics. Cependant tout y est bâti en brique; & l'on n'y connoît point la pierre de taille. Le long de la Garonne regne un quai, qui forme une belle promenade. A une des portes de la ville il y en a une autre qu'on appelle *le jardin royal*, & qui est très-agréable.

Au seizieme siecle, on voyoit sur la Garonne trois ponts, dont l'un étoit couvert, & un autre séparé en deux par l'île de *Tonis*, dont il prenoit son nom. Le troisieme appellé le *pont-neuf*, est le seul qui subsiste aujourd'hui. C'est un des plus beaux du royaume. Il est du dessein de François Mansart. Les arches qui le forment, sont bien construites, & le ceintre d'un trait fort hardi. A chaque pile est une ouverture en coquille, pour donner passage à l'eau, lorsque la Garonne est débordée. Il est terminé par une grande porte en maniere d'arc de triomphe, sur laquelle est la statue de Louis XIV. On entre par cette porte dans le faubourg *Saint-Cyprien*, qu'on peut bien regarder comme une petite ville. Le quai & le grand hôpital de *la Grave* en font partie.

Il y a peu de villes dans le royaume, qui soient mieux situées que celle de Toulouse pour le commerce & les manufactures. Les vivres y sont abondans & à bon marché, & les eaux bonnes pour les teintures. Par la riviere d'Ariege, elle a tout ce que produit le pays de *Foix*, le fer, l'acier, & tout ce qu'il faut pour bâtir. Par la Garonne, il lui vient des Pyrénées & du voisinage, le bois, le marbre & la pierre. Le canal de la jonction des deux mers, qui finit en cet endroit, semble fait tout exprès pour lui apporter toutes les commodités & toute l'abondance que l'on peut tirer de l'Océan & de la Méditerranée. Il s'en faut cependant de beaucoup qu'on puisse regarder Toulouse comme une ville fort commerçante. Il s'y fabrique des

Bergames, des tapisseries de peu de valeur, & de petites étoffes moitié soie & moitié laine, qui se donnent à bas prix. Le génie des habitans n'est point tourné du côté du commerce. Ils sont plus portés à jouir de la noblesse que leur donne le capitoulat, ou à posséder des charges de robe. Aussi Toulouse, une des plus grandes villes du royaume, n'en est pas une des plus riches; elle n'est pas même fort peuplée, à proportion de sa grandeur, puisqu'elle ne contient environ que quatre-vingt-dix mille habitans.

Indépendamment des grands hommes toulousains, dont les bustes sont placés dans le capitole, cette ville se glorifie d'avoir donné la naissance à Jean Galbert de *Campistron*, poëte tragique célèbre, de l'académie française, & au P. *Benjour*, religieux augustin, qui nous a laissé trois savantes dissertations, sur les soixante-dix semaines du prophéte Daniel; sur l'année du déluge universel, & sur les temps qui ont précédé cet événement. Il avoit été employé par le pape Clément XI dans plusieurs affaires très-importantes.

Le vieux auteur Nicolas Bertrand rapporte que, sous le règne de Charlemagne, il y avoit à Toulouse beaucoup de Juifs, qui habitoient une rue nommée *Saint-Remi*. Ils furent accusés d'avoir excité les Sarrasins ou Mahométans à surprendre la ville, au moyen des intelligences qu'ils y ménageoient pour eux. Convaincus de ce forfait, les principaux auteurs de ce complot furent exécutés. Mais Charlemagne touché du repentir du reste de la nation juive, lui pardonna, à condition que trois fois l'année, savoir, le jour de la fête de la Nativité de Notre Seigneur, celui du vendredi Saint, & celui de l'Ascension, les Juifs se présenteroient devant l'église de Toulouse que l'évêque choisiroit, y feroient une espece d'amende honorable, ayant en main un cierge du poids de treize livres, & recevroient chacun un soufflet *d'une main forte & robuste* ; ce qui fut exécuté, malgré les lamentations des Juifs, & ce qui a duré jusqu'au temps du pontificat de Jean XXII.

que la nation juive a été entièrement chassée de Toulouse.

C'est ce même pape qui, l'an 1316, érigea l'église de cette ville en archevêché. Les évêques de Montauban, de Pamiers, de Saint-Papoul, de Rieux, de Lombès, de Lavaur & de Mirepoix en sont suffragans. Ce diocèse, le plus considérable du Haut-Languedoc, renferme cinq abbayes d'hommes & une de filles. Les terres qui composent le temporel de l'archevêque de Toulouse, s'étendent hors de la ville, & forment une jurisdiction indépendante de la sénéchaussée.

Le principal bourg de cette jurisdiction s'appelle *Verfeuil*. Il y a sur ce lieu une anecdote singuliere : c'est qu'il prend son nom de ce qu'autrefois il étoit très-fertile. Mais il fut maudit par saint Bernard, en punition de l'attachement du seigneur & des habitans aux erreurs des albigéois. Alors la terre cessa de produire des fruits ; les feuilles des arbres se secherent ; les animaux ne donnerent plus de lait & n'eurent plus de petits ; le seigneur & ses vassaux réduits aux cruelles extrémités de la famine furent forcés d'abandonner le pays. On donna le bourg & ses dépendances à l'évêque; & ce bien passé en des mains sacrées reprit sa fertilité.

Non loin de la ville de Toulouse il y a une petite maison de campagne nommée *Grouille*, que le comte d'Aubijoux fit bâtir au milieu de ses jardins, entre des fontaines & des bois. Le parc est vaste & a de grandes beautés. On s'arrête sur tout à une petite île où est une fontaine jaillissante, qui va mouiller le haut d'un berceau, dont Bachaumont & Chapelle ont dit:

Sous ce berceau qu'amour exprès
Fit pour toucher quelque inhumaine;
L'un de nous deux un jour au frais,
Assis près de cette fontaine,
Le cœur percé de mille traits,
D'une main qu'il portoit à peine,
Grava ces vers sur un cyprès:
Dans ce beau lieu digne d'envie,
Hélas! que l'on seroit heureux,
Si toujours aimé de Silvie,
On pouvoit, toujours amoureux,
Avec elle passer sa vie!

Il n'y a que quarante-sept paroisses du diocèse de Montauban qui soient dans le Languedoc. Le principal lieu est *Castel-Sarrasin*, petite ville agréablement située sur la rive droite de la Garonne. Elle étoit connue dès le douzième siècle, & appartenoit au comte de Toulouse. Quelques uns prétendent qu'elle est du temps des Sarrasins. Mais d'autres pensent au contraire & avec raison, qu'elle est moins ancienne. On croit que son nom lui vient de sa situation sur la petite rivière d'Azine, qui bientôt après se perd dans la Garonne.

La partie du diocèse de Comminges, située dans le Haut Languedoc, ne renferme que onze parroisses. Les plus remarquables sont celle du bourg de *Valentine*, qui a entrée aux états de la province, & celle d'une partie de la petite ville de *Saint Béat*, qui est séparée en deux par la Garonne. Le côté oriental appartient au Languedoc, & l'occidental à la Guienne.

On regarde comme faisant partie du pays toulousain le diocèse de *Rieux*, borné au sud par le comté de Foix; à l'ouest par le diocèse de Comminges, au nord par le même & celui de

Toulouſe; à l'eſt par ce dernier & celui de Mirepoix. C'eſt un pays de montagnes qui produit, à force de travail, ce qui eſt néceſſaire à la vie des hommes & des beſtiaux, & dont les habitans ne ſont rien moins qu'opulens: Il faut cependant en excepter ceux qui ſont établis le long de la Garonne qui traverſe ce dioceſe.

La ville épiſcopale ſituée ſur la rive gauche de la Rize, à trois quarts de lieue de la Garonne, étoit autrefois bien peu de choſe. En 1317, le pape Jean XXII l'érigea en évêché, en lui donnant un certain nombre de paroiſſes qu'il démembra du dioceſe de Toulouſe, dont il eſt ſuffragant. Ce pontife éleva en même-temps *Rieux* au rang de ville, ſuivant ces termes de la bulle : *eam oppiduli dignitate decoramus*. On trouve, avec raiſon fort extraordinaire que le pape ſe ſoit arrogé le droit de créer une ville en France.

Il y a une choſe remarquable dans l'égliſe cathédrale de Rieux ; c'eſt le clocher, un des plus beaux du royaume pour ſa hauteur & ſa ſtructure antique, & orné de beaucoup de

D 6

sculptures. Le carillon qu'il renferme fait l'admiration des étrangers par son harmonie & par la diversité des airs qu'on y joue. Ce fut l'organiste de la cathédrale, nommé Barthe, qui quoique aveugle de naissance, dirigea l'emplacement des cloches, de même que l'arrangement merveilleux des petites chaînes de fil d'archal qui sont attachées à leurs battants, & vont aboutir au clavier, placé vers le milieu de la hauteur du clocher. Cet organiste, habile musicien, avoit appris son art avec des notes de bois, & il l'enseigna à ses enfans avec ces mêmes notes.

Dans la cour du palais épiscopal on voit huit têtes de divinités payennes, qui furent trouvées au siecle dernier, dans un champ près du bourg de Martres.

A quelque distance de Rieux, est le monastere, chef d'ordre de *feuillans*. C'étoit une abbaye de l'ordre de citeaux, fondée l'an 1162. Le bienheureux *Jean de la Barriere* en étant devenu abbé, y mit la réforme, & y établit, en 1577, un nouvel ordre, qui fut approuvé, en 1585, par le pape Sixte-Quint, & souſtrait de la dépendance de Citeaux. Henri III appella le pieux fondateur à Paris en 1587, & lui donna le couvent que les feuillans occupent encore. Pendant les troubles de la ligue, pluſieurs de ces religieux oubliant les bienfaits de Henri III, ſe déclarerent contre le roi. Mais le ſage & vertueux abbé lui reſta toujours fidele, ſans cependant approuver ſa conduite. Le pape Sixte-Quint, qui s'étoit déclaré hautement pour la ligue, le manda à Rome où il eſſuya bien des déſagrémens. Mais Clément VIII lui rendit enfin juſtice, & donna même à ſon ordre une maiſon dans Rome où ce pieux inſtituteur mourut en 1600.

Ce dioceſe n'a que ſoixante paroiſſes. Le lieu le plus remarquable eſt la petite ville de *Monteſquiou*, qui fut aſſiégée, priſe, ſaccagée & brulée, en 1586, par le maréchal de Joyeuſe. Le parlement de Touloufe fit défenfe de la rebâtir; & les états de la province attribuerent à Montgéard, petite ville du voiſinage, le droit d'entrée qu'y avoit Monteſquiou. Cette derniere a été rebâtie depuis;

mais il s'en faut bien qu'elle soit ce qu'elle étoit autrefois.

On trouve dans le district de la communauté de *Seyx*, plusieurs mines de cuivre & de plomb, auxquelles on ne travaille plus depuis long-temps; au village de *Sainte Croix*, une mine de jayet, entre *Montjoye* & le hameau d'*Audinat*, trois sources d'eaux minérales, dont on ordonne la boisson contre certaines maladies de la poitrine & de l'estomac, les obstructions, les coliques & les enflures même occasionnées par les vents; à *Berat* une fontaine avec flux & reflux.

Près d'*Alzend* on voit un pont naturel formé dans le roc creusé par le ruisseau de *Lairole*, dont les eaux forment une cascade perpendiculaire, à quelque distance de-là, dans un précipice affreux. Tout auprès est une grotte, qui étonne là vue par son étendue & par sa hauteur.

Je suis, &c.

A Toulouse, ce 15 Février 1761.

LETTRE CDXXXIV.

Suite du Languedoc.

Il y a un autre-diocèse, Madame, que quelques-uns prétendent avoir fait autrefois partie du pays toulousain. C'est le diocèse de Mirepoix, & celui par lequel j'ai terminé mes courses dans le Languedoc. Il est borné au nord par les diocèses de Saint Papoul & de Toulouse; à l'ouest & au sud par le comté de Foix; à l'est par le diocèse d'Aleth. C'est un pays mêlé de montagnes & de plaines. Le sol n'y est pas en général bien fertile. Il produit néanmoins ce qu'il faut pour la subsistance des habitans, & de bons pâturages pour les bestiaux. Il y a aussi des mines de fer qui sont d'un produit considérable.

Ce diocèse n'est pas fort étendu; la ville épiscopale située sur la riviere de Lers, ne contenoit qu'une simple église paroissiale du diocèse de Toulouse, lorsque le pape Jean XXII l'érigea en évêché l'an 1318; en lui assignant cent cinquante quatre paroisses de ce même diocèse. Il lui procura en même temps un assez bon revenu, qui n'est pas pris sur la ville même, dont la seigneurie n'appartient point à l'évêque. Un de ses premiers prélats nommé *Jacques Fournier*, fut élevé au pontificat en 1334, sous le nom de Benoit XII. Quatre autres ont été cardinaux.

Il y a dans ce diocèse un bourg de *Laurac*, autre que celui qui est situé près de la ville de Saint-Papoul, & qu'on distingue par l'épithete de *grand*. C'est une question de savoir lequel de ces deux bourgs a donné son nom au pays de *Lauragais*. Je dois nommer aussi le bourg du *Carlat*, devenu fameux, pour avoir été la patrie de *Bayle*, & la petite ville de *Fanjaux*, connue, dit-on, du temps des romains par un temple de Jupiter: aussi l'appelle-t-on en latin *fanum jovis*.

A deux ou trois cents pas de la petite ville de *Belleſtat*, ou trouve la fontaine de *Fonteſtorbe*, qui est une singularité d'histoire naturelle bien remarquable. Cette source est si abondante, qu'elle forme presque seule la riviere de Lers. Elle est naturellement taillée en forme de grotte, grande & exhauffée. On y a placé d'espace en espace de grosses pierres pour pouvoir y entrer & en sortir quand la fontaine est dans son plein. Elle a cela de singulier, qu'en été & en automne, & même dans les autres saisons, pourvu que le temps ait été sec durant plusieurs jours, elle a un flux & reflux à toutes les heures du jour, pendant lesquelles elle se remplit & se désemplit vingt-quatre fois, de sorte qu'on peut la regarder comme une espèce de *clepsydre*; ou horloge d'eau fabriquée par la nature elle-même. Lorsque le flux arrive, on entend un grand bruit du côté d'où viennent les eaux, qui coulent avec tant d'abondance, qu'elles grossissent la rivière de Lers plus de deux lieues au-dessous.

La ville de Mirepoix, autrefois possédée par les comtes de Foix, & une des places d'armes des albigeois, appartient depuis plus de cinq cents ans à la branche aînée de *Levis*, qui en porté le nom avec le glorieux titre de *Maréchal de la foi*. Cette ancienne maison n'est pas originaire du Languedoc : elle tire son nom de la terre de Levis, située dans le Mirepoix, assez près de Montfort-l'Amaury. Vers l'an 1200, Gui de Lévis passa en Languedoc avec Simon de Montfort, & fut maréchal de l'armée des croisés contre les albigeois : il mourut vers 1230. Son fils & son petit-fils, toujours du nom de *Gui*, lui succéderent dans ce beau grade, & se signalerent durant cette guerre. Lorsque Simon de Montfort obtint les plus grands fiefs & comtés de Languedoc, les seigneurs de Levis eurent aussi des terres, dont la baronnie de Mirepoix fut le chef-lieu, & qu'on appella du nom général de *Terre du Maréchal*.

Le titre & les fiefs se sont perpétués dans la branche aînée de la maison de Levis. Mais pour se distinguer des maréchaux de France, les Mirepoix ont pris le titre de *Maréchal de la foi*. Ils portent croisés derriere l'écu de leurs armes, deux bâtons semés de croix, au lieu de fleurs de-lys. Le dernier maréchal, duc de Mirepoix, portoit quatre bâtons, en sa double qualité de maréchal de France & de la foi. Il est mort sans enfans, & la terre de Mirepoix, érigée en marquisat au seizième siècle, a passé avec le titre de maréchal dans la branche de *Levis-Gaudiez*. Il subsiste encore plusieurs autres branches dont les unes étoient aînées, & les autres cadettes de celle qui fut élevée aux honneurs de la pairie, au seizième siècle, par l'érection en duché-pairie de la terre de Ventadour en Limosin, & qui est à présent éteinte.

Dans mes différentes lettres sur le Languedoc, je vous ai souvent parlé, madame, de Simon de Montfort. Je crois devoir ici vous dire un mot de son origine. La plupart des historiens le font descendre d'un comte de Hainaut, nommé *Amauri* premier, qui vivoit au dixième siècle, & dont le fils, Guillaume, épousa l'héritière de la ville de Montfort, & fut père de Simon premier. L'arrière-petit-fils de celui-ci fut le fameux comte Simon, qui étoit le quatrième du nom de Montfort. Son fils Amauri, qui mourut connétable de France, étoit le sixième, & n'eut qu'un fils, Jean, qui mourut sans postérité. Cependant la maison de Montfort subsista en plusieurs branches. L'une d'entr'elles joua un grand rôle en Angleterre, où elle possédoit le comté de Leicestre: enfin, le dernier descendant par mâles d'Amauri premier, mourut en 1301. *Borel*, auteur des antiquités de Castres, donne aux Montfort une origine toute différente & plus illustre. Il fait descendre Amauri I du Roi Robert, fils de Hugues Capet, par Berthe sa première femme, & soutient même qu'il n'étoit pas bâtard, quoique sa mère eût été répudiée pour raison de parenté. D'ailleurs, il convient de tout le reste de la généalogie depuis Simon I.

Vous devez avoir jugé, madame, qu'il y avoit autrefois en Languedoc de grandes maisons très-puissantes. Au commencement même du treizième siècle, cette province étoit encore partagée entre plusieurs princes & seigneurs qui se regardoient les uns les autres comme autant de souverains. *Raymond VI*, comte de Toulouse, étoit le plus puissant d'entre eux : outre le comté de ce nom, qui comprenoit alors les diocèses de Toulouse, de Rieux, de Lavaur, de Saint-Papoul, de Mirepoix & de Montauban, il possédoit aussi les comtés de Quercy & d'Uzès, & il avoit eu, du chef d'Hermesinde sa seconde femme, le comté de Melgueuil, qu'elle lui avoit donné par son contrat de mariage, au cas où elle mourroit sans enfans; ce qui arriva.

Trincavel, vicomte de Carcassonne & de Beziers, tenoit le second rang avec Bernard Atho, cadet de cette maison, qui étoit vicomte de Nîmes. Le Roi d'Arragon étoit comte du Gévaudan; & le vicomte de *Polignac* y possédoit une partie du diocèse du Puy. *Aymard*, comte de Poitiers, étoit maître du Vivarais; & le vicomte d'Uzès avoit plusieurs grandes terres dans le voisinage. Le seigneur de Montpellier possédoit la ville de ce nom, avec la baronnie d'Aumelas. *Aymeric*, vicomte de Narbonne, étoit seigneur de la plus grande partie du diocèse de ce nom. *Bermond*, gendre du comte de Toulouse, étoit seigneur d'Anduze & de Sommieres, & d'une partie de la ville d'Alais. *Pelet* avoit l'autre partie, & plusieurs terres fort considérables. *Sicard*, vicomte de Lautrec, possédoit la vicomté de ce nom, & beaucoup d'autres domaines. Outre ces grands seigneurs, il y en avoit plusieurs autres moins puissans. De toutes ces illustres maisons, il n'en existe aujourd'hui que trois ou quatre, parmi lesquelles on compte celles de *Polignac* & de *Pelet*.

On peut dire qu'il y a dans le Languedoc autant de nobles & anciennes familles que dans aucune autre province du royaume. Il me faudroit entrer dans des détails bien longs, pour vous les faire connoître toutes. Je ne puis en nommer ici que quelques-unes ; & je vais le faire sans prétendre assigner des rangs d'ancienneté, ou donner quelque préférence, & moins encore quelque exclusion.

Faudoas de Montégu. Elle est fondatrice du grand couvent des cordes.

liers de Toulouse; & l'abbaye de Grand-Selve en a reçu, il y a près de six cents ans, des biens considérables. La branche aînée, héritière du nom, des armes & des biens de la maison de Bathausan sans reproche, est fondue dans celle de Rochechouart-Chandenier, d'où étoient sortis les marquis de Faudoas & les comtes de Clermont-Daureville.

Cornusson, la Valette-Parisot. Elle est également ancienne & illustre. L'an 1557, Jean de la Valette Parisot fut fait grand-maître de Malte. Il soutint le siege de cette place contre Soliman II. Le pape Pie IV voulut le faire cardinal; mais il refusa cette distinction.

De Paule. Elle a eu aussi un grand-maître de Malte, en la personne d'Antoine de Paule qui fut élu en 1522.

Castelper, Rigaud de Vaudeville, Mauremont, Villeneuve, Montesquieu, & Saint-Jorry, sont des maisons très-anciennes. Le comte & l'abbé de Pibrac étoient de cette derniere.

Castelnau d'Estretefons. Elle a entrée aux états par la baronnie de Castelnau.

Le marquis de Lunta, qui, en 1760,

s'appelloit *Grammont*, avoit aussi entrée aux états par la baronnie de Lanta.

La Valette-Nogaret. C'est de cette maison qui existoit au quatorzieme siecle, que se prétendoit issu le duc d'Epernon.

Isalguié de Morinville. Elle tire son origine de l'ancienne maison des *Isalguiés*, qui dès l'année 1340, possédoit un grand nombre de terres aux environs de Toulouse & beaucoup de rentes dans cette ville. De là vient que Raymond Isalguié prenoit la qualité de co-seigneur de Toulouse, comme on le voit dans le testament de son fils Paul Isalguié, chevalier, seigneur de Clermont, en 1348.

Astorc de Montbartier. Dès 1700, cette maison originaire du Quercy, étoit établie à Toulouse depuis plus de trois cents ans. Une des rues de cette ville en porte encore le nom.

Montesquiou du Fager. C'étoit la branche cadette des anciens barons de Montesquiou au diocèse d'Auch, issus des comtes de Fezensac. Barthélemi de Montesquiou, chevalier, baron

baron de Marfan & de Salles, l'un des enfans d'Arcieu IV, baron de Montefquiou, & de Gaillarde d'Espagne, eut plufieurs enfans qui formerent chacun différentes branches; favoir, Marfan, Salles, Ariagnan, Sainte-Colombe, Faget, Saintrailles, du Saget & Préchat.

Polaftron de Saint-Caffian. C'eft une maifon ou plutôt une branche des Puînés de la maifon de la Hilliere, iffus des feigneurs de Polaftron en Guienne.

Efcars de la Mothe. Elle eft connue depuis long-temps par les emplois & les fervices des fires des Efcars en Limofin. Ils portoient autrefois le nom de *Peyruffe*, ancienne vicomté qu'ils poffedoient de temps immémorial. Ils firent les branches des princes de Carency, & des feigneurs de Merville, de la Mothe & autres de ce nom.

Puget de Saint Alban. Tous les hiftoriens de Provence parlent de l'ancienneté de cette maifon originaire de Provence, & prefque toujours floriffante jufqu'au tems de la révolte du comte de Nice. Alors les

Tome XXXIII. E

du *Pugets* furent entièrement dépouillés de leurs biens, & se retirerent en Languedoc, où ils firent les branches de Saint André & de la Serre. Une autre branche connue sous le nom de la Marche, s'établit dans l'île de France; & une quatrieme, celle de Pommeuse, fixa son séjour en Brie.

Du Bourg de la Pérouse. Elle est issue d'un frere d'Antoine du Bourg, chancelier de France.

Durfort de Deyme. Cette maison est sortie des anciens barons de Durfort, au pays de Foix, qui se prétendoient issus des premiers comtes de ce pays. Du temps des Albigeois, cette famille possédoit la seigneurie de Fanjaux & autres terres voisines; & ce fut dans la maison de Fanjaux, du temps de saint Dominique, qu'arriva, dit-on, le miracle du livre contenant les principaux articles de notre foi. Ce livre y fut jetté trois fois au feu par les hérétiques, sans que jamais les flammes l'endommageassent. Après ce miracle, Raymond de Durfort donna à saint Dominique, en 1222, une maison dont on fit le monastere de son ordre qui existe encore aujourd'hui. L'ancien baron de Durfort en Agenois, & les seigneurs de Duras sont de cette maison.

La Vethe-Fontenille, Villemur de Palluz, Saint-Sivié de Montaud sont aussi des maisons distinguées par leur ancienneté.

Nigry, ou le Noir. En 1216, le Noir de la Redorte fit hommage à Simon, comte de Montfort, de plusieurs terres qu'il lui avoit données en récompense des services rendus pendant la guerre des albigeois.

Voisins. C'est une des meilleures maisons de la province de Languedoc. Pierre de Voisins suivit Simon, comte de Montfort, à la guerre des albigeois. Le roi saint Louis lui donna, en 1248, mille livres de rente, & le fit sénéchal de Carcassonne, dans un temps où les charges de sénéchal étoient très-considérables.

Les maisons de Moussoleins, d'Ars & de Cabanac étoient aussi des plus considérables de ce temps-là.

Celle de Saint-Sulpice est une branche de la maison d'Uzès, dans laquelle la maison de Crussol est entrée par le mariage de Jacques, fire de Cruſſol, grand panetier de France, qui épouſa Simone d'Uzès, fille unique & héritière de Jean, vicomte d'Uzès.

Rabaſteins. Elle étoit conſidérable au quatorzieme ſiecle, ainſi que les maiſons de *la Tour,* d'*Adhemar,* d'*Haupoul* & de *Coulombines.* La maiſon de *Vins,* originaire de Provence, celles de *Geoffroi,* de *Berard,* de *la Tude* & de *Flotte* ſont auſſi fort anciennes, ainſi que celles de *Theſan,* de *Clermont-Lodève,* de *Lauzieres,* de *Gaudiés de Montpeyroux,* d'*Ambres* & de *Caylus.*

Lautrec-Montfa. Cette maiſon eſt des plus anciennes & des plus illuſtres de la province. Le vicomte de Montfa, qui en étoit le chef en 1700, prétendoit qu'elle tiroit ſon origine des comtes de Toulouſe. Il eſt du moins conſtant que du temps de ces comtes, les Lautrecs étoient des grands ſeigneurs.

Les maiſons de *Rochefort* & de *Château-Verdun* tenoient auſſi un rang très diſtingué, & paſſoient pour être fort anciennes.

Corneillan. Un gentilhomme de

cette famille, nommé *Arnaud*, fit serment de fidélité à Philippe le Hardi, lors de l'investiture du comté de Toulouse en 1271; & en 1333, Pierre de Corneillan fut élu grand-maître de Rhodes. Dans le même serment de fidélité fut compris *Fridol* ou *Fridolet* de *Lubens-Verdale*. Hugues de Lubens fut élu grand maître de Malte en 1582, & depuis cardinal.

On met encore au nombre des maisons fort anciennes celles de *Lordat*, de *Goleja*, de *Varagne*, de *Belestat*, de *Hautpoul*, de *Bruyere*, de *Meyreville*, de *Nos*, & de *Villenoce*.

Bertrand de Villette. C'est une maison issue d'un premier président du parlement de Toulouse, qui le fut ensuite de celui de Paris. C'est le même qui fut fait garde-des-sceaux & cardinal.

Béon de Cazeaux. Un grand-prieur de l'ordre de Malte, qui étoit de cette ancienne maison, a fondé la commanderie de Pleigny, qui vaut six mille livres de rente. Elle est affectée aux chevaliers de cette même maison; & à leur défaut elle rentre

E 3

dans le rang des autres commanderies de l'ordre.

Séguier. C'est de cette maison qu'étoit sorti le chancelier Séguier. Elle est d'une ancienne noblesse.

La maison de *Pelet* peut sans contredit s'égaler, pour l'ancienneté, aux premieres familles du royaume. Elle tire son origine de Bertouald qui aida le roi Pepin à conquérir le Languedoc, & particulierement la ville de Narbonne, dont on assure qu'il fut fait comte l'an 1140. Bernard Pelet épousa Béatrix, comtesse de Melgueuil, dont il eut Hermesinde, qui, comme je l'ai déja dit, fut mariée à Raymond VI, comte de Toulouse, à qui elle porta en dot le comté de Melgueuil.

La maison de *Roquefeuil* étoit anciennement très-puissante. Elle entreprit de faire la guerre à Jacques, roi de Maillorque, qui avoit tué un page qu'il avoit de cette maison. En 1222, Raymond de Roquefeuil avoit été excommunié pour avoir suivi le parti du comte de Toulouse. Mais il fut absous par le légat du pape, à qui il donna en otage les chevaliers de *Roquefeuil* & de *Valevauge*.

Thoyras-Bermond-du-Caylar. C'est une maison très-connue, & où la valeur a presque toujours été héréditaire depuis le maréchal de Thoyras.

De Sarret. Pierre de Sarret accompagna Charles VIII à la conquête de Naples, & vint s'établir en Languedoc.

Le marquis de *Castries*, appellé *la Croix*, entre aux états comme baron de Castries. Le pere de celui qui vivoit en 1700, étoit chevalier des ordres du roi, & lieutenant-général de la province: il avoit épousé la sœur du cardinal de Bonzi.

Calvisson, à présent *Louet*, est une maison ancienne qui a succédé à celle de *Nogaret*, de laquelle étoit Guillaume, si connu sous Philippe le Bel, par l'entreprise contre Boniface VIII avec Colonna di Sciarra. Sous Charles VII, il y eut un *Louet* qui fut chambellan de ce prince, & qui figuroit à la cour.

Il y a bien d'autres maisons d'une très-bonne noblesse, dont je dois au moins ne pas taire les noms. Telles sont celles de *Pompadour*, de *Niort*, de *Montredon*, de *Graves*, d'*Aban*, de *Lavergne*, de *Monilaur*, de *Montarnaud*, de *Buffely-Tremoulet*, de *Chaumont*, de *Rochefort*, de *la Fare*, & de *Berard de Montalet*.

Telles sont encore les maisons de la *Tour des-Bains*, de *Canillac*, qui est une branche de celle de Beaufort; de *Dapcher*, qui a de grandes alliances avec celle d'Auvergne; de *du Tournel*, qui a eu sous Philippe Auguste, en 1203, un chancelier qui se trouva avec ce monarque à la bataille de Bouvines; de *Polignac*, dont les seigneurs, du temps des comtes de Toulouse, étoient appellés les rois des montagnes; de *Harcourt* & de *Ventadour*, qui possédoient de très-belles terres en Vivarais; de *Tournon* dont la branche aînée a passé par mariage dans cette derniere; de *Montbreton-Peyre*, de *Morangiés*, de *Senaret*, de *Fay*, d'*Apchon*, de *Deslezé*, de *Cruffol*, de *Senneterre*, de *Montagut*, de *Hautefort*, de *du Cluzau de Chabreuil*, de *du Fay de Salignac*, de *la Tour-Gouvernet*, de *Ginestoux*, de *Beaumont*, de *Gabriac*, de *Vogué*, de *Giflande*, de

Rochecolombe, d'*Aleyrac*, de *Roche-bonne*, d'*Entraigues*, de *Maison-Seule*, de *Colonne*, &c. &c.

Je suis, &c.

A Mirepoix, ce 24 février 1761.

LETTRE CDXXXV.

LE ROUSSILLON.

A mon départ de Mirepoix, j'aurois pu, madame, prendre la route du Comté de Foix, qui en est le pays le plus voisin. Mais comme j'aurois été obligé d'y passer de nouveau, en sortant du Roussillon, j'ai mieux aimé traverser une partie du diocèse d'Aleth, pour me rendre dans cette dernière contrée qui fait la séparation de la France & de l'Espagne. Je vais vous en donner quelques notions générales dans cette lettre, que je mets à la tête de toutes les autres, où je vous ai tracé une description des lieux les plus remarquables de cette province, à mesure que je les ai vus.

Le *Roussillon*, pris dans sa plus grande étendue, a environ trente lieues de l'est à l'ouest, & quinze du nord au sud. Il est borné à l'est par la partie de la Méditerranée, connue sous le nom de golfe de Lyon; au

sud par la Catalogne, dont il est séparé par une chaîne des Pyrénées; à
l'ouest par le Donnezan, qui fait
partie du Comté de Foix; au nord
par le bas Languedoc. Il a quinze
lieues de côte, dont une partie est
basse, unie & sabloneuse, & l'autre
bordée de rochers escarpés & presque
inaccessibles.

Le nom de Roussillon vient, suivant
quelques-uns, de celui d'une ancienne
ville, appellée *Ruscino*, qui étoit une
colonie Romaine. Elle fut détruite
sous les premiers Rois de France
de la seconde race; & il n'en reste
aujourd'hui qu'une tour, qu'on appelle *la tour de Roussillon*.

Cette province forme un seul gouvernement militaire, divisé en trois
vigueries; celle du *Roussillon*, qui
comprend le comté de ce nom & le
Vallespir; celle de *Conflent*, qui comprend le Conflent même & le Capsir;
celle de *Cerdagne*, qui ne comprend
qu'une partie du pays de ce nom,
qui a été cédée à la France par le
traité des Pyrénées, & qu'on distingue sous le nom de *Cerdagne française*. Ce ne sera que dans les lettres

E 6

qui suivront celle-ci, que je vous tracerai, madame, une description particulière de ces trois différentes contrées.

On peut mettre le Roussillon au nombre des anciens grands fiefs de la couronne de France. Peu de provinces ont éprouvé autant de révolutions, & ont changé aussi souvent de maître. Celle-ci a été mille fois l'objet & la victime des querelles des souverains, & a été sur-tout le malheureux théâtre de toutes les guerres de France & d'Espagne.

Nous chercherions en vain, madame, à connoître les premiers peuples qui ont habité cette province, & même ceux qui leur ont succédé. Une nuit des plus obscures les dérobe à nos regards. On a parlé des phéniciens, des égyptiens & des phrygiens, mais sur des conjectures dénuées de preuves. Les plus anciens peuples du Roussillon, sur lesquels on ait quelque certitude, sont les gaulois qui se répandirent du nord au midi de la France. Plusieurs siècles avant l'ere chrétienne, les celtes y laissèrent une colonie, en le traversant pour aller s'établir sur les bords de l'Ebre dans la Catalogne, l'Arragon & la Castille.

Ces peuples étoient maîtres de tout ce pays, l'an 536 de Rome, lorsque le fameux Annibal voulant porter la guerre en Italie, franchit les Pyrénées, & vint camper auprès d'*Illiberis*, aujourd'hui *Elne*. Il y fut arrêté par les Rois des celtes-tectosages, qui s'assemblèrent à *Ruscino*, pour lui fermer le passage. Les peuples du Roussillon étoient alors distingués en *sardones*, qui occupoient la côte depuis Salses jusqu'au cap de Cervera; en *consuarani*, qui habitoient l'intérieur du Roussillon proprement dit, & une partie du Vallespir; en *ceretani*, qui étoient maîtres de la Cerdagne. On ignore le nom de ceux qui possédoient le Conflent.

Vers l'an 633 de Rome, la partie des Gaules que borde la Méditerranée, fut conquise par les Romains; & le Roussillon s'y trouva compris. On attribue la gloire de cette conquête à *Q. Marcius Rex*, qui, l'année suivante, fonda la colonie de Narbonne. Ce fut alors, que la ville de *Ruscino* devint une colonie romaine, & que le Roussillon fit partie de la Gaule narbonnoise. Il demeura soumis à l'empire romain pendant les quatre premiers siècles de l'ere chrétienne.

Au commencement du cinquième, vers l'an 409, les alains, les vandales & les sueves vinrent s'y établir. Ils en furent bientôt chassés par les visigoths, qui y introduisirent leurs loix & leurs usages. L'empire de ceux-ci, après avoir duré environ trois cents ans, fut détruit vers l'an 719, à la suite de la fameuse bataille de 712, où leur roi, Roderic, fut défait & tué par les sarrasins. Ces derniers portèrent le fer & la flamme dans toute la Gaule narbonnoise, massacrèrent les peuples, démolirent les temples, & ne laissèrent presque aucune trace des monumens anciens. Mais leur règne ne fut pas d'une bien longue durée. Notre roi Pepin les chassa, l'an 760, de tout ce pays, dont les habitans se soumirent volontairement à ce prince, pendant qu'il faisoit le siège de Narbonne.

Le Roussillon conserva ses loix, en devenant province françoise. Il fut gouverné au nom de ses nouveaux souverains par des comtes, qui usurpèrent dans la suite l'autorité suprême, & la transmirent à leurs héritiers. Ces premiers comtes furent ceux de Barcelonne. L'un d'eux ayant partagé ses différens états entre ses enfans, le Roussillon proprement dit eut ses comtes particuliers. Le Conflent & la Cerdagne réunis, eurent aussi leurs comtes, sous le nom de comtes de Cerdagne, également issus de la maison de Barcelonne. Le haut Vallespir fut pendant quelque temps soumis aux comtes de Besalu.

Bernard-Guillaume, comte de Cerdagne, mourut sans enfans en 1117, & laissa par testament ses états à Raimond V, comte de Barcelonne. Celui-ci devint roi d'Arragon, en 1134, par les droits de sa femme, Pétronille, fille & héritière de Ramire II, qui avoit occupé ce trône. Gérard fut le dernier des comtes de Roussillon: il ne s'étoit point marié; & il légua, l'an 1172, son comté à Alphonse II, roi d'Arragon, qui en prit possession à Perpignan, quelques jours après la mort du donateur. C'est ainsi que tout ce pays, après avoir formé une province de France, devint une province arragonnoise. Ses comtes avoient toujours reconnu la souveraineté des monarques françois; & les rois d'Arragon la reconnurent également jusqu'à l'époque de la renonciation qu'en fit notre roi S. Louis, en faveur de Jacques I, qui lui céda à son tour ses prétentions sur une partie du Languedoc, par le traité de Corbeil en 1258.

Ce même Jacques, roi d'Arragon, mourut en 1276, & partagea ses états entre Pierre & Jacques ses fils. Pierre eut le royaume d'Arragon, & Jacques celui de Majorque avec les comtés de Roussillon & de Cerdagne. Des troubles continuels agitèrent le règne de ces nouveaux monarques. Les rois d'Arragon réclamoient sans cesse les droits de souveraineté que ceux de Majorque s'obstinoient à leur refuser. Une guerre longue & sanglante fit éprouver aux habitans du Roussillon, des malheurs & des désastres de toutes les espèces. Jacques

II, troisième & dernier roi de Majorque, y mit le comble par ses vexations & ses cruautés inouies. La haine de ses sujets fut le prix qu'il en recueillit; & cette haine lui causa la perte du Roussillon. Les habitans de cette province, soupiroient après le gouvernement d'un maître qui leur rendît la paix & le bonheur. Leurs vœux furent exaucés : le roi d'Arragon entra dans le Roussillon, en devint bientôt le paisible possesseur, & s'attacha, par une domination sage & modérée, le cœur de ses nouveaux sujets.

Cette province répara dès-lors ses malheurs, fit refleurir l'agriculture, & rétablit son commerce. Mais elle étoit destinée encore à changer de maître. L'an 1461, le roi Jean d'Arragon, ayant besoin de secours contre les navarrois & les catalans, fit, avec le roi Louis XI, un traité, par lequel celui-ci s'engagea à fournir & à entretenir sept cents lances pour le service du roi d'Arragon, à condition que le roi Jean donneroit deux cent mille écus au roi de France. Le roi d'Arragon ne pouvant payer cette somme, donna à Louis XI les comtés de Roussillon & de Cerdagne en engagement; & il fut en même temps convenu que si dans l'espace de neuf ans, cette somme & les intérêts n'étoient point remboursés, la propriété de ces deux comtés demeureroit à la France. Cette condition ne fut point remplie, & ces deux pays furent effectivement réunis à la France.

Mais ils n'y restèrent pas long-temps. Charles VIII voulant porter la guerre en Italie, les rendit, par le traité de Narbonne de 1492, au roi d'Arragon, devenu roi d'Espagne sous le nom de Ferdinand V, pour que celui-ci gardât la neutralité dans cette guerre. Il n'exigea même aucun remboursement de la somme prêtée par Louis XI. On accuse Olivier Maillard, confesseur de Charles VIII, d'avoir engagé ce prince à faire ce traité, après avoir reçu une somme considérable du roi d'Espagne.

Le roi François I entreprit de faire rentrer le Roussillon sous son obéissance; mais il échoua dans ce projet. Louis XIII fut plus heureux. Cette province n'avoit vu, qu'avec une peine extrême, ses priviléges violés sous la domination espagnole. Elle gémissoit depuis long-temps sous le despotisme du souverain, les vexations des gouverneurs & le fardeau des impositions. Ce fut inutilement qu'elle porta ses humbles remontrances au pied du trône. Enfin, elle se donna à la France, par les traités faits avec Louis XIII, le 16 décembre 1640, & le 19 décembre 1641. Ce souverain porta ses armes en Roussillon. Le prince de Condé s'empara des places voisines du Languedoc. Louis XIII fit en personne le siége de Perpignan, qui capitula après une résistance de plus de trois mois. Un détachement de son armée, sous les ordres des maréchaux de Schomberg, & de la Meilleraye, prit le château de Salses; & par là, fut terminée la conquête du Roussillon, dont la possession fut assurée à la France en 1659, par le traité des Pyrénées.

Il seroit bien difficile de marquer l'époque précise où la lumière de l'évangile fut apportée dans le Roussillon. On croit cependant, avec quelque fondement, que c'est vers la fin du premier siecle de l'ere chrétienne, que la religion y fut prêchée par *S. Paul Serge*, reconnu pour l'apôtre d'une grande partie de la Gaule narbonnoise. Il est du moins certain que vers la fin du siecle suivant, elle y étoit déja établie, & que plusieurs chrétiens la cimenterent de leur sang. S. Vincent, né à Colliouvre, souffrit le martyre dans cette ville l'an 300, sous Décius, préfet des empereurs romains en Espagne. Les persécutions multipliées, les cruautés monstrueuses des Sarrasins, ne purent porter la moindre atteinte à la religion des habitans du Roussillon, qui se sont montrés dans tous les temps aussi soumis aux décisions de l'église qu'aux loix de l'état.

Le tribunal de l'inquisition avoit été introduit en Roussillon par les rois d'Espagne, qui y avoient aussi établi un *tribunal de la chambre*, c'est-à-dire des collecteurs de la chambre apostolique, pour les dépouilles des ecclésiastiques après leur mort, & un *tribunal du commissaire du bref*, dont l'évêque de Gironne étoit le chef.

Celui-ci avoit l'attribution des crimes de toutes les personnes religieuses & ecclésiastiques, même des ordres exempts, qui n'auroient pas été punis convenablement par leurs ordinaires. Ces tribunaux ont été abolis après le traité des Pyrénées.

Il n'y a dans cette province qu'un seul évêché suffragant de Narbonne. c'étoit autrefois l'évêché d'*Elne*, aujourd'hui celui de *Perpignan*. L'érection de cet évêché fut faite vers la fin du sixieme siecle, par une assemblée d'évêques à la priere des rois goths, qui étoient alors maîtres de l'Espagne & d'une partie du Languedoc. Les premiers actes solemnels où il soit question d'un évêque d'Elne, sont le troisieme concile de Tolede & celui de Narbonne, tenus l'un & l'autre en 589. Depuis cette époque, le siege fut rempli sans interruption & tenu dans cette ville jusqu'en 1601, qu'il fut transféré à Perpignan, avec le chapitre de la cathédrale, par une bulle du Pape Clément VIII. Cette translation accordée à la demande du roi d'Espagne, de l'évêque Onufre de Réart & du chapitre fut effectuée l'année suivante. Cependant l'évêque de Perpignan & son chapitre prennent encore le nom & le titre d'évêque & chanoines d'Elne. On compte aujourd'hui cent vingt-trois évêques qui ont occupé ce siege, parmi lesquels il y a eu un patriarche de Constantinople, deux de Jérusalem & huit cardinaux.

Il semble que la nature ait pris soin de marquer elle même la séparation du Roussillon des provinces voisines. La mer, une longue chaîne de hautes montagnes, & un chaînon de montagnes subalternes forment ses limites naturelles, dans lesquelles il est comme enclavé, & paroît former un pays particulier. On voit une grande plaine, qui d'un côté touchant à la mer, conduit de l'autre, vers des collines d'abord peu élevées, mais qui s'avancent tout-à-coup comme verticalement vers les Pyrenées, & qui tiennent au haut de *Canigou*, qu'on diroit être l'extrémité de la masse de ces montagnes.

De ce point élevé, partent différentes chaînes de montagnes divergentes entr'elles, & par conséquent de vallées qui suivent la même direction. Les unes vont du midi au nord, vers le Conflent, les autres du nord au midi vers le haut Vallespir, d'autres enfin du couchant à l'orient vers la plaine du Roussillon & le bas Vallespir. Ces dernieres finissent à la Méditerranée, & font comme les deux extrémités d'un arc qui forme l'enceinte de la province du Roussillon.

Il n'est point dans les Pyrenées de plus belles montagnes que celles-ci. Très-peu présentent une roche nue & pelée. Elles sont presque toutes couvertes d'arbres, de pins, de sapins, de chataigniers, de lieges, de frênes & de chênes noirs, verts & blancs. Quelques unes portent sur leur sommet, où à une fort grande élévation, des plaines très-étendues, qui offrent aux regards du voyageur une vaste pelouse toujours verte, émaillée de toutes sortes de fleurs, & arrosée par une infinité de ruisseaux que fournissent les fontaines voisines. On distingue sur tout la plaine de *Pla Guillem* sur le Canigou, celle de *Camporells* dans le Caplir, celle des *Llausades* au-dessus du Mont-Louis, & celle qui est derriere l'hermitage de Font Romeu.

La plus haute de ces montagnes, & même des Pyrenées, est le Canigou qui a quatorze cent cinquante quatre toises d'élevation au-dessus du niveau de la mer. On l'apperçoit à plus de trente lieues de distance du côté de la France & de l'Espagne. La neige en couvre la cime pendant sept mois de l'année. Dans la partie qui regarde le nord, on voit des fentes où il y a toujours de la glace, peut-être aussi ancienne que le monde. On trouve dans une de ses parties les plus élevées, une ouverture considérable & profonde, autour de laquelle sont placés de grands anneaux de fer, pareils à ceux auxquels on attache dans les ports les cables des vaisseaux; ce qui fait présumer que cette ouverture a été destinée à l'exploitation d'une mine, & que ces anneaux servoient à soutenir les cordes employées pour faire descendre les hommes & les fardeaux.

On remarque sur toutes ces montagnes du Roussillon des tours très-anciennes,

anciennes, dont nous ignorons les vrais usages. Les uns les regardent comme ayant servi aux habitans à se défendre contre les Sarrasins. Les autres croient, avec plus de fondement, qu'elles ont été destinées à placer des signaux, & à défendre l'entrée des passages. Cette derniere opinion est la plus vraisemblable.

Il y a sous ces mêmes montagnes un grand nombre de grottes souterraines ou *cryptes*, d'une étendue considérable, dont quelques-unes paroissent être un ouvrage de la nature, & quelques autres avoir été creusées autrefois pour l'exploitation des mines. Je vous les ferai connoître, en vous parlant des lieux près desquels elles se trouvent.

Je n'essayerai pas ici, Madame, de vous tracer une description exacte & pittoresque de l'ensemble de ces montagnes & de la plaine qu'elles renferment; de cette campagne immense fertilisée par les eaux de plusieurs rivieres, terminée par une chaîne de montagnes qui forment une espèce de croissant, & par la mer Méditerranée; de ces roches arides & blanchissantes des *Corbieres* qui séparent le Roussillon du diocèse de Narbonne; de cette montagne du *Canigou*, dont la cime couronnée de neige offre la stérilité de l'hiver, & les flancs dorés des moissons, la richesse de l'été; de ces montagnes du *Vallespir*, parées de la verdure des bois; enfin de la Méditerranée, dont le spectacle uniforme contraste admirablement avec une si grande variété. Tous ces objets peuvent être admirés, mais non décrits, avec toutes leurs beautés. C'est un tableau magnifique, dont la copie ne pourroit être qu'infidelle.

Le terroir du Roussillon est en général très fertile. Il produit une grande quantité de grains, de vin & de fourrage. Il n'est pas rare même qu'on sème en certains endroits, immédiatement après que la récolte a été faite, du millet & d'autres grains; tant les terres y sont grasses & bonnes! Les oliviers sont la plus grande richesse de cette province; & les orangers y sont très-communs. On y nourrit une grande quantité de moutons dont la chair est excellente. On y engraisse aussi des bœufs, mais peu de vaches, parce que le lait n'en est pas bon. Les mules & les mulets sont les seuls animaux dont on se sert pour le labour de la terre. Les pigeons, les cailles & les perdrix y sont d'un goût exquis, & le vin, sur tout, excellent.

Les rivieres qui arrosent le Roussillon ne sont pas navigables. Les principales sont la *Tet*, l'*Agly*, le *Tec*, l'*Aude* & la *Segre*. On ne peut pas dire qu'aucune de ces rivieres soit considérable. Mais elles deviennent toutes très-fortes en hiver, & lorsqu'elles sont grossies par la fonte des neiges & des glaces des Pyrénées. Ce sont alors des torrens des plus rapides, qui rompent toutes les digues, inondent les campagnes, & font les plus affreux ravages.

La *Tet*, (*Tethis*, autrefois *Ruscino*), prend sa source d'une fontaine du même nom, dans les Pyrénées, se précipite sur des rochers immenses, & des bois de pin, parcourt une partie de la Cerdagne & tout le Conflent, traverse la plaine du Roussillon, baigne les murailles de Perpignan, & va se jetter dans la mer à deux lieues de cette ville, entre Canet & Sainte-Marie.

Le *Tec* (*Tichis*, autrefois *Illibéris*), vient auſſi des Pyrénées, près du Pla-d'Egour, dans le haut Valleſpir, aux frontieres de la Catalogne, parcourt tout le Valleſpir, traverſe le Rouſſillon, & va ſe jetter dans la mer au-deſſous d'Elne.

L'*Agly* (*Aquilium*, *Fluvius Aquilinus*), prend ſa ſource dans les montagnes du dioceſe d'Aleth en Languedoc, paſſe à Eſtagel & à Riveſaltes, & ſe perd enſuite dans la mer entre le lac de Leucate & l'embouchure de la Tet.

L'*Aude* (*Atax*) prend ſa ſource dans le Capſir, d'un étang du même nom d'un quart de lieue de tour, près du village des Angles; à deux lieues oueſt du Mont-Louis. Cette riviere traverſe le Capſir du ſud au nord; ſe jette dans le vallon de Carcanet dans le Donneſan, au-deſſous de Puy-Valador, & de là rentre dans le Languedoc par le dioceſe d'Aleth.

La *Ségre* tire ſa ſource & ſon nom de la fontaine de Ségre, dans ſa partie ſupérieure de la vallée de Llou dans la Cerdagne, à quatre lieues sud de Mont-Louis, parcourt cette vallée; passe à Sallagosa, & traverse toute la Cerdagne française, jusqu'au dessous des Guinguettes près de Puycerda, où elle entre en Espagne.

Dans la plaine du Roussillon on voit plusieurs étangs, dont les plus remarquables sont ceux de Saint-Nazaire, à deux lieues de Perpignan & de Salses, près du château de ce nom. Plusieurs montagnes ont, à une certaine élévation, & quelquefois sur leur sommet des lacs assez considérables. Il y en a un qu'on nomme *le gouffre Noir*, ou le lac d'*Aulette*, & que les paysans des environs regardent comme très-dangereux. Ils sont persuadés que si l'on y jette quelques pierres, il s'en éleve aussi-tôt un orage accompagné de grêle & de tonnerre. Mais on sait aujourd'hui aprécier & réduire à leur juste valeur ces préjugés, qui n'ont d'autre fondement que la prévention & la crédulité du peuple.

Au reste, ces lacs & ces étangs sont presque tous fort poissonneux, & fournissent beaucoup de truites belles & saumonées. Mais celles du *gouffre Noir* sont l'objet de la terreur des paysans du lieu. Ils les regardent comme des diables, auxquels ils attribuent les orages; & ils n'oseroient y toucher.

Les mines de fer, de plomb, de cuivre, d'argent, &c. sont très-multipliées sur les montagnes du Roussillon, qui est également très-riche en eaux minérales. Je vous indiquerai ailleurs, Madame, celles qui étant les plus renommées, méritent qu'on en fasse mention.

Cette province, considérée dans sa surface, est, comme je l'ai dit plus haut, une plaine entourée de montagnes de tous côtés. De là vient que la température du climat n'y est pas par-tout la même. Dans la plaine on est presque brûlé des feux de l'équateur. Les vallées ont une température douce & modérée; & les sommets des montagnes sont exposés aux frimats de la zone glaciale. Mais partout on voit presque toujours un ciel clair, beau, serein & rarement obscurci par des nuages. L'air est pur, léger, vif, & très-rarement aussi chargé de brouillards.

Les vents qui soufflent le plus constamment dans le Roussillon, sont ceux de *nord*, de *sud*, d'*est*, & d'*ouest*. Le vent du *nord*, connu dans la plaine & dans le Vallespir sous le nom de *Tremontane*, & dans la Cerdagne sous celui de *Carcanet*, vient du côté du Languedoc. Il est toujours froid, sec & élastique. La province lui doit sa salubrité, parce qu'il purifie l'air, fortifie les fibres, & tempere l'ardeur des fluides. Le vent du *sud*, appellé *vent d'Espagne*, a des qualités opposées, & produit un effet contraire. Il est chaud, plus élastique, & par conséquent mal sain : il relâche les corps, abat les forces, & diminue le ressort des fibres. Le vent d'*est*, appellé *Marin*, vient de la mer. Il produit deux effets différens, suivant les saisons ; en hiver il est humide ; en été il est frais & tempere les vives chaleurs. Le vent d'*ouest*, appellé *Ponent*, souffle rarement. Il est souvent humide & presque toujours froid, parce qu'il passe sur des montagnes couvertes de neige.

F 4

On compte dans cette province environ cent quarante mille habitans. Ils sont vifs & spirituels, sobres, obligeans, attachés à la religion de leurs peres & à leurs anciens usages; sensibles au point d'honneur, bons soldats, & dévoués à leurs souverains. Ils aiment à être flattés: les caresses les réduisent; l'aigreur & la sévérité les rebutent. Ils sont peu endurans, parce qu'ils sont extrêmement sensibles aux injures & aux affronts. Ceux qui vivent dans l'aisance sont naturellement paresseux. Mais le peuple ne mérite point ce reproche: il est actif & très-laborieux; la belle & bonne culture que l'on remarque dans les campagnes, même dans les contrées les plus ingrates, en est une preuve sensible. En voici une, par exemple, en faveur des habitans des montagnes de cette province.

Ces montagnes sont ornées de terrasses depuis les lieux bas jusqu'à une grande partie de leur élévation, dont chacune contient le terrain que la rapidité du sol précipiteroit dans les rivieres. Un amphitéâtre toujours vert & prolongé, frappe agréablement les yeux du voyageur. Mille petites murailles tiennent comme en suspens des arbres fruitiers & des vignes, qui jouissent, comme dans des immenses espaliers, de la chaleur du soleil. Si les eaux pluviales renversent quelques portions de ces murailles, le patient cultivateur rétablit aussi-tôt le frêle édifice. Si une muraille tombant sur une muraille inférieure, entraîne la terre, les vignes & les arbres; le paysan toujours laborieux & patient, rétablit encore la terrasse, rapporte de la terre, replante sa vigne, & substitue de nouveaux arbres. C'est ainsi qu'il entretient par un travail pénible & redoublé la belle culture du sol le plus ingrat. Quelquefois il s'empare d'un trou à travers des roches toutes nues; le remplit de terre, y plante un arbre fruitier, un olivier, un sep de vigne. Malgré le nombre, la difficulté & la variété des travaux, le robuste montagnard suffit à la culture de ses collines, de ses terrasses, de ses précipices, & vient encore au secours du riche cultivateur de la plaine.

Le plus grand commerce qui se

fasse en Roussillon est celui des huiles d'olive, à cause de la grande quantité d'oliviers qu'il y a dans ce pays. Il en sort aussi du bled & beaucoup de millet, mais peu de vin, quoiqu'il soit fort bon. Le commerce des laines y est très-considérable : ce sont les plus belles & les plus fines du royaume. Le miel y est aussi le plus beau & le meilleur de France : il passe sous le nom de miel de Narbonne.

Le Roussillon est un pays de droit écrit : le droit romain y est observé dans toute son étendue. La justice est rendue en dernier ressort par un *conseil supérieur* établi à Perpignan l'an 1660, & composé d'un premier président, de deux présidens, d'un chevalier d'honneur, de six conseillers laïques, d'un conseiller clerc, de deux avocats généraux, d'un procureur général, d'un greffier en chef, d'un premier huissier audiencier, & de quatre archers, que l'on appelle *Algoisils*, qui sont nommés par les conseillers pour faire exécuter les arrêts de ce conseil supérieur. Les charges de greffier en chef & de prémier, huissier sont les seules qui soient vénales dans ce conseil supérieur. Toutes les autres ne sont que des commissions que le roi donne. Dans les grandes cérémonies & au jour de l'ouverture des audiences après la saint Martin, le commandant de la province, en épée & en manteau, se met à la tête du conseil supérieur.

Outre ce conseil supérieur, il y a à Perpignan plusieurs jurisdictions subalternes, qui sont celles du juge du *Baille*, pour le peuple; du juge du *Viguier* pour les affaires temporelles du clergé, de la noblesse, & des bourgeois nobles ; & du *consulat* de mer pour les affaires de commerce. Les appellations des jugemens de toutes ces jurisdictions sont portées au conseil supérieur, de même que celles des autres jurisdictions de la province.

Au reste, les habitans du Roussillon jouissent du privilege de ne pouvoir être traduits hors de leur province pour quelque raison que ce puisse être. Ils ne reconnoissent ni les jugemens émanés des tribunaux des autres provinces, ni les évocations & attributions qui les traduisent hors de leur pays, ni aucunes lettres de committimus, ni la jurisdiction du grand conseil quoique étendue dans tout le royaume. Ce privilége qui leur a été accordé en 1175 par Alphonse roi d'Arragon, n'a souffert, depuis cette époque, aucune atteinte. Il a été reconnu & confirmé par tous leurs souverains. Les rois de France y ont eu égard, & l'ont maintenu dans toutes les occasions.

Je suis, &c.

En Roussillon, ce 1761.

LETTRE CDXXXVI.

Suite du Roussillon.

La viguerie du Roussillon est la premiere contrée que j'ai vue en entrant dans cette province, & que je viens de parcourir en partie. Je vous ai déja dit, madame, qu'elle comprend le comté de *Roussillon* & le *Vallespir*. Ce comté est une vaste plaine qui a dix lieues de l'est à l'ouest, & douze du nord au sud. Elle est bornée à l'est par la mer; au sud par le Vallespir, dont elle est séparée par la riviere du Tec, & par quelques petites montagnes; à l'ouest par le Conflent, & au nord par le Languedoc : elle est séparée du Conflent par la montagne de Terranera, & du Languedoc par celle des Corbieres.

On passe dans le Conflent par une colline appellée *col de Terranera*, qui domine cette plaine, & d'où l'on jouit d'une vue des plus pittoresques,

C'est là que les yeux du voyageur sont si agréablement flattés, en se portant tour-à-tour sur une longue chaîne de hautes montagnes à gauche ; sur quelques montagnes à droite, qui vont en s'éloignant & en s'abaissant ; sur la mer qu'il voit dans le lointain ; sur une belle campagne bien cultivée, toujours verdoyante, qui s'élargit à mesure qu'elle s'éloigne, couverte d'arbres, & remplie de villes & de villages.

Cette plaine est la partie la plus fertile de la province. Elle est coupée dans presque toute son étendue, par des canaux qui prennent l'eau de différentes rivieres, & d'où on les distribue dans les terres pour les arroser. Je ne pouvois assez admirer l'industrie avec laquelle on conduit les eaux, même dans les endroits élevés. Les paysans y pratiquent avec succès les regles de l'hydraulique, sans en avoir jamais appris les élémens.

Les deux plus beaux de ces canaux sont ceux du *Corbera* & de *Las Canals*. Le premier pris de la riviere de la Tet, au dessus de Vinça, tourne autour de la montagne, se distribue dans la plaine, & arrose une grande étendue de pays. Le dernier part de la même riviere, au-dessus d'Ille, parcourt un espace d'environ neuf lieues, distribue ses eaux à toutes les terres voisines, jusqu'à la distance de plus d'une lieue à droite & à gauche, passe à Perpignan, y fournit à plusieurs réservoirs de la ville & de la citadelle, & donne de l'eau dans toutes les rues, où on la fait couler à volonté. Il passe, dans un endroit, sur un pont fort élevé, composé d'un grand nombre d'arches, & long de deux portées de fusils. Dans un autre endroit, on le conduit par un aqueduc souterrain bien voûté, d'environ une lieue d'étendue.

Les oliviers sont une des richesses de cette plaine; elle en est remplie, & ils rapportent beaucoup. Elle est aussi parsemée d'arbres fruitiers de toutes les especes, & contient beaucoup de jardins, sur-tout dans les environs des habitations. Ceux qui sont autour de Perpignan, d'Ile & de Ceret, sont les plus fertiles & les mieux tenus; les fruits en sont beaux, d'un goût exquis, & font même une branche de commerce. Les endroits pierreux de cette plaine sont couverts de vignes qui produisent différentes sortes de vins excellents. Les haies mêmes y sont formées par des grenadiers d'une très-belle hauteur. Les orangers, les limoniers, les citroniers y viennent en pleine terre; mais on en néglige la culture & la multiplication; les mûriers y sont répandus de toutes parts. Enfin, la seule chose peut-être qu'on peut desirer dans cette étendue de terrain, ce sont les pâturages: on y trouve très-peu de prairies, sur-tout depuis le défrichement qu'on a fait des parties incultes.

La principale ville du comté de Roussillon, est *Perpignan*, capitale de toute la province. Elle est située en partie sur une colline douce & peu élevée, en partie dans la plaine, à deux lieues ouest de la mer, & sur les bords des rivieres de la Basse & de la Tet. La premiere baigne les murailles de cette ville, & la derniere celles de son faubourg de Notre-Dame. On passe la premiere sur un pont d'une seule arche assez longue, & presque plate, qui fixe l'attention des connoisseurs, & la derniere sur un beau pont de plusieurs arches.

On a été induit en erreur, sur l'origine de cette ville, par la beauté d'un égout, qu'on a voulu, mal-à-propos, présenter comme un ouvrage des Romains. Cet égout mérite en effet d'être admiré. Il est assez large pour que plusieurs personnes puissent y passer à la fois; pavé en pierres de taille, couvert d'une voûte assez haute pour qu'on puisse s'y tenir debout; bordé des deux côtés par une banquette, sur laquelle on peut le parcourir. C'est sans doute cet ouvrage qui a fait croire à quelques écrivains que *Perpenna* avoit été le fondateur de Perpignan, qu'ils nomment *Perpenniacum*. Mais la construction de cet égout paroît ne pas remonter au-delà du quatorzieme ou du quinzieme siecle; on n'y voit rien qui annonce la magnificence des Romains.

Cette ville n'est connue que depuis le commencement du onzieme siecle. Il en est fait mention pour la premiere fois dans l'acte de conservation de l'église de *S. Jean*, qui est de 1205.

Elle étoit même alors très-peu de chose : mais elle s'accrut bientôt ; & au commencement du siecle suivant, elle occupoit déja tout le terrain qui forme aujourd'hui la paroisse de saint Jean.

A peine le roi d'Arragon fut-il devenu maître du Roussillon, qu'il voulut changer la situation de Perpignan, & la transporter sur le promontoire des Lépreux, appellé aujourd'hui *Puig*. Mais on se contenta, vers l'an 1250, de peupler cette partie qui demeura séparée de la ville, à laquelle elle fut réunie peu de temps après. Vers la fin du même siecle, le local, qu'occupent actuellement les paroisses de *la Réal* & de *S. Mathieu*, fut peuplé avec tant de promptitude, que vers le milieu du siecle suivant, ces quatre paroisses réunies firent une ville considérable.

On comptoit au commencement du seizieme siecle, six mille maisons dans Perpignan ; il n'y en a actuellement que la moitié. Charles-Quint en fit abattre environ dix-huit cents, pour ajouter des ouvrages aux fortifications. La paroisse de S. Matthieu fut encore presque détruite en 1640, un gouverneur ayant fait canonner ce quartier pour une simple querelle entre bourgeois & soldats. Cet excès prépara la révolution de l'année suivante, où le Roussillon se donna à la France.

La ville de Perpignan a deux fauxbourgs, celui de Notre-Dame & celui de la Blanquerie. Le premier fait, par une grande & belle rue, la continuation du pont par où l'on arrive du Languedoc; le dernier, bâti près de la riviere de *la Basse*, est orné d'une belle avenue continuée sur les bords de cette riviere, dans toute la longueur de ce faubourg. On entre dans cette ville par quatre portes; celles de Notre-Dame, de S. Martin, de Canet & du Sel. Cette derniere conduit, par un pont de pierre qui traverse *la Basse*, à la partie qu'on nomme *la Villeneuve*, qui a été commencée sous Louis XIV; c'est un agrandissement du côté de la France.

Les remparts sont fort beaux, très-bien tenus & très agréables. Ils sont ornés d'une allée continuelle, plantée de mûriers, qui fait le tour de la ville, & qui élargie dans certains endroits, forme de petites places couvertes d'arbres en manière de bosquets. Ceux de la ville neuve sont tenus & plantés de même. Cette promenade est embellie par le charme des vues pittoresques qu'on y découvre de toutes parts. Il y en a beaucoup d'autres qui sont aussi très-belles. On ne peut pas en dire autant des trois places que renferme cette ville ; deux sont très-petites, & la troisieme qui est vaste, bien découverte, & assez grande pour contenir trois mille hommes rangés en bataille, est entourée de maisons basses, mal bâties & occupées par des paysans. Les belles rues y sont en très-petit nombre ; la plupart sont étroites & mal alignées : celle qu'on distingue est la rue *S. Martin*, qui portoit autrefois le nom de *rue des orangers*, parce qu'elle étoit bordée d'orangers en pleine terre, qui périrent par le grand froid de 1709.

Il ne faut pas chercher des fontaines décorées dans Perpignan ; il n'y en a presque pas d'aucune espece. On y est réduit à boire de l'eau de puits, qui devient très-fade dans les grandes chaleurs. Les riches ont pour lors recours à une fontaine qui est hors de la porte S. Martin, & qui est trop basse pour qu'on puisse la faire couler dans la ville.

On a toujours mis Perpignan au nombre des plus fortes places du royaume. Les fortifications qu'on y voit, portent l'empreinte des différens temps où elles ont été construites. C'est là que les ingénieurs vont étudier les divers genres de fortifications de tous les siecles de la monarchie.

Les murs de cette ville sont bâtis de brique, avec un cordon & des chaînes de pierres de taille : ils sont très-hauts, fort épais & flanqués de plusieurs bastions, avec des tenailles, des demi-lunes, de bons fossés, des chemins couverts. La porte de Notre-Dame est défendue par un château appellé *Castillet*. Celle de Canet est extrêmement fortifiée par des ouvrages extérieurs & de larges fossés. Une enceinte avancée & demi-circulaire protege la partie qui fait face au nord ; elle a été faite par le maréchal de Vauban, & à un rempart très-élevé, deux bastions & plusieurs ouvrages avancés. C'est ce qu'on appelle la Ville-Neuve qui couvre le faubourg de la Blanquerie.

La ville est dominée & défendue par une citadelle. Celle-ci a deux enceintes ; l'approche du fossé de la premiere, bâtie sous Louis XIV, en est retardée par un grand nombre d'ouvrages avancés ; celle du rempart est défendue par les feux croisés de six bastions. La seconde enceinte bâtie par Charles-Quint, a aussi six bastions qui dominent sur ceux de la premiere, & un fossé seulement du côté de la campagne. Elle contient une grande & belle place d'armes, où cinq mille hommes peuvent se ranger en bataille, & qui présente d'un côté un beau corps de casernes, & sur deux autres faces, de grandes & belles galeries, triplées les unes sur les autres, où sont les logemens des officiers de la garnison.

Au centre de cette forteresse, & au sommet de la colline qu'elle couvre, est un donjon qui a été l'habitation des rois d'Arragon & de Majorque. C'est un ouvrage carré composé de huit grosses tours carrées, unies ensemble par de hautes murailles, dont les approches sont retardées par un fossé revêtu d'un mur de pierre de taille un peu en talus. Au milieu de cet ouvrage est une grande place qui contient les logemens de l'état major, deux chapelles l'une sur l'autre, & un arsenal ou salle d'armes très-vaste & remplie d'une quantité considérable d'armes de toute espece de tous les siecles, & de drapeaux.

On fait remarquer à une des tours de ce donjon un dextrochere de pierre en saillie, tenant une épée haute à côté des armes de l'empire. On assure que Charles-Quint faisant lui-même la ronde pendant la nuit, y trouva la sentinelle endormie, qu'il la jetta dans le fossé, & qu'il resta en faction jusqu'à ce qu'on vint le relever.

Il y a encore dans ce donjon un puits, qui par l'extrême grandeur de son ouverture, sa largeur, son excessive profondeur, & la hardiesse de sa construction, attire l'admiration, & inspire à ceux qui en approchent un sentiment de frayeur & une espece de saisissement. On en tire l'eau avec deux sceaux d'une grandeur si énorme, qu'on ne peut les faire remonter qu'au moyen d'un très-grand tour en forme de roue, mis en jeu par dix hommes qui se placent dedans.

L'église cathédale de cette ville, dédiée à saint Jean, mérite d'être vue. C'est un grand & superbe vaisseau à une seule nef & sans piliers, bordé de chaque côté de chapelles profondes, plus ou moins décorées, qui n'en diminuent point la largeur. La voûte est très-élevée & soutenue par des arceaux de pierre de taille, qui portent sur les murs de séparation des chapelles. En y entrant on en saisit d'abord toute l'étendue ; on est frappé de la grandeur du vaisseau & de la hardiesse de la voûte : c'est, dit-on, la plus belle en ce genre qu'il y ait en France. L'église est pavée de grandes tables de marbre. Le chœur est au milieu, séparé du maître-autel par un intervalle très-considérable, & absolument isolé. Son enceinte extérieure

extérieure est de marbre rouge &
blanc, ornée de pilastres, & a six
pieds d'élevation. Mais intérieure-
ment elle a huit pieds six pouces
de hauteur; parce qu'on descend
dans le chœur par quelques marches.
Le peu d'exhaussement de cette enceinte fait qu'en entrant dans l'église,
on en découvre toute l'étendue, &
qu'on apperçoit aisément le maître-
autel. L'église est terminée par un cul-
de-lampe, qui forme le sanctuaire &
contient le maître-autel. C'est un retable de marbre blanc très-élevé, orné
de bas reliefs, séparés les uns des
autres par des pilastres chargés de
figures de grottoge. Il est très estimé
tant pour sa matiere que pour la
délicatesse de son travail.

On voit dans une grande niche
au milieu de ce retable une figure
dorée de saint Jean, de grandeur au-
dessus de la naturelle. Lorsqu'on veut
exposer le Saint-Sacrement, cette
statue se retire sur le côté au moyen
d'une machine; deux portes s'ouvrent
dans le fond de la niche; & l'on voit
s'avancer lentement & majestueuse-
ment, au moyen d'une autre machine

Tome XXXIII. G

un superbe oſtenſoire ou ſoleil. Le ſanctuaire auquel on monte par pluſieurs marches, eſt fermé par une belle grille de fer de la hauteur d'environ douze pieds, qui ſoutient par des ſupports avancés en dehors, huit lampes d'argent & ſix luſtres de cuivre doré. Il y a dans ce ſanctuaire quatre grands & beaux chandeliers de bronze, de ſept pieds de haut.

Le tréſor de cette égliſe eſt très-riche, par la grande quantité de pierres précieuſes, de chandeliers, bourdons & encenſoirs d'argent, de châſſes, de reliques, par une ſainte Vjerge d'argent de grandeur naturelle, & ſur-tout par ce ſuperbe oſtenſoire dont je viens de parler. Il a ſix pieds & demi de haut, deux pieds deux pouces dans ſa moyenne largeur, & deux pieds huit pouces de largeur à ſa baſe. Il eſt en entier d'argent doré, à l'exception de quelques parties qui ſont d'or, & peſe ſix cent dix huit marcs. Il eſt orné de pierres précieuſes, couvert de figures, & ſon piédeſtal ſupporte celles des quatre évangéliſtes, de vingt pouces de hauteur, mais qu'on n'y place que lorsqu'on veut le descendre. On le porte aux processions dans les grandes occasions, comme aux sacres des Rois, aux naissances des Dauphins. On le fait descendre alors du maître-autel, au moyen d'une machine & des leviers; & il faut quatre prêtres des plus forts pour le porter.

Le clergé de cette cathédrale est partagé en deux corps; le chapitre d'Elne, & la communauté de S. Jean. L'habit de chœur des chanoines est majestueux, & consiste en une grande robe noire, bordée d'un petit liséragé cramoisi, & fermée pardevant par de grands lacs d'amour de la même couleur, attachés sur l'étoffe avec de grandes houppes. Cette robe, sous laquelle les chanoines ont un rocher, est ordinairement retroussée, faisant deux tours à leur ceinture, & pendante par le côté. Ils ont, sur cette robe, une fourrure semblable à celle des bacheliers de Sorbonne, dont les bords sont aussi lisérés de cramoisi. Cette fourrure, qui se termine par-derriere en espece de coqueluchon qui pend plus bas que la ceinture, est ordinairement rattachée sur l'épaule. Le jour de pâques, ils la quittent pour prendre un petit camail violet, ouvert pardevant, & doublé de taffetas cramoisi.

L'habit de chœur des chapelains Bénéficiers de la communauté de S. Jean est comme celui des chanoines, excepté que la doublure & fourrure sont violettes, aussi bien que le liséragé. Ceux-ci ne portent en hiver & en été qu'un petit camail ouvert pardevant, de couleur noire, & doublé d'étoffe de même couleur, hormis ceux qui sont docteurs en théologie, qui le doublent de violet.

Ces deux corps ont chacun leur boursier, qui porte une grande bourse pendue à son côté. Celle du boursier du chapitre est de velours cramoisi, & l'autre de velours violet. Ces boursiers paient aux chanoines & aux chapelains le droit d'assistance à tous les offices; & cette rétribution est payée en une espece de monnoie de cuivre qu'ils font frapper exprès, & qu'ils nomment *païoffe*. Cette monnoie a une espece de cours. Les marchands la prennent en paiement

& la rapportent au boursier qui la reprend, en leur donnant des especes frappées au coin du Roi.

Les chanoines & la communauté de S. Jean ont un droit de boucherie particuliere, où tous les ecclésiastiques, même les simples clercs tonsurés de la ville, & les communautés religieuses peuvent aller se pourvoir de viande à meilleur marché qu'à la boucherie publique. Le simple clerc tonsuré a même le privilege de faire entrer dans la ville une certaine quantité de vin & d'autres denrées, sans payer les droits, ce qui multiplie excessivement ces petits clercs.

Outre l'église cathédrale, il y a dans Perpignan une église collégiale, nommée *de la Réale*, parce qu'un roi d'Arragon la fit bâtir; deux autres églises aussi paroissiales, celles de *S. Jacques* & de *saint Mathieu*; plusieurs couvens de religieux & de religieuses, un séminaire, un collége, une université, une école militaire, destinée à l'éducation militaire de douze gentilshommes de la province de Roussillon; une ancienne maison des templiers, aujourd'hui réunie à l'ordre de

Malte, & plusieurs hôpitaux. Dans l'église de la réale on prêche tous les jours, pendant le carême, en catalan. Celles des cordeliers, des grands carmes & des dominicains fixent l'attention par la beauté, la grandeur, l'étendue & la hardiesse de leurs vaisseaux.

L'université fut érigée l'an 1349, par Pierre, roi d'Aragon. Elle mérite véritablement le nom qu'elle porte, étant composée des quatre facultés. Les chaires de philosophie & de théologie sont ici partagées en deux sentimens. Il y a dans chacune deux chaires fondées pour enseigner la doctrine de saint Thomas, & deux autres pour enseigner celle de Suarès. Il est permis aux étudians de suivre celle qui leur plaît le plus; ce qui produit entr'eux une émulation très-vive.

Lorsque ces chaires sont vacantes, on les donne au concours; & voici ce qui se pratique dans cette circonstance. On pique au hasard dans un livre, & l'on donne une question différente à chaque *candidat*, sur laquelle il doit faire le lendemain un discours latin d'une heure. Après cela chacun d'eux va s'enfermer dans une maison particuliere, & souvent dans un couvent, où il est, pour ainsi dire, gardé à vue par les écoliers ou les partisans de son compétiteur, de peur que quelqu'un ne lui aide à composer son discours. Ils font même, à la porte de la chambre où il est enfermé, un bruit extraordinaire pour l'interrompre & le distraire. Le lendemain, à l'heure marquée, ils prononcent l'un après l'autre leur discours dans une salle de l'hôtel-de-ville, en présence des maîtres-ès-arts & des docteurs, qui ont tous droit de suffrage. Le discours doit être prononcé sans la moindre interruption, & pour peu que l'orateur s'arrête, il est exclus de sa prétention. On vient après cela aux suffrages qui ont été bien brigués auparavant. Les avocats & les médecins ont droit de voter pour la philosophie. On compte les suffrages, & la chaire est adjugée à celui qui en a le plus. Le lendemain on voit son nom écrit avec le pinceau à plusieurs maisons & carrefours de la ville, avec cette épithete, *victor*, de tant de voix.

Le recteur de l'université est élu

tous les ans aux rois, & se prend alternativement de chacune des quatre facultés. Le poste est brigué, parcequ'il y a un gain à faire pendant l'année du rectorat.

Il y a à Perpignan un hôtel des monnoies qu'on y établit l'an 1709. La marque en est la lettre Q : c'est celle qui servoit autrefois aux pieces qu'on fabriquoit à Narbonne.

Je vous ai fait connoître, Madame, dans ma précédente lettre les tribunaux de justice: Je vais vous parler du corps-de-ville, qui est un des plus illustres du royaume. Il est composé de cinq consuls qu'on élit tous les ans la veille de la saint Jean. Le premier & le second sont pris alternativement du corps des gentilshommes ou de celui des bourgeois nobles; ensorte cependant que durant l'année où un gentil-homme est premier consul, les bourgeois nobles tiennent le premier rang dans les assemblées de ville, & ont la droite sur les gentils-hommes; & au contraire lorsque c'est un bourgeois noble qui est premier consul, les gentils-hommes tiennent le premier rang

& ont la droite dans les assemblées. Le troisieme consul est pris du corps des notaires & des *mercaders*, c'est-à-dire, des gens qui vivent de leurs revenus, & qui ont au moins dix mille livres de biens fonds. Le quatrieme est choisi parmi les *hommes de place*. Dans ce corps sont compris les procureurs, les orfévres, les chirurgiens, les peintres & autres exerçant un art libéral. Enfin, le cinquieme est pris du corps des artisans. Les marchands ne sont pas admis au consulat, parce qu'ils ne veulent point occuper la quatrieme place, & qu'ils voudroient rouler avec les *mercaders*.

L'habit de cérémonie des consuls est une robe de damas cramoisi, une fraise au cou, & une haute toque de velours fort plissée. Ils ont quatre valets de ville qui marchent devant eux, vêtus d'une robe de drap rouge très-plissée & juste au corps avec une fraise au cou, & portant sur l'épaule une grosse masse d'argent. Dans les cérémonies lugubres, & pendant le carême, les consuls portent des robes de damas noir.

En habit ordinaire ils portent l'épée, de quelque état & condition qu'ils foient, & ont un chaperon de velours cramoifi fur l'épaule.

Nul conful artifan ne peut exercer fon métier pendant fon année de confulat : mais il fait aller fa boutique fous le nom d'un autre. Les confuls donnent leurs audiences fous un dais. La tradition du pays veut que ce foit en qualité de ducs de *Vernet*, qui eft un hameau à un quart de lieue de Perpignan, & que l'on dit avoir été érigé en duché.

Outre ces cinq confuls il y a un confeil de ville qui fe joint à eux en certaines occafions, & qui eft compofé de douze perfonnes tirées tous les quatre mois des cinq états d'où l'on tire les confuls.

Ces officiers municipaux ont un privilège qui leur eft particulier. Ils peuvent créer tous les ans des bourgeois nobles, & ont pour cela un jour fixe, qui eft le 16 de juin, fans en pouvoir prendre un autre. Les confuls en année s'affemblent pour cela avec ceux des bourgeois nobles qui ont été premiers ou feconds consuls, & doivent au moins être quatorze. Là ils ont le pouvoir de choisir, à la pluralité des suffrages, deux ou trois personnes qui aient les qualités requises, & de les immatriculer dans la liste des bourgeois nobles. Ces bourgeois nobles & leurs descendans à perpétuité jouissent, sans avoir besoin de lettres du prince, de toutes les libertés, franchises, immunités, faveurs, & prérogatives des nobles, comme s'ils avoient été armés chevaliers par le roi lui-même, ainsi qu'il est exprimé dans l'acte de leur privilége. Quand il se trouve un quartier maternel de bourgeoisie noble dans les preuves d'un gentilhomme qui veut être reçu dans l'ordre de Malte, il est admis. Les bourgeois nobles & leur postérité la plus reculée demeurent toujours dans le corps des bourgeois nobles, à moins que le roi ne les en tire par des lettres particulieres, pour les faire entrer dans l'ordre des gentils hommes : c'est ce dont il y a plusieurs exemples.

On ignore le nom du prince qui a accordé ce beau privilége aux consuls de Perpignan. On fait feulement qu'ils en jouiffoient avant le regne de Jacques II, roi d'Arragon, qui monta fur le trône en 1291. Il a été confirmé depuis par plufieurs rois, entr'autres par Ferdinand *le Catholique* en 1510; par Philippe II en 1585; par Philippe III en 1599 & par Louis XIV en 1660.

L'hiftoire fait mention de neuf fieges qu'a foutenus la ville de Perpignan. Celui de 1475 par les français eft le plus mémorable. Les affiégés en proie à toutes les horreurs de la famine, fe virent forcés pendant huit mois à manger le cuir des vieilles chaifes, des chevaux, des chiens, des rats, même, dit-on, de la *chair humaine*. Ils en conferverent la dénomination de *mange-rats*. On en confacra la mémoire par des rats qu'on plaça en forme d'ornement & qu'on voit encore fur la grille qui ferme le maître-autel de la vieille églife de Saint Jean. Le premier conful nommé *Jean Blanca*, commandoit les milices renfermées dans la ville pour la défendre. Son fils unique ayant été pris dans une fortie, les assiégeans crurent l'occasion favorable pour se rendre maîtres de la place. Ils firent menacer Jean Blanca d'immoler son fils, s'il ne leur ouvroit les portes de la ville. Mais ce brave citoyen, fidele à son devoir, répondit que *les liens du sang & l'amour paternel ne l'engageroient jamais à trahir son dieu, son roi, sa patrie ; que la vie de son fils lui étoit moins chere que la fidélité qu'il devoit à son roi, & qu'il fourniroit plutôt les armes propres à assouvir leur cruauté.* Le fils de ce consul fut en effet poignardé à la tête du camp des assiégeans, aux yeux de son pere & du peuple qui du haut des remparts considéroient ce triste spectacle. Les habitans de Perpignan pour consacrer le souvenir d'un si beau trait de patriotisme, firent graver sur la maison de Blanca cette inscription : *hujus domûs dominus fidelitate cunctos superavit romanos ;* (le maître de cette maison a surpassé tous les romains par sa fidélité). Elle subsiste encore aujourd'hui sur les murs du jardin de l'intendance, où étoit autrefois la maison du consul.

Je ne crois pas, Madame, qu'il y

ait de ville en France où l'on s'attache plus que dans celle ci à décorer & à illuminer les églises. Les jours de grandes fêtes on les orne de deux rangs de tapisseries, l'une de damas à bandes de deux couleurs, l'autre de haute-lisse. Celles de la cathédrale méritent d'être remarquées par leur antiquité, la délicatesse du travail & la vivacité des couleurs. Elles représentent l'histoire de la passion de Jésus-Christ : les situations y sont naturelles, les figures bien dessinées & les têtes expressives ; elles seroient honneur à notre siecle.

Les décorations de la cathédrale sont les plus belles de toutes. Celle du jeudi saint est aussi imposante que majestueuse. On éleve au bas de l'église, contre la grande porte d'entrée, un temple de bois à trois nefs, soutenues par des colonnes : il occupe toute la largeur & presque la hauteur de l'église. On y monte par vingt-quatre marches, qui en tiennent toute la largeur, & le long desquelles regne de chaque côté une balustrade. Ce temple est peint & doré ; le sol des trois nefs & les marches qui y conduisent, sont couverts de beaux tapis. La nef du milieu contient un tabernacle d'argent doré, dans lequel on enferme le corps de Jésus-Christ; les nefs, les marches & les balustrades de ce temple sont couverts de cierges. Les jours de l'église sont fermés & les chapelles cachées par les tapisseries. On place tout autour de l'église, à la hauteur d'environ sept pieds, une corniche dorée qui supporte des cierges du poids de cinq livres, placés à trois pieds de distance l'un de l'autre. On en met de même autour & au-dessus de l'enceinte du chœur; on y compte ordinairement quatre mille cierges. Un chœur de musiciens placé dans les nefs du temple, chante de temps en temps des motets, & ces chants sont suivis d'un silence profond. Cela dure depuis le jeudi à midi jusqu'au lendemain à la même heure. Les personnes qui m'ont fait cette description, m'ont assuré qu'on ne pouvoit alors entrer dans cette église sans être saisi d'un sentiment de respect & de recueillement; & c'est ce que je n'ai pas eu de peine à croire.

« La décoration de cette même église, le jour de la Fête-Dieu, est très-riante, & inspire un sentiment de plaisir & d'allégresse. Les fenêtres sont ouvertes, & le grand jour entre dans l'église. Le maître-autel, où le superbe ostensoire est exposé, est couvert de cierges, & illuminé par six, huit ou dix cordons qui soutiennent chacun quatre ou cinq lustres les uns sur les autres; de sorte que l'illumination remplit tout le sanctuaire, & s'éleve presque jusqu'à la voûte. La même corniche dorée est placée autour de l'église, & supporte de gros cierges à cinq pieds l'un de l'autre. Du bas de chaque cierge, où est placé un bouquet de fleurs de la saison, part une guirlande des mêmes fleurs, qui va se joindre à une autre guirlande pareille, venant du cierge voisin. Ces deux guirlandes, en se réunissant, forment un grand bouquet. La même décoration règne sur le pourtour de l'enceinte du chœur. L'église est jonchée de fleurs.

J'ai appris de plus, Madame, qu'il y a des églises où l'on exécute des décorations vraiment théâtrales. On a vu le jour du Jeudi Saint, dans celle de l'hôpital-général, la repréſentation du mauvais riche de l'évangile; dans l'égliſe des religieuſes clariſtes, celle de la réſurrection du Lazare, qui ſe levoit & ſortoit de ſon tombeau, chaque fois que Jéſus-Chriſt s'approchoit & lui donnoit ſa bénédiction; dans celle du temple, la repréſentation de la cène, où l'on voyoit Jéſus-Chriſt à table avec ſes apôtres, & la table, en fer à cheval, couverte de toutes ſortes de mets. On a vu encore pendant l'octave des morts, dans l'égliſe des minimes, la repréſentation du purgatoire : les âmes étoient dans les flammes, & tendoient leurs bras vers la ſainte Vierge qui deſcendoit pour les délivrer.

Le goût des habitans de Perpignan pour les décorations des égliſes, doit naturellement leur faire aimer les fêtes & les cérémonies religieuſes. Auſſi fait on beaucoup de proceſſions dans cette ville. D'après le détail qu'on m'en a fait, celle du jour de la Fête-Dieu mérite d'être diſtinguée. La deſcription en ſeroit trop longue. Mais je ne balancerai pas à vous rapporter ici, Madame, celle qu'on m'a faite de la procession de la nuit du jeudi saint, connue dans tout le royaume sous le nom de *procession des flagellans*. Elle peint trop bien le caractere & les mœurs des habitans de Perpignan (1).

La procession sort de l'église de Saint-Jacques à dix heures du soir, parcourt toute la ville, entre dans plusieurs églises, qui sont toutes très-illuminées ce jour là dans tout le Roussillon, & rentre à quatre heures du matin. Elle est ouverte par deux trompettes, & un porte-sonnette, habillés de rouge; par deux bannieres noires où sont peints les instruments de la passion que portent deux pénitents noirs, & par un grand nombre de ces pénitents avec des cierges de cire rouge. On porte à la suite une grande croix, à laquelle sont atta-

_____

(1) C'est pour cette même raison que nous n'avons point supprimé cette description, quoique cette procession ne se fasse plus depuis douze ans. D'ailleurs il nous a paru assez important de conserver le souvenir de cette pieuse extravagance.

chés les instrumens de la passion. On voit ensuite un étendart noir, porté par des *Regidors*. Ce sont des personnes extraites au sort des différens états de la ville pour diriger cette procession & la confrerie des pénitens noirs pendant le cours de l'année. Cet étendart est suivi d'une multitude d'hommes en habits ordinaires ; & de pénitens noirs, portant des flambeaux de cire blanche, rangés deux à deux, & faisant porter la queue de leur robe par un domestique.

Les pénitens des différens états & leurs porte flambeaux en habits ordinaires, sont séparés & distingués par leurs *mysteres*; nom donné à la représentation des divers objets relatifs à la passion de Jésus-Christ, de grandeur naturelle, qu'on porte sur des brancards bien décorés & posés sur les épaules de quatre pénitens. Le premier de ces *mysteres* est le jardin des olives, il appartient aux jardiniers; le second la flagellation, c'est celui des menuisiers; le troisieme le couronnement d'épines, il appartient aux procureurs ; le quatrieme, l'*ecce homo*, c'est le mystere de la noblesse,

& celui qui est toujours précédé d'un plus grand nombre de flambeaux. Après celui-ci vient le *porte-croix*, c'est la représentation de Jésus-Christ montant au calvaire ; il est précédé d'un grand nombre d'ecclésiastiques en soutane, manteau long & bonnet carré, portant chacun un flambeau de cire blanche, au milieu desquels est un chœur de musiciens.

Vient ensuite une compagnie de cinquante soldats vêtus à la romaine, commandés par un centenier, qui porte un drapeau de l'ancienne rome. Au milieu de cette compagnie marche une personne représentant Jésus-Christ, vêtue de violet, portant sur l'épaule gauche une croix énorme soutenue par derriere par Simon le cyrénéen. Elle est précédée des trois filles de Jérusalem, vêtues de noir, dont une représente la Véronique, & porte un linge blanc où est empreinte la sainte face, qu'on éleve de temps en temps pour la faire voir au peuple, après avoir essuyé le visage de Jésus-Christ. Vient après, saint Jean une palme à la main, accompagné de la sainte Vierge & de la Magde laine vêtues de noir. Le porte-croix est suivi d'autres pénitens noirs, à la suite desquels on porte Jésus-Christ étendu sur la croix, sur un brancard tendu & couvert de velours noir orné de crépines en or. Enfin, la procession est terminée par le clergé de l'église de Saint-Jacques, portant des cierges de cire rouge. On y compte ordinairement quatre mille flambeaux.

On voit encore à cette procession des personnages singuliers, introduits d'abord par un esprit de pénitence, imités ensuite par l'habitude d'en voir & par l'exemple, quelquefois par partie de plaisir. Ce sont des *saint Jérômes*, des *damesjannes*, des *traineurs de chaînes*, des *barres de fer*, & des *flagellans*. Ils sont entremélés dans la procession à des distances indéterminées les uns des autres.

Les *saints Jérômes* & les *traineurs de chaînes* sont habillés en pénitens noirs, mais la capuche rabattue. Les premiers portent d'une main un plat rempli de cendres, & l'indiquent avec le doigt indice de l'autre main. Les derniers s'accollent toujours deux à deux, & traînent une chaîne longue, grosse & très pesante.

Les *damejannes* ont un casque, une cuirasse & une culotte; le tout d'une pièce faite de spart, & portent à la main une tête de mort. Ce sont les personnages les plus grotesques & les plus risibles. La roideur & les piquans de leur habit les obligent d'écarter les cuisses, & les font marcher en dandinant.

Les *barres de fer* tiennent les bras étendus en croix, maillottés avec des bandes de spart sur une barre de fer. Ils restent quelquefois six heures dans cette pénible situation. On ne peut les voir sans peine dans cet état douloureux.

Les *flagellans* sont habillés de blanc. Ils portent une grande capuche de quatre ou cinq pieds de haut, terminée en pain de sucre, qui laisse tomber sur le visage un linge percé de deux trous, un corset, un jupon court & bouffant, ce dernier quelquefois avec trois rangs de falbalas, & quelquefois l'un & l'autre bordés de rubans noirs, & des souliers blancs. Ce corset a sur le dos une très-large ouverture, où la peau paroît à nu. C'est sur cette partie qu'ils frappent avec une discipline de fil, grande & épaisse armée de petites étoiles d'argent. Le sang coule; & c'est un titre d'honneur que d'en avoir beaucoup sur les falbalas. On joue souvent ce rôle par partie de plaisir pour faire la cour à une maîtresse. On met une grace particuliere à se frapper, & l'on redouble lorsqu'on se trouve devant des femmes à qui l'on veut faire une galanterie. Les femmes sont flattées, le peuple applaudit, les étrangers regardent avec surprise, le grand nombre avec plaisir, les gens sensés gémissent & courent cependant pour voir ce spectacle. Tel est l'empire qu'ont sur tous les hommes l'habitude & l'attachement aux anciens usages.

Les habitans de Perpignan, & en général de tout le Roussillon aiment singulierement la danse, & s'y livrent avec excès. Je ne vous parlerai point ici, Madame, des bals particuliers; je m'arrêterai seulement un instant aux danses publiques, qui sont les danses de la province. Elles se tiennent dans les places au son des instrumens du pays, c'est-à-dire, d'une cornemuse, d'un tambourin, d'un flageolet, & quatre ou cinq hautbois. Elles sont partie de toutes les fêtes publiques dans les villes, dans les villages, même dans les hameaux, & durent ordinairement trois jours. Elles ont lieu encore pendant la belle saison tous les jours de fêtes.

Les danses de cette province sont de différentes espèces. Les bals publics s'ouvrent ordinairement par une danse grave & sérieuse, où un certain nombre de femmes à la file se promenent d'un pas mesuré. Elles sont conduites par deux hommes qui jettent dans certains momens de l'eau rose qu'ils portent à la main dans un petit vaisseau de verre à plusieurs petit goulots, orné de rubans : la file cesse de temps en temps, & l'on forme des ronds.

Une autre danse qui succede à celle-ci, & où chaque femme a son danseur, est très vive, mais monotone par son uniformité. Elle consiste à tourner toujours en cercle, en sautant en cadence, les hommes à reculons, suivis chacun de sa danseuse. On finit par se réunir en rond ; & chaque rond se termine par un saut ou le danseur enleve sa danseuse très haut, quelquefois au-dessus de sa tête, & quelquefois l'asseoit sur son épaule.

Il y a encore une autre danse qui est beaucoup plus vive & plus animée, celle des *Segudilles*. Ce sont de petits airs ou couplets détachés fort courts, dont la mesure est très vive. On ne peut la suivre que par beaucoup de vitesse & de légereté, & par des mouvemens précipités. A la fin de chaque couplet, on enleve les danseuses par des sauts pareils à ceux dont je viens de parler.

Ces danses font partie des fêtes que la ville de Perpignan donne dans les grandes occasions. On entoure alors la place de l'hôtel-de-ville d'une enceinte de bois d'environ vingt pieds de haut; on la couvre de décorations destinées à cet objet; on place aux quatre angles extérieurs quatre fontaines de vin, & l'on met un grand nombre de musiciens du pays sur un échaffaud orné de même que l'enceinte. Vingt-quatre femmes de *menestrals* ou artisans, habillées très proprement à la catalane, & un nombre pareil d'hommes de leur état, sont chargés par les consuls, de tenir le bal & d'en faire les honneurs. Ces quarante-huit personnes ouvrent le bal tous les jours, après quoi elles y reçoivent tantôt les dames, tantôt la bourgeoisie, tantôt les femmes de leur état : il y a aussi des momens pour le peuple ; & quelquefois tous les états confondus dansent ensemble.

Les jours où le bal est masqué, personne, à l'exception des quarante-huit, ne peut y être reçu qu'en habit de masque. C'est alors un très-beau coup d'œil ; la place décorée, couverte d'une foule prodigieuse portant des costumes aussi variés que multipliés, éclairée d'une grande quantité de flambeaux ; les croisées de la place & les balcons de l'hôtel-de-ville remplis de personnes de tout état, un mouvement vif, animé, varié & continuel dans le milieu, forment un ensemble qui frappe agréablement les yeux du spectateur.

Je termine ici cette lettre, Madame, me réservant à vous parler dans la suivante des lieux les plus remarquables du comté de Roussillon.

Je suis, &c.

A Perpignan, ce 1 avril 1761.

LETTRE CDXXXVII.

SUITE DU ROUSSILLON.

Le comté de Roussillon renferme plusieurs petites villes & un grand nombre d'autres lieux assez considérables. Je vais vous faire connoître, madame, ceux qui méritent une attention particulière.

A un petit quart de lieue de Perpignan, est une ancienne petite ville & château qu'on nomme *Vernet*, baronnie suivant les uns, duché suivant les autres. Ce lieu est dans une situation très agréable, au milieu d'une campagne fertile & riche, à la tête d'une superbe chaussée qui conduit à Perpignan, en y arrivant du côté du Languedoc. Il y avoit un couvent de Grands-Augustins, qui fut transféré dans un des fauxbourgs de Perpignan en 1326. Il ne reste d'autres vestiges de cette ville & de ce château, qu'une petite église, sous l'invocation de saint Christophe. On y voit quelques maisons de construction moderne, qui sont des moulins & des maisons de campagne. Les consuls de Perpignan sont seigneurs, & se disent ducs de Vernet.

Si l'on suit les bords de la rivière de la Tet, à l'est de Perpignan, pendant l'espace d'une demi-lieue, on verra une tour nommée *château-Roussillon*. C'est tout ce qui reste de l'ancienne *Ruscino*, une des villes les plus florissantes de cette contrée, long-temps avant Jésus-Christ, & où s'assemblerent les rois des Celtes-Tectosages, qui disputerent le passage à Annibal. Elle devint ensuite colonie romaine; mais elle commença à déchoir de sa grandeur, à l'époque de l'invasion des sarrasins, & fut entièrement détruite par les normands vers l'an 838. On trouve encore en fouillant les terres sur lesquelles elle est située, des médailles romaines & des fondemens de grands édifices.

De ce même côté, & à une lieue & demie de Perpignan, est *Canet*, chef-lieu de la vicomté de ce nom. C'étoit autrefois une place forte : ce n'est plus aujourd'hui qu'un tas de ruines. Louis XI la fit assiéger en 1474. Mais la vicomtesse de Canet, douée d'un courage mâle, présidant à tous les conseils, dirigeant tous les travaux, se montrant toujours à la tête des assiégés dans les endroits les plus dangereux, eut la gloire de faire lever le siége.

En montant vers le nord, on arrive, après avoir fait une lieue & demie de Perpignan, à la petite ville de *Rivesaltes*, située sur la rive occidentale de l'Agly. Elle est entourée de murailles avec un faubourg plus beau que la ville. La plaine fertile, au milieu de laquelle elle a été bâtie, est environnée de coteaux bien cultivés. Elle est renommée par la bonté & l'abondance de ses vins, qui font toute la richesse des habitans, & sur-tout par ses vins muscats, les plus délicieux de toute l'Europe. On y découvre les montagnes qui séparent cette plaine du Languedoc, & dont quelques-unes présentent des coupures singulieres & pittoresques.

Au pied de l'une de ces montagnes, vers les frontieres de Languedoc, est l'ancienne petite ville d'*Opol*, connue par un marché qui s'y tient toutes les semaines, & où l'on vend beaucoup de bestiaux, & sur-tout des moutons. Elle étoit dominée par un château fortifié, bâti sur la montagne, mais dont il ne reste que les murailles, au-dessous duquel on trouve beaucoup de pétrifications sur la partie orientale de la montagne.

Salses étoit autrefois une ville, & n'est aujourdhui qu'un très-petit village, le premier qu'on trouve en venant du Languedoc, à quatre lieues nord de Perpignan. Il a pris son nom d'une fontaine, dont l'eau est salée & très-amere, qui sort de la montagne, & va se jetter dans un étang. Elle est si abondante qu'elle suffit pour faire aller plusieurs moulins : on l'appelle *fontaine estramer* ou *font-dame*. On la passe sur un pont qui sépare le Languedoc & le Roussillon. L'entrée de cette province est dans cet endroit très-resserrée, étant bornée à droite par les montagnes, & à gauche par l'étang.

A deux cents pas de ce village, on voit un château fort, que quelques historiens disent, mal à propos, avoir été bâti par Charles-Quint. Il existoit avant cet empereur, puisqu'il avoit déjà soutenu des sièges en 1435, 1496 &c. 1503. Charles-Quint en augmenta seulement les fortifications pour l'opposer à celui de Leucate, & pour défendre l'entrée du Roussillon. C'est un carré de maçonnerie avec une grosse tour à chaque encoignure. Il est remarquable par l'épaisseur prodigieuse de ses murailles & la bonté de ses souterrains. Il fut pris par les françois le 19 juillet 1639, repris par les espagnols le 6 janvier 1640, & se rendit à Louis XIII le 5 septembre 1642.

Une des villes les plus riches & les mieux habitées de cette province, est *Ille*, chef-lieu de la vicomté de ce nom; ainsi appellée de sa situation en forme d'île, entre la petite rivière du Boulés & celle de la Têt. Cette ville est à cinq lieues & demie nord-ouest de Perpignan : elle est fort jolie, bien bâtie, dans un terrain très-fertile, environnée de jardins qui produisent les meilleurs fruits de tout le Roussillon. Ses murailles étoient autrefois bordées de belles plantations d'oran-

H 4

gers en pleine terre, qui périrent par le grand froid de 1709. On en a replanté une grande partie qui sont aujourd'hui très-beaux. Elle a un gouverneur municipal, un corps de ville, trois églises, & un hôpital. On y fait un commerce assez considérable de pêches & de haricots. Cette ville entourée de murailles, avec des tours, de distance en distance, a soutenu quelques sièges. Elle fut prise en 1598, par trois mille françois qui firent sauter une porte, & entrerent dans la ville; mais ils furent repoussés par les habitans après deux heures de combat.

A un demi-quart de lieue de là, est un couvent de cordeliers, dont le jardin, très-beau par lui-même, devient plus agréable par deux grands canaux qui le traversent, & qui prennent l'eau de la Tet, pour servir à l'arrosage de toute la plaine du Roussillon.

Je ne vous parlerai, Madame, du village de *Corbere*, situé à trois lieues ouest-sud ouest de Perpignan, que pour vous faire connoître une grotte souterraine ou *crypte*, qu'on voit dans ses environs. Elle présente une suite de cavités & de galeries pratiquées d'une maniere assez symmétrique, & qui communiquent naturellement les unes avec les autres. On y trouve quelques lacs d'eau de distance en distance. Lorsqu'on est parvenu à une certaine profondeur, on entend un bruit très fort, comme celui d'un torrent impétueux qui se précipite dans un abime, & l'on sent en même temps un vent fort & humide qui éteint les flambeaux si l'on veut aller plus avant. Cette grotte est remplie de stalactites, de stalagmites, de congélations, & de cristallisations de différentes figures & grosseurs.

En tirant vers le sud, on trouve à deux lieues & demie de Perpignan sur une colline auprès de laquelle passe le Tec, la ville d'*Elne* anciennement nommée *Illiberis.* Elle fut très-considérable & très-florissante: mais elle avoit déja perdu du temps des romains une grande partie de son étendue & de sa splendeur. Elle fut rétablie vers le commencement du quatrième siecle de l'ère chrétienne; suivant les uns par Ste. Hélene mere de l'empereur Constantin; & suivant les autres en l'honneur de cette princesse : elle prit alors le nom d'*Helena*, d'où est venu par corruption celui d'*Elne*. On voit encore au-dessous de cette ville les restes d'une forteresse construite aussi en l'honneur de sainte Helene, & qu'on appelloit *Castrum Helenæ*. Il y a aujourd'hui dans cet endroit un village nommé la *Tour-Bas-Elne*.

C'est sous les murs de cette ville que campa Annibal, l'an 536 de Rome, lorsqu'il traversa les Pyrénées pour porter la guerre en Italie. C'est encore dans cette ville que l'empereur Constant, troisieme fils de Constantin, fut assassiné & inhumé l'an 350 de notre ère. On lui éleva un tombeau carré de marbre blanc canelé par ondes, & dont la face antérieure portoit le monogramme de Constantin. On l'a conservé avec soin pendant longtemps, & on l'avoit placé dans le cloître de l'église, bâtie postérieurement dans la ville haute. Ce tombeau vient d'être détruit : le seul monogramme en a été épargné ; il est plaqué contre le mur dans le cloître de cette église.

Cette ville a été une des plus fortes places de la province de Roussillon. La ville basse étoit entourée de hautes murailles avec des tours rondes placées de distance en distance. Les fortifications de la ville haute étoient plus régulieres. On voit encore des vestiges de ses remparts, de ses fossés, de ses bastions, de ses demi-lunes & de ses souterrains. Toutes ses fortifications ont été détruites pendant les différens sieges qu'elle a soutenus, & sur-tout durant ceux de 1285 par Philippe *le Hardi*, de 1474 sous Louis XI, & de 1641 par le prince de Condé sous Louis XIII.

L'église autrefois cathédrale de cette ville fut d'abord bâtie dans la ville basse, réédifiée à la fin du neuvieme siecle, & consacrée en 916 par l'évêque Hilmeradus, en présence du comte Gausbert, détruite ensuite par les incursions des ennemis, & enfin transférée dans la ville haute, au commencement du onzieme siecle par l'évêque Berenger, qui, à son retour de la terre sainte, en jetta les fondemens sur le modele du saint sépulcre de Jérusalem. C'est un vaisseau très-

H 6

vaste & très-élevé, partagé en trois nefs très-larges dont la voûte est soutenue par de gros piliers carrés de pierre de taille. Le chœur est au milieu de l'église, & remplit une partie de la nef du milieu. Il est beau, vaste, remarquable sur-tout par la beauté de ses stalles qui sont de bois, mais ornées d'une sculpture assez belle pour le siecle où elle a été faite. La façade de cette église présente une masse colossale toute nue, faite avec des pierres d'un volume si considérable qu'on ne peut concevoir comment elles ont pû être conduites & élevées à la hauteur où elles sont placées: elle est flanquée à droite & à gauche de deux clochers carrés & très-hauts.

Le cloître de cette église est superbe: les arceaux & les piliers en sont de marbre blanc, & les murs couverts d'inscriptions sépulcrales; c'est dommage qu'on le laisse dépérir. On voit dans ce cloître une statue de marbre blanc en pied & de grandeur presque naturelle qui représente un évêque en habits pontificaux. Elle porte l'étole, une chasuble ancienne, une mitre ouverte sur le devant, & l'on voit au milieu de cette oûverture une main dont deux doigts sont étendus & les autres repliés comme donnant la bénédiction: les mains sont croisées sur la poitrine; & la crosse est à côté de la figure, qu'accompagnent deux enfans portant un encensoir, & au-dessous de chacun desquels est un linge flottant. C'est l'ancien costume épiscopal.

La translation de l'évêché & du chapitre de cette ville à Perpignan, faite, comme je l'ai déja dit, en 1602, fut l'époque de son entiere ruine. Quoiqu'elle conserve encore toute son étendue, elle n'offre que des masures & des débris, qui excitent d'autant plus de regrets, qu'il est difficile de trouver une plus belle situation. Les vues de ses remparts sont très-pitoresques : on voit de tous côtés la plaine du Roussillon, une partie de celle du Vallespir, les villes & les villages dont elles sont couvertes; & dans l'éloignement les montagnes de l'Albéra, où l'on apperçoit quelques-unes des tours construites autrefois pour arrêter les sarrasins dans leurs incursions, & qui ont servi à placer des signaux dans nos guerres avec l'Espagne.

En descendant toujours vers le sud, on trouve à cinq lieues de Perpignan, sur la rive gauche du Tec, Saint-Jean-de-pla-de-cors, village très-ancien, avec un château bâti à la fin du douzieme siecle par Bérenger castellan, Sibile son épouse, & Robert d'Arles, en vertu d'une permission que leur en donna Alphonse, roi d'Arragon. Il est dans une plaine mémorable par la déroute de l'armée françoise, sous les ordres du maréchal de Schomberg, surprise dans la nuit en 1674 par l'armée espagnole. Les officiers & les soldats n'eurent le temps ni de s'armer, ni même de s'habiller ; beaucoup d'entr'eux arriverent à Perpignan en chemise.

Volo est aussi sur la rive gauche du Tec, à quatre lieues & demie sud de Perpignan. C'est une ville très-ancienne, qui existoit du temps des romains, qui devint ensuite une place forte, & qui a soutenu plusieurs siéges. Mais elle est aujourd'hui peu peuplée, & n'a conservé de ses anciennes fortifications que de vieilles murailles &

quelques tours. Elle eſt ſituée dans la plaine à la ſéparation du Rouſſillon & du Valleſpir, dont je vais parcourir les lieux les plus remarquables.

Je ſuis, &c.

A Perpignan, ce 5. avril 1761.

LETTRE CDXXXVIII.

Suite du Roussillon.

Le Vallespir (suivant les uns, *vallis aspera*, c'est-à-dire, *vallée âpre*; suivant les autres, *vallis pyria*, c'est-à-dire, *vallée de feu*) a vingt lieues de l'est à l'ouest, & cinq du nord au sud. Il est borné à l'est par la mer, au nord par le comté de Roussillon dont il fait partie, & par le conflent dont il est séparé par le Canigou, au sud & à l'ouest par la Catalogne, dont il est séparé par de hautes montagnes.

On divise cette contrée en deux parties, la *haute* & la *basse*. Le *haut Vallespir* est à l'occident, & s'étend depuis vis-à-vis le Volo, jusqu'à la frontière de l'Espagne, au dessus de Prats-de Mollo. C'est un pays rempli de montagnes, coupé par des vallées, en général petites, arides, rudes & escarpées. Le passage principal de France en Espagne se trouve dans son extrémité orientale sur les Pyrénées, au lieu appellé le *col de Pertus*. On recueille ici très-peu de froment, mais beaucoup de méteil, de seigle, de maïs, de blé farrafin. Il y a quelques vallées qui font arrofées, & où les terres plus fertiles donnent des productions plus variées. La plupart des montagnes font couvertes de châtaigniers; & les parties le plus élevées affez fécondes en pâturages; mais fur les montagnes & dans les vallées, on voit prefque partout jaillir des fontaines. Il n'y a prefque pas de ville, de village, de hameau qui n'en ait plufieurs : l'eau en eft généralement fraiche, pure & très-légere.

Le *bas Valleſpir* eſt à l'orient, & s'étend depuis vis-à-vis le Volo jufqu'à la mer. C'eſt une plaine longue, étroite, riante & fertile, bordée à la droite par les hautes montagnes de l'Albéra; elle va se joindre à la gauche à celle du Rouffillon, avec laquelle elle paroit fe confondre, & dont elle eſt féparée par le Tec. Cette plaine eſt arrofée par une riviere affez confidérable, & terminée par la mer : on en découvre toutes les beautés, lorfqu'on l'éxamine du château de la Roca. Elle est d'ailleurs aussi fertile que celle du Roussillon, avec les mêmes qualités de terre, & les mêmes productions. Cette partie orientale de Vallespir étant la premiere que j'ai parcourue, je commencerai par celle-ci la courte description que je vais vous tracer des différens objets de cette contrée qui ont plus ou moins fixé mon attention.

1. Le premier lieu un peu considérable qu'on voit en sortant du comté de Roussillon, est *Argelès*, à une demi-lieue sud de la mer & à cinq lieues sud-est de Perpignan. Cette petite ville autrefois fortifiée, est encore entourée de murailles. Elle a soutenu plusieurs siéges, & se rendit à la France le 7 juin 1641, après que les habitans se furent rendus maîtres de la garnison & l'eurent forcée de se réfugier dans l'église, où ils la tinrent assiégée jusqu'à l'arrivée de l'armée françoise.

En s'avançant jusqu'au bord de la mer, on trouve à six lieues & demie sud-est de Perpignan, la ville de *Colliouvre* dans un fond, & au pied de hautes montagnes dans lesquelles elle est enclavée. Après avoir existé xiij temps des romains, elle fut détruite. Guifre, comte de Rouſſillon, la fit rebâtir vers la fin du dixieme fiecle. Cette ville n'offre rien de curieux, pas même une belle vue. Elle a une églife paroiſſiale qui appartient à l'ordre de Malte; un état-major, un hôpital militaire, un faubourg où eſt un couvent de dominicains, & un très-petit port qui n'eſt bon que pour des barques & de petites tartanes.

Mais c'eſt une place très-forte ; défendue par un château bâti ſur une roche efcarpée, dont les murailles font battues par la mer; par un autre château, appellé *le Miradou*, où eſt le logement de l'état-major; par un château appellé *de l'Etoile*, bâti ou reconſtruit de nos jours, par deux tours bâties ſur des montagnes voiſines; enfin par le *fort Saint-Elme*, qui n'en eſt féparé que par le port. Ce fort eſt ſur une haute montagne, qui domine bien loin ſur la mer; il n'a que quatre petits baſtions : ſes remparts font à l'épreuve de la bombe : on y entre par une échelle. Cette place fut aſſiégée, en 1612, par le maréchal de Brezé, &

se rendit après avoir été vivement défendue par le marquis de Mortare.

A une petite demi-lieue de Collioure est *Port-Vendres*, port sur la Méditerranée. Les Romains le nommoient *portus Veneris*, port de Vénus, du nom de cette déesse, en l'honneur de laquelle Hercule y avoit fait bâtir un temple. Il étoit très-fréquenté dans le temps que le Roussillon appartenoit à l'Espagne. Mais il est devenu impraticable pour les gros vaisseaux, & ne peut recevoir que des galeres & de petits vaisseaux marchands, soit par rapport à un rocher à fleur d'eau, qui en rend l'entrée très-difficile, soit par la grande quantité de vase qui s'y est insensiblement ramassée, & qui l'a presque comblé. On ne peut cependant disconvenir que sa situation le rend très-important, sur-tout dans une mer aussi orageuse que le golfe de Lyon. Il est couvert par de hautes montagnes qui l'environnent, & qui mettent les bâtimens à l'abri de tous les vents, même dans le plus gros temps : il est au centre de la côte de la Méditerranée & du détroit de Gibraltar, &

bien situé pour recevoir les vaisseaux qui viennent à l'est de l'Italie, & à l'ouest de l'Océan : enfin, c'est le seul port depuis Marseille jusqu'à l'Espagne, qui puisse offrir un asile aux vaisseaux & recevoir des escadres, dans le cas où le gouvernement voudroit faire des expéditions militaires sur les côtes ou dans les îles de la Méditerranée qui en sont voisines (1).

Voilà, Madame, les lieux les plus remarquables du bas Vallespir : voici ceux du haut. Je ne vous décrirai point ici la grotte souterraine ou *Crypte* du *Bernadell*. La description & la forme en sont les mêmes que celles de la grotte de Corbère, dans le comté de Roussillon, que je vous ai déjà fait connoître.

___

(1) Ces considérations ont engagé Louis XVI actuellement régnant à faire rétablir ce port, qui peut recevoir aujourd'hui des frégates & contenir plus de cinq cents bâtimens marchands, & qui dans peu de temps pourra recevoir des vaisseaux de guerre. On a construit en face de ce port une belle place, au milieu de laquelle on a élevé en l'honneur du roi un superbe obélisque de marbre du Roussillon. Les bronzes du socle présentent les quatre principales époques de son règne, la servitude abolie, l'indépendance de l'Amérique, le commerce protégé, & la marine relevée.

Bellegarde est une forteresse, située à la frontière d'Espagne, sur une montagne qui domine l'entrée de l'Ampourdan, & qui défend le principal passage des Pyrénées en Catalogne par le *Col de Pertus*, à cinq lieues & demie sud de Perpignan. Ce n'étoit autrefois qu'une tour, qui existoit déjà dans le quatorzieme siecle, puisque Martin I, roi d'Arragon, y nomma un gouverneur en 1398. Les Espagnols la prirent en 1674, & y ajouterent quelques fortifications. Le maréchal de Schomberg leur enleva ce poste l'année suivante; & après la paix de Nimégue en 1679, Louis XIV fit construire en cet endroit une place réguliere, composée de cinq bastions.

Quand on a grimpé sur la montagne, on entre dans la place par le côté, le long du chemin couvert à gauche. On trouve ensuite à droite la porte de la place qui est une longue route très-roide à monter, & qui mene à la place d'armes, qui est vaste & plus longue que large. Sur les côtés de cette place, sont les logemens du gouverneur, du major &

des officiers, & les caſernes pour les ſoldats. A l'un des bouts on voit un puits creuſé dans le roc, bâti en ovale & fort large, qui par ſa grande profondeur, eſt digne de la curioſité du voyageur.

Sur un rocher qui eſt un peu plus bas, & à l'un des angles de la place, eſt un fort en forme d'ouvrage à corne, compoſé de deux demi-baſtions & de deux longs côtés inégaux. Il y a dans la gorge de cet ouvrage un angle ſaillant, qui forme une eſpece de demi-lune, défendue d'une petite redoute ou cavalier carré, le tout taillé dans le roc. Le foſſé ne regne point tout-au-tour de cet ouvrage; il enveloppe ſeulement le plus petit des longs côtés, & une partie du front, le reſte étant inacceſſible. Une partie de ce foſſé eſt remplie d'eau qui tombe de la montagne. Le chemin couvert environne cet ouvage de tous côtés, & communique à celui de la place.

Prats-de-Mollo eſt auſſi une place forte, à la frontière d'Eſpagne, au milieu des montagnes, ſur la riviere du Tec, à treize lieues du ſud-oueſt de Perpignan. Cette ville est divisée en ville basse & ville haute ; celle-ci est bâtie en amphithéâtre. La ville basse a une chapelle, & la ville haute une belle église, bâtie presque sur le modele de celle de Saint-Jean de Perpignan, par le comte de Barcelonne, & consacrée en 1118. par Pierre Bernardi évêque d'Elne. Il y a un chemin bien voûté, qui conduit de cette église au château.

Cette forteresse est irréguliere, fermée de murailles, avec des tours gothiques & des bastions irréguliers. La partie haute a un fossé sec, & une demi lune placée vis-à-vis de la porte qui communique au *Fort de la Garde*. La partie basse est fermée par le Tec & par un petit ruisseau qui se jette dans cette riviere. Elle est défendue par le Fort-de-la-Garde, construit pour dominer une hauteur qui commande la ville ; c'est un ouvrage à cornes de la construction du maréchal de Vauban. Le chemin couvert en est défendu, au bord de la riviere, par deux redoutes pentagonales. A la tête de ce fort sur une autre hauteur, est

est une redoute carrée, entourée d'un fossé sec, & couverte, du côté de la campagne, d'un chemin couvert & de son glacis.

A deux lieues de Prats-de-Mollo, & dans une gorge, sont les bains des eaux Thermales de *la Presse* : elles sont sulfureuses & chaudes. Il y a cinq sources, dont une seule est en usage soit pour l'usage intérieur, soit pour les bains. Elles ont beaucoup de réputation ; & l'on y accourt en foule pour les suppurations internes & externes, la phthisie pulmonaire commençante, les vieux ulcères, les affections de reins & les maladies de la peau.

Je ne fais mention du village de *Custujas*, situé à la droite de Prats-de-Mollo, qu'à cause de son église, qui a été bâtie dans les premiers siecles de l'ère chrétienne. Elle a une voûte en anse de panier, faite avec de très-grosses pierres de taille ; & un beau porche ou parvis, qui étoit destiné à contenir les cathécuménes : le sanctuaire est fermé par une grille de fer très haute & d'un beau travail. La tradition du pays veut que le pape sain: Damase l'ait fait construire, parceque sa mere étoit native de ce lieu : mais cela est bien incertain.

Non loin de ce village on trouve la ville d'*Arles*, nommée *Arulæ*, de quelques autels, dit-on, consacrés aux divinités du paganisme. Mais il ne reste ni aucun vestige de ces monumens, ni aucune preuve qu'ils aient jamais existé. Elle est située dans une vallée, au pied du Canigou, sur la rive gauche du Tec, à dix lieues sud-ouest de Perpignan. Elle a deux paroisses & une abbaye de l'ordre de saint Benoît, dont l'église est belle & recommandable par son antiquité.

On voit hors la porte de cette église un tombeau de structure très-ancienne. Il est de marbre gris brut sans aucun ornement ni inscription, long d'environ six pieds sur deux de large & deux de haut, sans compter la couverture qui est en dos d'âne, comme celle des anciens tombeaux, & qui y est jointe par des crampons de fer bien scellés. Ces crampons paroissent ne laisser d'autre jour qu'une espece de fente d'environ quatre lignes de largeur & deux pouces de longueur, pratiquée sur un côté au joint du tombeau & du couvercle : elle sert à introduire une baguette de trois lignes de circonférence. Ce tombeau isolé, soutenu seulement par quatre petites pierres carrées de six pouces de hauteur, contient les os des saints martyrs Abdon & Sennen, & une eau qui ne tarit jamais, quelque quantité qu'on en tire. Il y a même des temps de l'année, comme le jour de la fête de ces saints, qui est le 30 juillet, où l'on en tire beaucoup plus que le tombeau ne peut en contenir, sans que pour cela on le mette à sec. On pousse avec une baguette d'argent une bande de linge qu'on introduit par la fente dans ce tombeau; on la retire toute mouillée & on l'exprime. Le peuple qui regarde cette eau comme miraculeuse, s'empresse d'en faire provision, pour s'en servir dans les maladies; & l'on assure qu'il n'y a pas d'exemple qu'elle ait perdu de sa saveur & de sa limpidité, quelque temps qu'on l'ait gardée. Suivant la tradition du pays, le muletier qui étoit chargé d'apporter de Rome les os de ces martyrs, les plaça dans des futailles, aux deux bouts desquelles il mit de l'eau, pour faire prendre le change à ceux qui auroient voulu lui enlever ce précieux dépôt. A son arrivée à Arles, on jetta ces os & cette eau dans ce tombeau; & l'on prétend que c'est cette eau qui se perpétue. Plusieurs évêques ont voulu aprofondir la vérité de ce fait. On a fait enlever le tombeau, on a tout examiné avec l'attention la plus scrupuleuse : on n'a trouvé ni réservoir, ni conduit, ni ouverture par où l'eau puisse y parvenir; on n'a rien découvert qui puisse faire soupçonner de la fraude & de la supercherie. Le merveilleux de ce tombeau subsiste toujours; & l'on paroît convaincu qu'il n'est pas possible d'en expliquer le phénoméne par aucun raisonnement physique.

Au-dessus d'Arles on ne voit plus ni vignes ni oliviers. A une demi-lieue de cette ville, est le *Fort-des-Bains*, forteresse bâtie sur la crête d'une montagne isolée, ayant d'un côté la riviere du Tec, & de l'autre la vallée des Bains. Elle est composée de quatre bastions réguliers avec un bon chemin couvert, un chemin taillé dans le roc qui règne seulement du côté du couchant, & une redoute qui regarde le chemin qui conduit à Arles. Louis XIV la fit construire en 1670; & quatre ans après, elle fut assiégée sans succès par les Espagnols.

Dans la vallée des Bains on trouve le village des *Bains*, ainsi appellé à cause des bains d'eau thermale sulfureuse qu'il contient, & qui sont très-fréquentés. Ces bains sont, suivant les uns, un ouvrage des Romains : suivant les autres c'est un ancien temple consacré à Diane par les peuples des environs. Mais il n'y a point d'inscription, point de monument particulier qui puisse favoriser l'une ou l'autre de ces deux opinions. Il est vrai que ces bains & leur bassin actuel existoient déja au milieu du huitieme siecle, lors de l'expulsion des sarrasins, puisque Charlemagne en fit don en 788 au monastere des bénédictins d'Arles. Mais la masse colossale de cet édifice; la forme de sa voûte, la construction gothique de ses murailles, & le défaut absolu d'ornemens doivent nous porter à croire qu'il a été construit par les Visigoths qui ont occupé le Roussillon pendant trois cents ans après les Romains. Cet édifice est un carré long, très-élevé: il renferme un superbe bassin de soixante cinq pieds de longueur sur vingt six de largeur & six de profondeur. On y descend par plusieurs marches : il règne le long de ce bassin un espace d'environ huit pieds, qui sert à se promener ou à se reposer; il est couvert d'une voûte très-élevée, qui porte tous les caracteres des siecles gothiques.

La derniere ville du Vallespir, & celle dont le séjour m'a paru le plus agréable, est *Ceret*, située au pied des Pyrénées, à un demi quart de lieue de la rive droite du Tec & à sept lieues sud-ouest de Perpignan. Elle fut bâtie vers l'an 820, par *Wimar*, à qui Charlemage avoit fait la concession du territoire; concession qui fut confirmée par Louis *le Débonnaire*, en 833. Il y a une église paroissiale, desservie par un clergé nombreux, un couvent de grands carmes, & un couvent de capucins. Celui-ci est sur une hauteur, au-dessous d'un château qui dominoit la plaine, & dont il ne reste que les murailles. La situation en est des plus belles, & la vue charmante : on découvre de là toute la plaine du bas Vallespir, une partie de celle du Roussillon, des montagnes à droite & à gauche, & la mer dans l'éloignement.

Il ne faut pas chercher dans cette ville des rues bien alignées, des maisons bien bâties, de grandes & belles places, si ce n'est dans le faubourg qui est plus agréable que la ville même, & où il y a une très-belle place bien découverte. Le seul objet qui puisse attirer l'attention du voyageur, est une grande fontaine, bien décorée, construite circulairement en marbre blanc : elle jette continuellement, par huit côtés en forme d'arc, une grande quantité d'eau qui tombe dans un grand bassin rond de pierre, & y forme une belle nappe d'eau. La ville est entourée de hautes murailles avec des tours de distance en distance ; & il règne autour: une belle promenade plantée de plusieurs rangs d'arbres, qui fait presque tout le tour de la ville. Les environs sont beaux, rians & fertiles : ils ressemblent à un jardin continuel par la quantité & la variété d'arbres fruitiers dont ils sont couverts, & dont les fruits sont excellens.

Cette ville est principalement connue, dans notre histoire pour avoir été le lieu où s'assemblerent les commissaires du roi, & ceux du roi d'Espagne, pour fixer les limites des deux royaumes. Les conférences commencerent le 22 Mars 1660, & finirent le 24 avril de la même année. M. de *Marca*, qui étoit un des commissaires du roi, en a fait une relation.

On passe le Tec auprès de Ceret, sur un pont d'une seule arche de cent trente huit pieds d'ouverture, bâtie sur deux rochers. L'élevation prodigieuse de ce pont fait l'admiration des connoisseurs : on le regarde comme le plus haut, le plus large & le plus hardi qu'il y ait en France. Quand on est au milieu il est difficile de regarder en bas sans frémir ; il est pavé,

& les voitures passent par dessus. On dit dans le pays qu'il a été bâti par le diable. On ignore l'époque de sa construction; on trouve seulement qu'il fut réparé en 1333. On sait cependant qu'il n'existoit point sous les Romains, qui passoient le Tec sur un pont dont on voit encore les vestiges un peu au-dessus de celui-ci.

A l'extrémité de ce pont on trouve quelques maisons, & les murailles d'une ancienne église détruite depuis long-temps, mais qui étant très-vaste, paroit avoir été destinée à une peuplade assez considérable. Elle étoit sous l'invocation de saint Pierre, ainsi que l'église principale actuelle de Ceret : ce qui pourroit faire croire que c'est le lieu où étoit située autrefois cette ville.

Je suis, &c.

A Ceret, ce 19 Avril 1761.

LETTRE CDXXXIX.

Suite du Roussillon.

Je vais vous faire part dans cette lettre, Madame, de mes observations sur le *Conflent*, la seconde viguerie de la province de Roussillon. Vous savez qu'elle comprend le *Conflent* proprement dit, & le *Capsir*. Le *Conflent* (*Confluens*) est ainsi appellé, à cause de la grande quantité d'eau qui y coule de toutes parts. Il y a dix lieues de l'est à l'ouest, & quatre du nord au sud. Il est borné à l'est par le comté de Roussillon, au nord par le haut Languedoc, à l'ouest par la Cerdagne & le Capsir, au sud par le haut Vallespir & la Catalogne.

Le pays est enclavé au milieu de hautes montagnes, mais belles, fertiles & couvertes d'arbres. Ces montagnes, cultivées jusqu'à une certaine élévation, produisent du seigle, du bled noir, du maïs. Les collines ont les mêmes productions,

& sont encore plantées de vignes qu'on construit d'une maniere aussi ingénieuse que pénible : le vin en est très-bon, quoiqu'inférieur à celui de la plaine du Roussillon. Les vallées arrosées par des ruisseaux ou de petites rivieres, ne le cedent point en fertilité aux bons endroits de la plaine : on y fait de même plusieurs récoltes ; & les bords des ruisseaux & des rivieres y sont couverts de prairies. Cette contrée a aussi des oliviers, mais plus petits que ceux de la plaine. On y fait encore beaucoup de chanvre & de lin. Voici, Madame, les villes & les principaux lieux du Conflent, dans le même ordre que je viens de les parcourir.

La petite ville de *Vinça* est située à l'extrémité septentrionale de la vallée de Joch, dans une campagne riante & fertile, à mille pas de la rive droite de la Tet. Elle est entourée de murailles, avec des tours de distance en distance : mais elle est mal percée & mal bâtie. Ses deux faubourgs sont plus grands & plus agréables que la ville même. Il y a deux places : celle qui est dans la ville est petite; celle d'un des fauxbourgs est belle, grande & assez bien bâtie. On remarque dans Vinça un grand nombre de fontaines dont les eaux sont pures & légeres : on en trouve presque dans toutes les rues & dans plusieurs maisons particulieres. L'église paroissiale est desservie par un clergé nombreux & riche, qui a le droit de faire porter devant lui une croix à deux branches, depuis l'union qui lui a été faite du prieuré de Marcevol. Il y a de plus un couvent de capucins & un hôpital, un siege du bailliage, un gouverneur municipal & un hôtel-de-ville.

Cette petite ville a soutenu plusieurs sieges. Les habitans se distinguérent par leur courage & leur intrépidité, en 1592 : ils repousserent, après quatre heures de combat, les ennemis qui avoient surpris la ville. A quelque distance de ce lieu, on voit deux sources d'eaux minérales; l'une froide & martiale, c'est-à-dire, ferrugineuse; l'autre chaude & sulfureuse.

Le village de *Molitx* n'est remarquable que par ses eaux thermales sulfureuses. Elles sont au pied d'une montagne, sur laquelle on voit les murs de l'ancien château de Paracolls, qui appartient au seigneur de Molitx. Ces eaux ont une célébrité bien acquise pour les maladies de la peau, même les plus rebelles & les plus invétérées. Elles ont, dit-on, dans ces maladies, un degré d'efficacité qu'on ne trouve dans aucune autre eau minérale de France.

Près de ce village est un couvent de *Notre-Dame de Corbiac*, qui fut occupé d'abord par des servites, ensuite par des trinitaires, & aujourd'hui, depuis 1609, par des grands-augustins. Il a été très-célebre par la dévotion des habitans du Conflent & du haut Languedoc.

A trois lieues nord de Molitx, on trouve la jolie petite ville de *Prades*, aujourd'hui le lieu de la résidence du Viguier du Conflent, & du siege royal de cette viguerie. Elle fut bâtie vers l'an 844, en vertu d'une concession de Charles *le Chauve*. L'église paroissiale en est desservie par un clergé très-nombreux, où tous les enfans de la ville ont droit de prendre place & de partager les émolumens & les revenus dès qu'ils sont parvenus à l'ordre de prêtrise. Hors des murs est un fort joli couvent de capucins.

La situation de cette ville est des plus agréables. Elle est sur la rive droite de la Tet, à l'extrémité occidentale d'une vallée qui porte le même nom que la ville, & qui a une lieue & demie de largeur sur deux de longueur. Cette vallée est fertile, riante, couverte d'arbres; arrosée par une riviere & un grand nombre de ruisseaux; entourée de hautes montagnes, presque toutes cultivées, au pied ou sur le penchant desquelles sont bâtis plusieurs villages; terminée par la ville de *Prades*, & laissant voir dans l'éloignement la petite vallée de *Cuxa*, où l'on apperçoit l'abbaye de *Saint-Michel*. Au sortir de cette vallée, on commence à pénétrer dans les hautes montagnes: le passage se rétrécit, & devient une gorge dont les bords sont escarpés; mais on voit avec plaisir les montagnes qu'on cotoie à droite, cultivées avec le plus grand soin malgré la rapidité de leur chûte. Ce passage se retrecit encore plus au-dessus d'*Aulette*, village bâti sur des rochers ; & près duquel on trouve des eaux minérales sulfureuses très-chaudes. Le chemin pratiqué sur les flancs des montagnes nues & escarpées qui bordent la rive gauche de la Tet, domine sur des abîmes dont les yeux n'osent mesurer la profondeur, & paroît devoir être à tout moment écrasé sous le poids des rochers énormes qui sont comme suspendus au-dessus.

L'abbaye de *Saint-Michel de Cuxa*, que j'ai nommée plus haut, fut fondée, en 840, par sept prêtres qui se retirerent dans la Vallée d'*Engarra*, à l'extrémité occidentale du Conflent, sur la rive gauche de la Tet, au lieu appellé *Exhalada*, à cause des vapeurs d'une source thermale sulfureuse qui en est voisine. Ils y bâtirent un monastere sous l'invocation de *saint André*, auquel *Bera*, comte de Roussillon, fit une donation en 846, & dont la fondation fut confirmée par Charles *le Chauve* en 872. Ce monastere fut détruit en 878 par un débordement de la riviere : à peine reste-t-il des vestiges des murs de l'église, sur lesquels on voit une peinture en mosaïque. Ses religieux se refugierent dans la vallée de *Cuxa*, près de Prades, & y bâtirent un nouveau monastere sous l'invocation de *saint Germain*, qui est aujourd'hui sous celle de *saint Michel*. Louis d'*Outremer* le mit sous sa protection en 936 : Riculfe, évêque d'Elne, en consacra l'église en 953 ; Lothaire en confirma les biens & les possessions en 974. Cette abbaye est de l'ordre de *saint Benoît* de la congrégation de Terragone en Espagne. L'abbé est perpétuel & à la nomination du roi : il a les honneurs épiscopaux & une juridiction *quasi* épiscopale sur quinze paroisses du Conflent, dont il est aussi seigneur.

Je ne vous parlerois point ici, Madame, du village d'*Arria*, bâti en amphithéâtre sur la rive gauche de la Tet, à une demi-lieue ouest de Prades, & où l'on ne voit rien de remarquable. Mais il mérite d'être connu, pour avoir produit une famille, qui a été la tige des anciens comtes de Barcelonne & d'Arragon. Cette maison a donné des rois à la Castille, à la Navarre, à la Sicile, à l'île de Majorque, des souverains à la Provence & à une partie du Languedoc, & des reines à la France, à la Castille, au Portugal & au royaume de Naples. Les princes qui règnent actuellement en France, en Espagne, à Naples & à Parme, en descendent par les femmes. C'est ici un point d'histoire qui n'a jamais été traité, qui peut être est ignoré, & dont la province de Roussillon doit se glorifier.

Cornella, petite ville située à trois lieues nord du Canigou, étoit un lieu considérable dès l'an 1047. Les comtes de Cerdagne y avoient un palais, qui est nommé dans les anciennes Chartes, *Palatium Corneliani*, & y passoient une partie de l'année. Le comte Guifre en acquit l'église, en 965, de l'évêque d'Elne, à qui il donna en échange celle d'Escaro. Le comte Guillaume fit des dons considérables à cette église en 1095. Le comte Jordan son fils y fonda en 1097, un chapitre de chanoines réguliers sous la regle de *saint Augustin*. Ce chapitre fut sécularisé en 1592 : il est aujourd'hui composé d'un prieur à la nomination du roi, de cinq chanoines & de cinq prébendés.

Le bourg de *Vernet* à une lieue sud de Cornella, n'est remarquable que par des eaux thermales & sulfureuses, & par leurs bains, où l'on voit un beau & vaste bassin.

Le village d'*Anyer*, communément *Nyer*, situé sur les montagnes, à la gauche du chemin d'Aulette au Mont-Louis, n'est connu non plus que par ses eaux thermales sulfureuses.

En revenant sur la rive droite de la Tet, le voyageur trouve à une lieue & demie de Prades, *Villefranche*, ville forte, & capitale du Conflent. Construite, en 1075, par Raymond, comte de Cerdagne, elle doit son nom à la grande quantité de priviléges & exemptions que lui accorda ce prince. Elle n'a que deux rues fort longues dont l'une est large & allignée, & qui se communiquent par

LE ROUSSILLON. 211

une petite rue collatérale. L'églife paroiffiale eft grande & compofée de deux nefs. Il y a un faubourg où les cordeliers avoient autrefois un beau couvent : le comte de Buffy Rabutin y logea en 1654, lorfqu'il inveftit Villefranche. Ce couvent fut détruit quelques années après, parce que de cet endroit on auroit pu battre la place.

Cette ville eft fituée dans une gorge étroite entre deux montagnes très-hautes, dont elle n'eft féparée d'un côté que par un foffé, & de l'autre par la riviere qui en baigne les murs. Elle eft fortifiée de fix baftions, avec une demi lune à chacune de fes trois portes. Les français s'en étant rendus maîtres en 1654, & cette place ayant été cédée à la France avec tout le Rouffillon, Louis XIV fit bâtir un château fur le haut d'une des deux montagnes voifines, au côté gauche de la riviere. Ce château domine le chemin de France, celui d'Efpagne, & la gorge qui conduit au Canigou. On y fait voir des prifons fouterraines, où l'on prétend que furent renfermées, dans le fiecle dernier, trois dames de la cour. On y montre encore les chaînes qu'on assure qu'elles portoient.

La montagne opposée à celle où est ce château, renferme une curiosité, qui pourroit être utile en cas de siege. C'est une caverne très-vaste, très-élevée & très-profonde, au fond de laquelle on ne peut parvenir qu'après une heure de marche : elle est connue dans le pays sous le nom de *cava Bastera*. On y monte par un escalier de cent trente-deux marches, pratiqué dans la montagne, dont la porte s'ouvre dans le fossé de la ville. Elle est remplie de stalactites & de stalagmites de toutes sortes de grandeurs : on y en voit une entr'autres, qui imite parfaitement un orgue & l'organiste qui le touche. Cette caverne pourroit contenir en cas de siege quatre ou cinq cens hommes. On y trouve un endroit spacieux ou grande place, qui s'ouvroit autrefois à l'est de la montagne. Cette ouverture a été masquée par un mur où l'on a pratiqué des creneaux, qui peuvent servir à battre les ennemis, & à défendre l'entrée de la ville.

Les détails que j'ai à vous faire, Madame, sur le *Capsir*, ne seront pas longs. C'est une petite contrée sur les montagnes, en forme de conque, d'environ quatre lieues de longueur sur trois de largeur, environnée de tous côtés de montagnes secondaires qui la séparent des contrées voisines. À l'est, elle est séparée du Conflent par la montagne de Madres; au nord & au nord-ouest, du Donnezan par le col des Ares & la montagne de Laurenti; au sud, de la Cerdagne par la Quillane, & à l'ouest, du comté de Foix par le Mont-de-Carlit & le Puig-Barit. Elle n'a que trois issues; l'une dans le Donnezan par le col des Ares; l'autre dans le haut Conflent par le col de Creu; la derniere dans la Cerdagne par le beau vallon de la Quillanne, qui, dans une étendue d'une lieue de largeur sur une lieue & demie de longueur, présente un tapis continuel de gazon, de prairies & de pâcages.

Le sol de ce petit pays est couvert de neige pendant une grande partie de l'année, & ne produit que du seigle & quelque petits grains. Mais en revanche il est fécond en pâturages : on y éleve & l'on y engraisse beaucoup de bestiaux. Dans la belle saison, on y voit des plaines parsemées d'épis, des prairies émaillées de fleurs, & des ruisseaux d'une eau pure & limpide qui les fécondent. Sept villages rapprochés embellissent l'aspect de ces lieux riants & champêtres, environnés de bois impénétrables aux rayons du soleil. Les principaux des ces villages sont *Puy-Valador* & *Font-Pedrosa*. Aucun d'eux n'offre rien qui mérite une attention particuliere.

Je suis, &c.

A Villefranche, ce 30 avril 1761.

LETTRE CDXL.

SUITE DU ROUSSILLON.

La Cerdagne, en latin *Ceritania*, a pris son nom d'un temple de Cérès, qu'on dit avoir existé dans le lieu où est aujourd'hui Puycerda, ville d'Espagne. Cette petite province est divisée en *Cerdagne espagnole* & *Cerdagne françoise*. Celle-ci, qui en est la partie orientale, fut cédée à la France par le traité des Pyrénées; & c'est ce petit pays, Madame, qui forme la troisieme viguerie du Roussillon. Il est borné à l'est, par le Conflent; au nord, par le Capsir & la vallée de Carol; à l'ouest, par la même vallée & la Cerdagne espagnole, & au sud, par la Catalogne. Il est séparé du Conflent, par la riviere de la Tet; du Capsir, par la quillanc, & de la Catalogne, par les montagnes d'Err, de Llou, d'Eyne, de Planès & de Cambredase. L- T-t & la S-gra y ont leur source.

Cette *Cerdagne françoise*, qui fait partie de la Catalogne, a cinq lieues de longueur, sur trois de largeur. Elle est sur les montagnes, quoiqu'elle ait une belle plaine, qui se confond avec celle de la Cerdagne espagnole. On ne peut s'empêcher d'admirer la beauté de quelques vallées formées par les montagnes qui bordent cette plaine. Au nord, ce sont de petits vallons assez multipliés ; au sud, ce sont de grandes & belles vallées, parmi lesquelles on distingue principalement celle d'Err, la plus riche & la plus considérable, couverte par la montagne du même nom, & surtout par le *pic de Puyg-Mal*, qui paroît le disputer en hauteur au Canigou.

On pénétre dans la plaine de Cerdagne par une colline d'une lieue & demie de longueur, connue sous le nom de *Col-de-la-Perche*, qui commence à un quart de lieue de Mont-Louis. C'est un passage très-difficile & très-dangereux en hiver par la grande quantité de neige dont il est couvert, & par les tourbillons auxquels on y est exposé. Il seroit à désirer qu'on employât des moyens sûrs pour

pour diminuer les dangers qu'y courent les voyageurs (1).

Quant aux qualités du sol, celui du pays montagneux est maigre & sabloneux. Cependant, au moyen de la culture, du fumier, du limon entrainé des montagnes, & des broussailles qu'on y laisse pourrir, on parvient à y faire des champs & des prairies. Le sol de la plaine est bien meilleur & plus fertile : on y recueille beaucoup de seigle, de l'orge, de l'avoine, des lentilles, des pois, des navets & des pommes de terre. Les prairies ne peuvent être fauchées qu'une fois tous les ans; mais elles rendent assez. Les montagnes voisines sont couvertes d'excellens pâturages. Il n'y a d'ailleurs dans cette contrée ni vignes ni oliviers.

La Cerdagne françoise a une seule ville, qui est *Mont-Louis*, bâtie en

_____

(1) C'est ce qu'on a fait depuis quelques années, en y pratiquant un beau chemin, où l'on a placé à de petites distances, de grandes bornes de pierres de taille de neuf pieds de haut, propres à diriger les voyageurs dans le mauvais temps.

Tome XXXIII. K

1681, par Louis XIV, sur les plans du maréchal de Vauban, & qui ne partage qu'avec *Saar-Louis* en Lorraine, l'honneur de porter le nom de ce prince. C'est une place forte, à la perfection de laquelle un terrain favorable & une situation avantageuse ont contribué. Elle est située dans les monts Pyrenées, à la droite du Col-de-la-Perche, sur la hauteur qui domine le pont de la Tet, & qui fait la séparation de la Cerdagne & du Conflent. Cette ville est petite & ne contient qu'environ mille habitans: on n'y compte que huit rues, mais toutes bien percées & tirées au cordeau. Les maisons y sont presque toutes d'une égale symétrie & d'une bonne construction. Il y a deux petites places régulieres; une église petite, mais jolie; des cazernes solides & commodes; un état-major, un hôpital militaire, & un grenier à sel. La situation de la ville & la qualité du terroir ont rendu les eaux très difficiles à découvrir. Cependant on a pratiqué un puits public dont l'eau est excellente.

Le sol de cette place, qui est formé de rochers, a commandé la forme qu'il a fallu donner à son enceinte. Elle consiste en trois bastions & deux grandes lignes de communication. Le parapet règne non-seulement autour de la place comme partout ailleurs; mais il ferme encore les bastions. Les deux fronts que forme l'enceinte, sont couverts chacun d'une demi-lune. Celle qui couvre la porte est à flancs, & fort grande. L'autre est triangulaire & d'une moyenne grandeur. Tous ces ouvrages sont enfermés d'un fossé, excepté la communication du côté où le roc est escarpé & inaccessible, où il n'a pas été nécessaire de faire un fossé d'une largeur ordinaire, parce que la défense en étoit toute naturelle. Le fossé est accompagné d'un chemin couvert, de traverses, places d'armes & glacis.

La ville est séparée par une esplanade des plus vastes & des mieux disposées, d'une belle & bonne citadelle qui la domine au nord ouest. On y entre du côté de la ville par une porte qui est vis-à-vis de celle de Secours, qui est du côté de la campagne. Les dedans sont plus remplis de bâtimens que ne le font les autres citadelles. Parmi ces bâtimens, on doit remarquer de grands corps de casernes bien bâtis, qui regnent tout autour des remparts; les magasins qui sont beaux & vastes; l'arsenal, la maison du gouverneur & la place d'armes, spacieuse, réguliere & belle, qui occupe environ la sixieme partie du dedans de la citadelle. L'enceinte est composée de quatre bastions qui forment autant de fronts. Mais celui qui est du côté de l'escarpement du roc, a les flancs droits & très-petits, sans orillons & sans fossé, n'ayant qu'un simple chemin couvert, avec une grande place d'armes qui en occupe le milieu, & qui est flanquée de deux traverses. Il n'a pas non plus d'autre glacis que l'escarpement du rocher. Les trois autres bastions accessibles, sont couverts chacun d'une demi-lune à flancs. Deux de ces demi-lunes n'ont point de fossé. Le tout est enveloppé d'un fossé dans lequel est, à l'angle flanqué d'un des bastions, une contre-garde. Le fossé est accompagné d'un chemin-couvert, avec ses traverses, places d'armes, & un très-grand glacis.

On compte dans la Cerdagne françoise trente-trois villages dispersés, souvent entre-mêlés avec d'autres villages qui appartiennent au roi d'Espagne. Je crois pouvoir, Madame, me borner à vous en nommer deux; *Planés*, remarquable par son église, qui est une ancienne mosquée, construite du temps des sarrasins, & *Escaldas* ou *Caldas*, en latin *Aquæ Calidæ*, nom qui lui vient sans doute de ses eaux thermales sulfureuses, & de ses bains construits sous le regne de l'empereur Auguste. Ces bains furent destinés à l'usage d'une ville que ce prince avoit fait bâtir dans un lieu peu éloigné, en l'honneur de l'impératrice Livie, son épouse, & dont il avoit fait une colonie romaine. Cette ville, qui subsiste encore, appellée Livia du nom de cette princesse, est dans la Cerdagne espagnole. On ne voit presque rien aujourd'hui dans ces bains qui annonce la magnificence des romains : la voûte en est détruite, & les murailles presque ruinées. Ce qui reste peut cependant donner une idée de la beauté de cet édifice. On y remarque un bassin de vingt-sept pieds de longueur sur treize pieds six pouces de largeur & trois pieds de profondeur, pavé de pierres de taille, dont l'énorme volume & la régularité peuvent annoncer l'ouvrage des romains. Elles sont soutenues par une charpente, qu'on a découverte en soulevant une partie d'une pierre brisée, & qui s'étend vraisemblablement sur toute l'étendue de ce bassin. On y descend par trois marches de marbre blanc, de quinze pouces de profondeur, qui regnent sur les quatre faces du bassin. On y voit aussi les vestiges d'une belle étuve, qui est détruite. C'est tout ce qui reste de cet ancien édifice, qui auroit été réparé, sans les difficultés qu'on a épouvées de la part des habitans des environs.

Il y a sur les confins de la Cerdagne françoise, une petite contrée qui dépend du gouvernement du Roussillon, sans faire cependant partie d'aucune des trois vigueries de cette province. C'est une vallée qu'on nomme *vallée de Carol*, parce qu'on a cru, à cause du prétendu passage de Charlemagne, que son nom étoit *vallis Caroli*. Mais on la trouve dans des anciennes chartes sous la dénomination de *vallis Querolii*; & son vrai nom est *vallée de Querol*. Elle est bornée au sud par l'Espagne; au nord-ouest par le Comté de Foix, & à l'ouest par la vallée d'Andorre. Cette vallée est exposée au midi dans toute sa longueur, qui est de cinq lieues, & ne renferme que sept villages. Le plus considérable est *Carol*, qui lui tient lieu de capitale.

Je suis &c.

A Mont-Louis, ce 10 Mai 1761.

LETTRE CDXLI.

Le comté de Foix.

Ne vous attendez pas, madame, à voir dans la description que je vais vous tracer du *Comté de Foix*, un pays bien riche & bien fertile, où la nature frappe les yeux par un éclat imposant. Mais j'ai lieu de croire que vous y trouverez un assez grand nombre d'objets intéressans & curieux, pour que cette lecture vous paroisse tout à la fois agréable & instructive.

Ce pays n'a que seize lieues de longueur sur huit dans sa plus grande largeur. Il est borné au sud par les Pyrenées qui le séparent de la Catalogne; à l'est, par le Roussillon & par le diocese de Mirepoix en Languedoc; au nord, par celui de Rieux dans la même province, & à l'ouest par le Comminges & le Couserans en Gascogne. On le divise en haut & bas Comté de Foix: le haut s'étend vers le midi, & le bas vers le nord. On comprend aussi dans ce Comté le *Donnezan* qui est à l'est, & la vallée d'*Andorre* qui est au sud.

Les *volces-tectosages* habitoient, du temps de César, toute cette contrée, qui, après la conquête des romains, fit partie de la premiere Lyonnoise. De la domination de ces peuples, elle passa sous celle des goths, & ensuite sous celle des françois. Après divers événemens, ce pays obéit pendant quelque temps aux premiers ducs d'Aquitaine, qui y introduisirent les sarrasins. Charlemagne ayant délivré la France de ces étrangers, le pays de Foix fut réuni à la couronne. Mais bientôt après, il obéit aux comtes de Toulouse. Dans la suite il reconnut les comtes de Carcassonne, vers l'an 989. Berenger I de Foix, troisieme fils de Roger II, comte de Carcassonne, fut établi comte de Foix, par le comte son pere, & vraisemblablement avec le comte de Toulouse.

Les comtes de Foix faisoient hommage au comte de Toulouse d'une partie de leur comté, & tenoient le reste en franc-aleu. La postérité de

Berenger I posséda constamment de mâle en mâle, le comté de Foix pendant treize générations sous quatorze comtes. Mais ils n'eurent d'abord que le château de ce nom; & la ville appartenoit à l'abbé de Saint-Volusien. L'an 1168, l'abbé Pierre associa le comte en pariage pour la justice & le haut domaine de cette ville; pariage qui subsiste encore aujourd'hui. Roger-Bernard, dixieme comte de Foix, ayant épousé Marguerite, vicomtesse de Béarn, ce dernier pays fut uni au pays de Foix, en 1290, & n'en fut plus séparé depuis. J'aurai occasion de vous parler encore de ces comtes, en vous faisant quelques détails historiques sur le Béarn & la Navarre.

Quoique le comté de Foix ne soit pas fort étendu, le climat n'y est pas partout le même. Dans le bas pays, il est fort tempéré; mais dans le haut il est rude en hiver, & souvent très-chaud en été. Celui-ci est rempli de montagnes, & ne produit gueres que du bois, des pâturages, des plantes medicinales, & des fleurs qui sont d'une couleur très-vive: on fait sur-tout un grand cas des tulipes qu'on y cueille, & dont les curieux des environs viennent lever les oignons. Les forêts qui sont plantées sur ces montagnes fournissent des bois de construction, de la résine, de la térébenthine, de la poix & du liege. Il y a dans cette partie de la province des mines des fer très-abondantes & bien entretenues, qui font travailler beaucoup de forges, pour l'usage desquelles on emploie le bois des montagnes. On y a trouvé aussi des mines d'argent, qu'on a abandonnées, parce que ce n'étoient que de petits filets épars qui ne se suivoient pas.

Dans le bas Comté on recueille du froment, du seigle, d'autres grains, & même du vin en assez grande quantité. Cependant les bleds & les vins suffisent à peine à la subsistance des habitans du pays. Les fruits sont excellents dans toute la plaine. Le gibier y est très-abondant & de la meilleure qualité. Cet avantage joint à la bonté & à la douceur du climat, principalement dans la belle saison, fait du comté de Foix un séjour qui n'est rien moins qu'indifférent. Il est vrai que les montagnes offrent des horreurs presque continuelles. Mais elles sont mêlées de vallées si belles & si riantes, que l'ensemble forme un tableau des plus variés & des plus frappans.

Les principales rivieres qui arrosent cette province sont l'*Ariege* & la *Rise*. La premiere a sa source sur les frontieres de ce pays vers le Roussillon, le traverse, & va se jetter dans la Garonne après avoir reçu les eaux de l'*Arget*, celles du *Lers*, & celles de la *Leze*. Elle roule beaucoup de *paillettes d'or* : c'est ce qui a fait croire à nos anciens cosmographes que son nom latin étoit *Aurigera*, c'est-à-dire, *porte-or*. Mais un auteur prétend avec raison que dans les vieilles cartes, elle est appellée *Aregia*, & dans d'autres anciens monumens *Areia*. Quoi qu'il en soit, l'or qu'elle roule, est toujours très-pur, & peut-être le plus pur qu'on trouve dans les autres rivieres de France. On assure qu'on en a tiré une paillette qui pesoit vingt-quatre grains. Ceux qui les ramassent, commencent & finiſſent leurs lotions dans des eſpeces de plats de bois fort applatis par les bords, & dont le fond eſt aſſez creux. Ils les rempliſſent de ſable, & les agitent dans l'eau même de la riviere. Cette maniere eſt comme vous le voyez, Madame, différente de celle que je vous ai dit qu'on pratique ſur les bords du Rhône. Au reſte, on pêche dans l'Ariege des truites ſaumonées, & des aloſes d'un goût délicieux.

La riviere de *Riſe* ſort d'une montagne près de la petite ville du *Mas-d'Azil*. Elle eſt remarquable par la bizarrerie de ſon cours, dont une partie aſſez conſidérable ſe trouve aſſujettie dans une vaſte caverne, qui inſpire l'horreur par ſon obſcurité, & par le bruit des eaux qui ſe précipitent au travers des rochers. Le voyageur curieux peut aller voir cette caverne, qui eſt certainement digne de quelque attention. Je puis en dire autant de quelques grottes ſingulieres qu'il y a dans les montagnes: l'eau qui en égoute, ſe pétrifie, & forme des figures extraordinaires.

Au pied de la montagne de la Tabe est une source qui a son flux & reflux comme la mer. Elle est si abondante en hiver, qu'elle fait tourner des moulins à cent pas du lieu d'où elle sort.

On trouve aussi en plusieurs endroits, des eaux minérales. Celles qu'on voit près de *Pamiers*, sont ferrugineuses & vitriolées, salutaires pour la goutte & les maladies qui proviennent d'obstructions. Mais comme elles sont foibles & légeres, elles ne peuvent pas être transportées : il faut les aller boire sur les lieux.

Les bains d'eau chaude de la petite ville d'*Ax* ou *Acqs*, sont, avec raison, fort renommés pour les infirmités qui proviennent d'humeurs froides.

Près du bourg de *Camarades* il y a un puits, de l'eau duquel on tire du sel en la faisant évaporer; elle est bonne pour la guérison de diverses maladies.

Les montagnes de cette province renferment des marbres, du jaspe & des turquoises, espece de pierres précieuses. Mais la production la plus remarquable est celle du lin minéral que les grecs ont nommé *amiante*, parce que le feu ne peut l'altérer, & *arbeste*, à cause du rapport qu'il a avec la chaux, qui étant éteinte, ne peut plus se consumer. Ce lin se tire d'une substance minérale très-compacte & cotoneuse, dont toutes les parties sont disposées en fibres luisantes & d'un cendré argentin, très-déliées, arrangées en lignes perpendiculaires, unies par une matiere terreuse, capables d'en être séparées dans l'eau, & de résister à l'action du feu. Cette pierre d'amiante résiste en effet à l'action de toutes sortes de feux, excepté à celle du miroir ardent de verre, à laquelle elle cede de même que tous les autres corps.

On fait dans ce pays des *cordons*, des *jarretieres* & des *ceintures* de ce fil; ce qui prouve qu'il est possible de le mettre en œuvre, & que si les habitans apportoient un peu plus de soin & d'industrie à filer ce lin, on pourroit en faire de ces toiles si vantées par les anciens. Deux savans nous l'apprennent; *Ciampini* dans le livre qu'il fit imprimer à Rome en 1691, sous le titre, *de incombustibili lino, sive lapide amianto* (du lin incombustible, ou la pierre d'amiante), & *Mahudel* dans la differtation qu'il lut à l'académie des inscriptions & belles lettres de Paris, l'an 1715. Voici comme ce dernier s'explique à ce sujet; c'est assez curieux.

« Choisissez, dit-il, l'espèce d'amiante dont les fils soient les plus longs & les plus soyeux; divisez-la en plusieurs morceaux avec le marteau, & non dans un mortier, afin de ne pas les réduire en poudre. Jettez ces morceaux dans de l'eau chaude, & les ayant laissés infuser pendant un temps proportionné à la dureté de leurs parties terreuses, remuez-les plusieurs fois dans l'eau, & divisez-les avec les doigts en plus de parcelles fibreuses que vous pourrez; en sorte qu'elles se trouvent insensiblement dépouillées de l'espece de chaux qui les tenoit unies, laquelle se détrempant dans l'eau, la rendra fort blanche & l'épaissira; changez cette eau cinq ou six fois, & jusqu'à ce que vous connoissiez par sa clarté que les fils seront suffisamment rouis.

Après cette lotion étendez les sur une claie de jonc pour en faire égouter l'eau ; exposez-les au soleil, & lorsqu'ils seront bien secs, arrangez-les sur deux cardes à dents fort fines, semblables à celles des cardeurs de laine, & les ayant tous séparés en les cardant doucement, ramassez la filasse qui est ainsi préparée ; ajustez-la entre les deux cardes que vous coucherez sur une table, où elles vous tiendront lieu de quenouille, parce que c'est des extrémités de ces cardes que vous tirerez les fils qui se présenteront.

Ayez sur cette table une bobine pleine de lin ordinaire filé très-fin, dont vous tirerez un fil en même temps que vous en tirerez deux ou trois d'amiante, & avec un fuseau assujetti par un peson, vous unirez tous ces fils ensemble ; en sorte que ce fil de lin commun soit couvert de ceux d'ariesté, qui par ce moyen ne feront qu'un même corps.

Pour faciliter la filure, on aura de l'huile d'olive dans un mouilloir, où on puisse de temps en temps tremper les doigts, autant pour les garantir de la corrosion de l'amiante, que pour donner plus de souplesse à ces fils.

Dès qu'on est ainsi parvenu à la maniere d'en allonger le continu, il est aisé en les multipliant ou en les entrelassant, d'en former des tissus plus ou moins fins, dont on tirera, en les jetant au feu, l'huile & le lin étranger qui y sont entrés. »

Les habitans du comté de Foix sont très-vifs, laborieux & guerriers. Le commerce qu'ils font, consiste en bestiaux qu'on nourrit dans les montagnes, en resine, térébenthine, poix, liege, marbre, jaspe, & en fer. Cette derniere branche est la plus considérable & la plus avantageuse. On transporte le fer sur des chevaux ou des mulets à hauterive; d'où il est voituré à Toulouse par l'Ariege & la Garonne.

Un des principaux avantages de cette province, c'est de ne point payer de taille au roi, & d'être gouvernée par ses propres états, qui sont composés de la noblesse, du clergé & du tiers-état. L'évêque de Pamiers préside l'ordre du clergé. La premiere place après la sienne est occupée par l'abbé de Saint Volusien de Foix. Un autre abbé, quelques prieurs & les députés de deux ou trois chapitres composent tout cet ordre, qui sous les regnes de Jeanne d'Albret & de Henri IV, étoit presqu'entierement dépouillé de ses biens & de ses droits, les hérétiques étant alors tout-à-fait dominans dans le pays de Foix. Le corps de la noblesse est assez nombreux dans les états, puisqu'il y a jusqu'à soixante-dix terres ou fiefs qui y donnent entrée. La baronnie de Rabat, qui, au seizieme siecle, étoit possédée par une branche de la maison de Foix, y tient le premier rang. On distingue parmi les autres celle de *Lordat*, qui donne son nom à une maison ancienne & illustre.

Quoique les villes, bourgs & communautés ne soient pas considérables, le tiers-état est composé de cent vingt députés. Les états s'assemblent tous les ans en automne, & ne durent que huit jours. Le gouverneur, qui jouit de toutes les prérogatives attribuées aux gouverneurs-généraux des grandes provinces, y représente en qualité de premier commissaire du roi, s'il se trouve alors dans le pays. En son absence, cette fonction est remplie par le lieutenant général ou quelque officier supérieur. Tout s'y passe avec les cérémonies usitées ailleurs ; cependant les subsides sont fort modérés & proportionnés au peu de richesses du pays.

Ce comté est du ressort du parlement de Toulouse. On y créa en 1647, une sénéchaussée & présidial, qui fut établi à Pamiers, & qui s'étend non-seulement sur tout le pays de Foix, mais encore sur une partie du Comminges & du Couseran. Le sénéchal est d'épée, & la justice se rend en son nom. Il a droit de commander le ban & l'arriere-ban, & d'assister à l'audience sénéchale sans y avoir voix délibérative. La vice-sénéchaussée de Foix est aussi établie à Pamiers, & est composée d'un vice-sénéchal, d'un lieutenant, d'un exempt & de huit archers. Les *forts ou coutumes* particulieres de ce pays sont à-peu-près les mêmes que celles du Béarn, ayant été rédigées & publiées par les mêmes souverains. Les historiens du pays de Foix soutiennent que ces loix sont les plus belles du monde, & que le grand Cujas les ayant lues & examinées, dit que celles des athéniens & des romains ne leur étoient pas comparables.

Il n'y a qu'un évêché dans la province de Foix, celui de Pamiers. C'étoit anciennement une abbaye de chanoines réguliers de l'ordre de saint Augustin; que le pape Boniface VIII érigea en évêché l'an 1296. Il fut d'abord suffragant de l'archevêché de Narbonne, & ensuite de Toulouse, après que le pape Jean XXII eut érigé l'évêché de cette derniere ville en métropole. On compte dans le diocèse de Pamiers cent trois paroisses, dont je vous ferai connoître, Madame, celles qui méritent le plus d'être remarquées.

Je suis, &c.

Au pays de Foix ce 1761.

LETTRE CDXLII.

Suite du comté de Foix.

Le Donnezan & la vallée d'Andorre, étant les deux premieres contrées que j'ai parcourues, après être sorti du Roussillon, je commencerai par elles mes observations sur les lieux remarquables du comté de Foix, dont je vous ai dit, Madame, qu'elles font partie. Le Donnezan est borné au nord par le pays de Sault du Bas-Languedoc; à l'est, par le diocèse d'Aleth de la même province, & dont il dépend pour le spirituel; au sud, par le Capsir du Roussillon, & à l'ouest, par le comté de Foix. Il a trois lieues de longueur sur deux de largeur, & contient environ cinq mille habitans. Dans ce pays extrêmement montagneux, le climat est très-froid en hiver; mais il y a d'excellents pâturages, & les eaux y sont belles & abondantes.

On dit que Pierre II, roi d'Arragon, mort en 1213, donna le Donnezan en toute souveraineté pour dot à Philippote ou Philippine, sa fille, qu'il maria à Raymond Roger, comte de Foix, mort en 1222. Les successeurs de celui-ci possèderent constamment ce pays, jusqu'à l'époque où Henri IV le réunit à la couronne. Les comtes qui s'étoient engagés à ne jamais l'aliéner, avoient accordé aux habitans le privilège de ne pouvoir être traduits devant aucun juge hors de leur territoire, & de pouvoir néanmoins appeller à la personne même de ces comtes, des jugemens de leurs officiers qui y tenoient deux fois par an les assises pour les causes d'appel. Le roi Louis XIII, voulant se conformer à cet usage, ordonna, en 1632, que le juge-mage, résident à Pamiers, tiendroit aussi deux fois ses assises dans le Donnezan.

Ce pays a un seigneur particulier, sans préjudice de la souveraineté du roi; & cette seigneurie est actuellement dans une famille qui possède aujourd'hui la baronnie de *Bonnac*, érigée par elle en marquisat, & le château d'*Usson*, dont elle porte le nom.

Il est divisé en deux paroisses, qui sont *Saint-Félix* & *Rouge*, & renferme sept ou huit villages. Le bourg de *Quérigut* en est le chef-lieu : il a un château qui commande un passage assez important, & qui a été long-temps le boulevard du Languedoc avant la conquête du Roussillon.

La vallée ou pays d'*Andorre*, située dans les Pyrénées, occupe la partie méridionale du gouvernement de Foix, dont elle dépend. Elle est bornée au sud & à l'ouest, par la Catalogne ; à l'est, par la Cerdagne espagnole, & a quatre lieues de longueur sur trois de largeur. Ce pays est arrosé de plusieurs rivieres qui y prennent leur source, &, entr'autres de la *Balira*, qui va se jetter dans la Segre : toutes ces rivieres coulent du côté de l'Espagne. Il y a dans cette vallée des mines de fer, plusieurs forges & de très-bons pâturages ; on y compte six communautés & environ trente-quatre villages ou plutôt hameaux, dont presque tous les habitans, à l'exception des ouvriers employés aux mines, n'ont d'autre profession que celle de berger.

Le

Le village d'*Ourdines*, sur la riviere du même nom, est, suivant quelques-uns, le chef lieu de cette petite contrée : suivant d'autres, c'est le village d'*Andorre* même qui jouit de cette distinction. Tout ce pays est du diocèse d'*Urgel* en Catalogne. Le roi & l'évêque de cette ville en sont co-seigneurs, & pourvoient alternativement à la judicature.

En sortant de cette vallée d'Andorre, par le nord, on entre dans le comté de Foix, proprement dit, & dans la partie méridionale, qu'on appelle le haut pays. Le lieu le plus considérable qu'on y trouve, est la ville de Foix, peuplée d'environ trois mille habitans, capitale du haut comté, & qui l'étoit autrefois de toute la province, mais actuellement fort diminuée d'étendue, de richesses & de considération. Elle est située sur la riviere d'Ariege, où il y a un beau pont de pierre, & commandée par un château bâti sur un rocher. Tous nos vieux auteurs soutiennent que cette ville doit son existence à une colonie de *Phocéens* de Marseille, & que c'est de là qu'elle tire son nom, qu'elle a communiqué à tout le pays; mais ce trait d'érudition paroît difficile à justifier. On sait seulement que ce n'étoit d'abord qu'un château, auprès duquel fut fondée l'abbaye de Saint Volusien; & il est assez vraisemblable que c'est de ce château & de cette abbaye que la ville de Foix a pris son origine.

Cette abbaye est ce qu'il y a de plus remarquable. Suivant d'anciens titres, elle fut fondée par Charlemagne en action de grâces d'une victoire qu'il avoit remportée sur les sarrasins. Cependant elle reconnoît les comtes de Carcassonne pour ses fondateurs. Ceux de Foix lui donnerent des biens considérables; & c'est en reconnoissance de ces bienfaits, que ces comtes ont toujours joui dans le chapitre d'une place de chanoine, & ont eu part aux distributions manuelles, toutes les fois qu'ils ont assisté aux offices. Ce chapitre est composé de douze chanoines réguliers de l'ordre de saint Augustin, de la congrégation de sainte Géneviève.

La petite ville de Tarascon sur l'Ariege, à trois lieues de Foix, est la seconde ville du Haut-Comté : elle n'offre rien de remarquable, ayant été presque ruinée par un incendie. Le commerce qu'on y fait, consiste en plusieurs fabriques de fer. Les autres lieux ne meritent pas d'être nommés.

Sur la rive droite de la même riviere d'Ariege est située la ville de *Pamiers*, capitale du bas-pays, & qui prétend l'être de toute la province. Elle s'appelloit anciennement *Fredelat* (*Fredelatum*). On fait dériver le nom qu'elle porte aujourd'hui de la ville d'*Apamée* en Syrie; non qu'elle ait été peuplée par une colonie de Syriens ; mais parceque le premier comte de Foix qui bâtit le château & agrandit la ville de *Fredelat*, revenant de la croisade, où il avoit conquis Apamée, lui donna le nom de cette derniere, en le gasconisant.

Il paroît que cette ville avec ses dépendances fut autrefois un domaine séparé du pays de Foix, & en divers temps le partage des cadets des comtes de Carcassonne. Cette separation subsista jusqu'au douzieme siecle, que l'abbé de Saint-Antonin, alors seigneur de Pamiers, voulant se mettre à couvert des entreprises du comte de Carcassonne, appella celui de Foix en pariage; ce qui fut ratifié par l'évêque de Pamiers, après que l'abbaye de Saint-Antonin eut été érigée en évêché. Malgré cette union la ville de Pamiers est encore regardée comme ville neutre, & paie en particulier ses charges, qui sont le dixieme de ce qui est imposé sur le pays en général.

Ce fut dans le huitieme siecle que les comtes de Carcassonne fonderent la riche & belle abbaye de Saint-Antonin, qui avoit souffert le martyre en ce lieu. Cette abbaye reçut un nouvel accroissement de puissance par la donation du château & de la ville de Frédelat, qui lui fut faite, en 1149, par Roger Bernard, comte de Foix. Depuis cette époque, les prélats de ce monastere eurent souvent des guerres avec leurs souverains.

Cette ville, dont l'enceinte est assez grande & les rues bien percées, a été plusieurs fois saccagée pendant les guerres de religion. Quoiqu'on n'y compte gueres plus de quatre mille habitans, il y a trois paroisses, & une église collégialle, outre la cathédrale qui est assez jolie. Son chapitre étoit régulier & de l'ordre de saint Benoît : il a été secularisé, en 1745, par le pape Benoît XIV. On y voit aussi plusieurs maisons religieuses & un collége. Le terroir en est fertile & agréable, & le climat ordinairement fort sain. Près de la ville est la fontaine d'eau minérale dont j'ai parlé dans ma précédente lettre.

A deux lieues & demi nord de Pamiers sur la rive gauche de l'Ariege, est la petite ville de *Saverdun*, divisée en haute & basse. Celle-ci qui est la plus peuplée & assez jolie, est encore divisée en ville & en faubourg. Roger II, comte de Foix, fit bâtir, en 1120, le château de Saverdun, dont il donna le domaine aux seigneurs de Villemur, d'Hauterive & de Marquefave ses voisins qui lui en firent hommage. Ce château fut bâti auprès d'un village du même nom qui subsistoit vers le milieu du onzieme siecle. C'est aujourd'hui l'une des quatre principales villes du comté de Foix. C'étoit autrefois une place très-forte, qui soutint, pendant la guerre des albigeois, un grand siege contre Simon de Montfort, qui ne put s'en rendre maître. Au seizieme siecle, elle fut encore une des places d'armes des calvinistes : mais depuis, ses fortifications ont été démolies.

La plupart des auteurs croient que cette ville est la patrie de *Jacques de Nouveau*, surnommé *Fournier*, peut-être parce que son pere étoit boulanger. Il fut d'abord religieux de Citeaux, ensuite docteur de Paris, cardinal-prêtre du titre de saint Prisque, appellé le *cardinal blanc*, à cause de la couleur de l'habit de son ordre, qu'il continua de porter, & enfin élu unanimement pape en 1334, sous le nom de Benoît XII, après la mort de Jean XXII. Comme sa naissance n'étoit pas illustre, les cardinaux furent surpris de ce qu'il avoit réuni tous les suffrages. Le nouveau pape lui-même ne le fut pas moins : *vous avez choisi un âne*, leur dit-il, voulant sans doute leur faire entendre qu'il ne se sentoit pas propre aux intrigues & aux manéges qu'avoient employés certains pontifes. Il étoit d'ailleurs profond dans la théologie & la jurifprudence. Il publia une bulle pour la réforme de Citeaux, voulant que les abbés ne fuffent habillés que de brun & de blanc, & n'euffent point avec eux des damoifeaux, c'eſt-à-dire, des jeunes gentilshommes qu'ils avoient à leur fuite, comme les autres feigneurs. Il révoqua toutes les commendes données par fes prédéceffeurs, excepté celles des cardinaux & des patriarches, & toutes les expectatives, dont Jean XXII avoit furchargé les collateurs des bénéfices. Ce pontife mourut en 1342, à Avignon, où il jetta les fondemens de l'immenfe palais qui fubfifte encore, & qui eſt appellé le *palais apoſtolique*. Il penfoit que *les papes devoient-être comme Melchifedech, n'avoir ni pere, ni mere, ni parens*. On le repréfentoit la main fermée, pour marquer combien il étoit réfervé dans la diſtribution des biens eccléfiaſtiques & dans la collation des bénéfices. Il nous a laiſſé quelques ouvrages théologiques.

Mazeres eſt encore une des principales villes du comté de Foix. Elle est à trois lieues & demie nord-est de Pamiers, sur une petite riviere qui va se jetter dans l'Ariege. Ce n'étoit, en 1157, qu'un simple village, dont Berenger, abbé de Balbonne, fit une ville avec la permission du comte de Foix. Ils en partagerent ensemble la justice, ainsi que la seigneurie. Les comtes de Foix y faisoient souvent leur résidence, parce que la situation en est fort agréable.

Je ne nomme ici le village du *Carlat*, que parce qu'il a donné naissance au fameux *Bayle*, si connu par son *dictionnaire critique*, & une foule d'autres ouvrages; cet homme d'une mémoire prodigieuse, d'une érudition vaste, d'une pénétration active, d'une adresse merveilleuse à présenter ses idées dans les discussions, mais écrivain trop souvent lâche, diffus, incorrect, même rampant & obscene, plein de contradictions & d'erreurs, n'offrant sur toutes les questions que des doutes & des incertitudes, s'efforçant d'établir le pyrrhonisme, en affichant l'incrédulité ; qui après avoir sapé les fondemens de toutes les religions, veut anéantir la religion chrétienne, & ose avancer que de véritables chrétiens ne formeroient pas un état qui pût subsister. Et pourquoi non? répond Montesquieu. Ce seroient des citoyens infiniment éclairés sur leurs devoirs, & qui auroient un très-grand zele pour les remplir; ils sentiroient très-bien les droits de la défense naturelle: plus ils croiroient devoir à la religion, plus ils penseroient devoir à la patrie. Les principes du christianisme bien gravés dans le cœur, seroient infiniment plus forts que ces faux honneur des monarchies, ce vertus humaines des républiques, & cette crainte servile des états despotiques.

Je suis, &c.

A Pamiers ce 8 juin 1761.

LETTRE CDXLIII.

LE BÉARN.

Je n'ai pas encore vu, Madame, toute la Gascogne, quoiqu'elle avoisine le comté de Foix. Je n'en ai traversé que l'extrémité de la partie méridionale, pour me rendre dans le Béarn, & ensuite dans la basse Navarre. C'est la position même des lieux, qui m'a prescrit cette marche. Je vais donc vous faire connoître successivement ces deux dernieres provinces qui réunies ensemble, ne forment qu'un gouvernement.

Le *Béarn*, avec titre de vicomté & de principauté, a, dans sa plus grande étendue, seize lieues de longueur sur quinze de largeur. Il est borné au nord & à l'est par différens pays de la Gascogne; au sud, par les Pyrenées, & à l'ouest, par la vicomté de Soulle, qui le sépare de la basse-Navarre.

Les peuples qui habitoient cette

petite province du tems de César, étoient les *Benearni*. Après être devenue la conquête des romains, elle fut comprise dans la novempopulanie ou troisieme Aquitaine ; pays qui renfermoit alors neuf peuples différens, & que nous appellons aujourd'hui *Gascogne*. Au cinquieme siecle, l'empereur Honorius céda le Béarn à Ewaric, roi des goths. Clovis le conquit sur Alaric, roi de ces mêmes peuples, & le transmit à ses successeurs, qui le possederent paisiblement jusqu'à la fin du sixieme siecle.

A cette époque les gascons, peuple originaire de la Cantabrie (aujourd'hui Biscaye & Navarre) vinrent s'y établir, & furent gouvernés par des ducs, qui dans la suite profiterent des troubles survenus en France, pour accroître leurs possessions. L'un deux, nommé *Loup-Centule*, s'étant révolté contre Louis *le débonnaire*, ce monarque le bannit de ses états, l'an 820. Mais pour récompenser la fidélité & les autres bonnes qualités d'un de ses fils, il lui donna le Béarn en fief, sous le titre de vicomté. On ignore le nom de ce premier vicomte, ainsi que celui de son successeur immédiat. Peut-être même y eut-il un troisieme prince dans l'espace de plus de quatre-vingts ans qui s'écoulerent jusqu'au premier dont l'histoire fait mention en 905. C'est par lui qu'on est obligé de commencer.

Tous ces vicomtes porterent le nom de Centulle ou celui de Gaston. *Centulle* I fut un grand homme, à en juger par les exploits qu'il fit en Espagne, où il passa pour secourir contre les Maures Sanchès Abarca, roi de Navarre. Son fils & son successeur, *Gaston* I, eut une grande part aux victoires remportées sur les normands qui ravageoient alors la Gascogne. *Centulle* II, dit *le vieux*, & *Gaston* II, se signalerent par leur zele pour la religion, & par leurs bienfaits envers l'église.

Centulle III, surnommé *le jeune*, pour le distinguer de Centulle *le vieux*, son ayeul, fit des prodiges de valeur dans la guerre que Sanchès *le grand*, roi de Navarre, avoit à soutenir contre les maures. En considération de tous ses services, ce monarque affranchit Centulle de l'hommage qu'il prétendoit sur certaines vallées du Béarn, limitrophes de son royaume. Il fût assassiné par les habitans du pays de Soulle qu'il avoit voulu soumettre.

Gaston, son fils unique, étoit mort avant lui, laissant d'Adélaïde d'Armagnac, Centulle IV, qui succéda à son ayeul. Ce fût un prince vertueux & très-puissant, qui rebâtit la ville d'Oleron, & qui faisoit battre de la monnoie d'or à son coin à Morlas : aucun vassal de la couronne de France n'avoit alors ce droit. Il fut aussi assassiné pendant la nuit avec tous ses gardes dans la maison de dom Garcie, fils d'Asnard-Othon son vassal.

Gaston III, son fils & son successeur, acquit les vicomtés de Soule & de Dax. Il se distingua à la derniere croisade, en 1096, & se trouva, en 1118, à la prise de Sarragosse, dont il eut tout l'honneur. Le roi Alphonse VIII lui donna cette grande ville en fief, où Gaston fonda une église collégiale. Il périt en 1130, dans une embuscade que lui dresserent les sarrasins, & fut enterré dans l'église de Sarragosse. Sa mémoire y est en telle vénération, qu'on y conserve ses éperons & son grand cor de guerre, qu'on montre au peuple les jours solemnels parmi les reliques des saints.

Son fils Centulle V, qui lui succéda, fut tué en Espagne dans un combat contre les Maures, l'an 1134, ne laissant point d'enfans. En lui finit la postérité masculine de Centulle, premier vicomte de Béarn.

Guiscarde, sa sœur, avoit épousé Pierre, vicomte de Gavaret, dont elle étoit déja veuve. Elle prit possession des états de son frere, & réunit au Béarn les terres de son mari. Pierre, son fils, dit *Gaston IV*, passa en Espagne, & y échangea les droits qu'il avoit sur la ville de Sarragosse avec Huesca. Il mourut en 1151, & laissa pour successeur *Gaston V*, son fils, qui n'eut point d'enfans.

Marie de Gavaret, sa sœur, fit un voyage à Jacca, pour s'assurer de la protection d'Alphonse II, roi d'Arragon, à qui elle fit hommage de toutes ses terres, même du Béarn. Alphonse la maria à son favori, Guillaume de Moncade, grand sénéchal de Catalogne. Aussi tôt les béarnois se souleverent & élurent successivement deux vicomtes dont ils se défirent, parce qu'ils violoient leurs privilèges. En 1174, ils proposerent à Moncade & à la vicomtesse sa femme, d'élire un de leurs deux fils jumeaux, s'ils vouloient renoncer à leurs droits. Cette offre fut acceptée. En conséquence, les béarnois se rendirent en Catalogne, & trouverent les deux jeunes seigneurs endormis dans la même chambre. Ils s'approcherent sans faire du bruit. Les deux enfans avoient les bras hors du lit: l'un avoit la main fermée; l'autre l'avoit ouverte. Ils en tirerent la conséquence que ce dernier devoit être franc, libéral & généreux; & ce fut celui-là qu'ils choisirent, en lui donnant un régent.

Le nouveau prince, nommé Gaston VI, parvenu à l'âge de seize ans, gouverna par lui-même, & rendit hommage au roi d'Arragon de ce qu'il tenoit de lui en fief, mais non pas du Béarn. Il secourut Raymond VI, comte de Toulouse, dans la guerre des albigeois; ce qui le fit excommunier. Mais il obtint son absolution, en 1214; & il fut difculpé parce qu'il avoit embraffé le parti des albigeois, fans embraffer leurs erreurs. Il ne laiffa point d'enfans de Pétronille fa femme, comteffe de Bigorre.

Son frere jumeau, Guillaume de Moncade, lui fuccéda fous le nom de Gafton VII. Il ne fut point d'abord reconnu par les états de Béarn, parce qu'il refufoit de régner fur eux par la voie de l'élection. Mais en 1220, il fit avec ces états un traité par lequel il fut reconnu comme ayant un droit héréditaire, à condition néanmoins qu'il y auroit douze magiftrats qui jugeroient fouverainement toutes les affaires de la province, même celles où le vicomte auroit intérêt. Ces magiftrats formerent ce qu'on appella depuis la *cour major*, & s'arrogerent le titre & la qualité de barons perpétuels & héréditaires. Gafton, après avoir régné paifiblement depuis l'époque de ce traité, fut tué à la conquête de Majorque, où il commandoit l'avant-garde de l'armée du roi d'Arragon. Il ne laiffa qu'un fils, *Gafton VIII*, qui mourut sans enfans mâles, l'an 1290. Il avoit institué pour son héritière Marguérite sa seconde fille, mariée à Roger Bernard comte de Foix, à condition que le Béarn & le pays de Foix seroient unis à perpétuité.

Celui-ci, nommé *Gaston I* de Foix, & IX de Béarn, s'acquit beaucoup de réputation par sa sagesse & sa bravoure. Il eut trois fils *Gaston X*, qui lui succéda, & qui se rendit également recommandable par sa valeur ; Roger Bernard, vicomte de Castelboron, & Robert, sieur d'Oneza ; qui devint évêque de Lavaur.

Gaston XI, fils & successeur de Gaston X, porta le surnom de *Phœbus*, ou à cause de sa beauté, ou parce qu'il avoit pris le soleil pour devise. Il avoit beaucoup d'esprit & composa même divers ouvrages. Il en fit un en particulier sur la chasse, & un autre intitulé : *Le Miroir de Phœbus*. Il fut encore très-renommé par sa valeur & sa générosité, par les bâtimens qu'il éleva, par sa magnificence & par son train qui égaloit celui d'un roi. Agnès de Navarre, son épouse, fille de Philippe roi de Navarre & de Jeanne de

France, lui donna un fils unique qu'il perdit par un accident funeste, que j'aurai occasion ailleurs de vous raconter.

Mathieu, petit-fils de Roger-Bernard, vicomte de Castelboron, lui succéda sous le nom de Gaston XII. Il ne laissa point d'enfans de Jeanne d'Arragon, & en lui finit, en 1399, la ligne masculine de la maison de Foix.

Isabelle, sa sœur, lui ayant succédé, épousa Archambaud de Grailly, captal de Buch, qui prit le nom de Foix, parce qu'il descendoit de cette maison par Blanche, seconde fille de Gaston I de Foix. Il régna dans le Béarn sous le nom de Gaston XIII, & laissa pour successeur Jean, qui prit le nom de Gaston XIV, & qui réunit la vicomté de Bigorre à celle de Foix.

Le fils & le successeur de celui-ci, Gaston XV, est un des princes qui ont le plus illustré la maison de Foix & le Béarn, par la bravoure & l'habileté qu'il fit paroître à la tête des armées, surtout dans les guerres contre les Anglois, du temps de Charles

VII. Il avoit épousé Eléonore, héritiere du royaume de Navarre, & dont il eut plusieurs enfans. Son fils aîné, prince de Viane, étant mort avant lui, son petit-fils François-Phœbus lui succéda sous le nom de Gaston XVI, & devint roi de Navarre, du chef de sa grand mere. Il mourut à Pau, l'an 1482, sans postérité.

Catherine de Foix-Grailly, sa sœur & son héritiere, porta le Béarn & le royaume de Navarre dans la maison d'Albret, en épousant Jean II, du nom, *sire d'Albret*. Leur fils Henri, roi de Navarre, souverain du Béarn, & comte de Foix par sa mere, épousa Marguerite de Valois, sœur de notre François I. Il ne provint de ce mariage que Jeanne d'Albret, mariée à Antoine de Bourbon, duc de Vendôme, pere du roi Henri IV ; qui unit à la couronne de France celle de Navarre, la vicomté de Béarn & ses autres états.

Ce fut sous Henri, roi de Navarre, que les erreurs de Calvin furent répandues dans le Béarn. Jeanne, sa fille, en étoit si infectée, qu'ayant épousé Antoine de Bourbon, elle lui fit embrasser la religion protestante, & l'obligea de se déclarer contre les catholiques. Ce prince eut le bonheur, quelque temps avant sa mort, de rentrer dans le sein de la véritable église. Mais dès que la reine Jeanne fut devenue veuve, elle se déclara sans ménagement pour le calvinisme; & fit saisir tous les biens ecclésiastiques. Henri IV, son fils, professa d'abord la même religion; mais étant parvenu à la couronne de France, il abjura l'hérésie, & permit par un édit, l'exercice de la religion catholique dans le Béarn. Louis XIII fit restituer au clergé de cette province tous les biens qui lui avoient été enlevés. Sous le regne de Louis XIV, la religion catholique fut la seule dominante dans cette province.

Le Béarn est en général un pays sec & montueux. Les hauteurs ne sont autre chose que des landes remplies de fougeres; plante dont les habitans se servent utilement pour fumer leurs terres. Les plaines & les vallons sont assez fertiles. On y seme peu de seigle, & encore moins de froment : mais on y recueille beaucoup de millet ou maïs, dont le peuple se nourrit, & du lin, dont on fait des toiles qui se débitent en Espagne. Les coteaux sont couverts de vignes qui produisent d'excellens vins & en très-grande quantité : on vante beaucoup entr'autres ceux qui croissent dans le territoire de *Jurançon*, non loin de la ville de Pau. On y nourrit aussi beaucoup de bestiaux, & l'on y éleve des chevaux qui sont fort estimés : ils sont petits, mais nerveux & très-vifs.

En s'avançant plus profondément dans les gorges de ces montagnes, on trouve des mines de plomb, de cuivre & de fer : au seizieme siecle, on n'exploitoit gueres que ces dernieres ; mais depuis on a travaillé aux autres. En s'élevant sur la cime de ces montagnes, on voit des arbres antiques, qui fournissent des mats de vaisseaux, & des bois de construction de toute espece.

Il y a dans ces mêmes montagnes des eaux thermales qui sont en grande réputation. Dans la vallée d'Ossau, on trouve celles d'*Aigues-caudes*, connues depuis très-long-temps, & bonnes pour les maux de tête & d'estomac. Dans la vallée d'Aspe, sont celles d'*Escot*, fort rafraîchissantes, & près de la ville d'Oleron, celles d'Ogeu qui ont la même qualité.

Dans certaines parties de cette province, on trouve des fontaines d'eau salée, des carrieres de marbre, & même de pierres précieuses. Le climat y est fort tempéré dans les plaines, & froid dans les montagnes: mais il est par-tout fort sain.

Le Béarn est arrosé d'un grand nombre de rivieres qu'on appelle *Gaves* en langage du pays. Ceux qui méritent d'être connus, sont les gaves de *Pau* ou *Béarnois*, d'*Oleron*, d'*Ossau* & d'*Aspe*. Le gave de Pau prend sa source dans les montagnes de la vallée de Baréges en Bigorre, sur la frontiere d'Arragon. Il descend par la vallée de Lavêdan, coule près de Saint-Pée en Bigorre, baigne ensuite les murailles de la ville de Nay, trois lieues plus bas celle de Pau, six lieues au-dessous celle d'Orthès, & six lieues au de-là se jette dans l'Adour qui coule en Gascogne.

Le gave d'*Oleron* est composé de celui d'*Ossau* & de celui d'*Aspe*. Celui d'Ossau prend sa source au plus haut des Pyrenées, près le village de Saillian. Il descend avec une grande radité dans les montagnes d'Ossau, passe au milieu de la vallée de ce nom, & trois lieues au-dessous passe à Oleron, qu'il sépare d'un des fauxbourgs de cette ville, appellé *Marcadet*. Le gave d'*Aspe* prend aussi sa source au plus haut des Pyrenées, dans le point de séparation du Béarn d'avec l'Arragon, & entre, deux lieues plus bas, dans la vallée d'Aspe. Après avoir arrosé cette vallée qui a cinq lieues de long, il va passer trois lieues au-dessous, le long des murailles de la ville d'Oleron qu'il sépare de celle de Sainte-Marie, & se jette dans celui d'Ossau à la pointe de la ville d'Oleron. Ces deux gaves joints ensemble prennent le nom *de gave d'Oleron*, qui passe à Navarreins, à Sauveterre, reçoit la riviere de Soule appellée *le Saison*, & se joint au gave béarnois au-dessus de Sorde dans l'Adour.

Aucun de ces gaves n'est navigable : ce sont presque tous des torrens impétueux, dont le lit est entrecoupé de rochers ; dont les eaux sont souvent fort basses, & d'autres fois si abondantes, qu'elles inondent le pays & font de grands ravages. Ces rivieres sont toutes très poissoneuses : on y pêche des truites & des saumoneaux excellens.

On compte dans le Béarn plus de deux cent mille habitans. Ils sont en général bien faits & robustes, laborieux, économes, sobres, vifs & bons soldats ; ils ont de l'esprit, de l'aptitude aux sciences & aux lettres, & de la disposition à acquérir de la fortune. Leur langue est particuliere au pays & très-difficile à apprendre. Mais parmi eux toutes les personnes qui ont reçu de l'éducation, entendent & parlent fort bien la langue françoise.

Le commerce de cette province consiste en vins, en eaux-de-vie, en toiles, en bétail, en étoffes de laine, en sel & en bois. Les vins que produit un canton près de la ville de Morlas, souffrent le transport, & sont enlevés tous les ans, en tems de paix, par les Anglois & les Hollandois. Les toiles, les bestiaux, & beaucoup de petits chevaux, très-propres pour le pays, montagnes, sont vendus en Espagne. Un grand nombre de Béarnois vont d'ailleurs dans ce royaume pour y travailler aux terres & faucher les prés; & ils en rapportent de l'argent. Tous ces moyens contribuent à procurer au peuple une existence assez tranquille.

Le Béarn est un pays d'états; & c'est dans les assemblées générales de cette province que se traitent toutes les affaires qui concernent les finances & l'administration économique du pays. Ces états s'assemblent tous les ans en vertu d'une commission du roi adressée au gouverneur de la province, ou lieutenant de roi, en l'absence du premier; & c'est encore en vertu de cette commission royale, que le gouverneur ou le lieutenant de roi représente toujours la personne de Sa Majesté à l'assemblée des états.

Ces états ne sont composés que de deux ordres, parce que le clergé & la noblesse n'en font qu'un. Le tiers-état fait le second. Les ecclésiastiques qui ont entrée aux états, sont l'évêque de Lescar & celui d'Oleron;

avec les abbés de Saubalade, de Luc & de la Réaule. On compte qu'il y a cinq cent quarante seigneurs qui ont entrée dans le corps de la noblesse, à titre de possesseurs de terres & de fiefs nobles. Les plus considérables s'appellent barons : on en distingue douze anciens & quatre nouveaux. Parmi les autres, il y en a un certain nombre que l'on appelle *abbés laïcs*. Ce titre singulier, qui n'est connu qu'en Béarn, leur vient de ce qu'ils jouissent des dîmes inféodées, & de ce qu'ils ont dans leurs terres le droit de patronage ou nomination aux cures. Le tiers-état est composé des députés de quarante-deux villes, bourgs & communautés, dont le souverain de Béarn est seul seigneur.

L'évêque de Lescar préside toujours ces états, soit qu'ils se tiennent dans son diocèse ou ailleurs. En son absence, c'est l'évêque d'Oleron ; & au défaut de ces deux évêques, ce seroit le plus ancien des abbés qui jouiroit de cette prérogative. Comme les états ne s'assemblent qu'une fois dans l'année, ils nomment douze commissaires de la noblesse, & autant du tiers-état pour régler & terminer les affaires imprévues qui peuvent survenir dans le cours de l'année. Ce corps s'appelle *l'abrégé des états* : il est convoqué par les syndics, avec la permission du commissaire du roi, & de l'avis de l'évêque de Lescar, qui préside aussi cette commission intermédiaire.

Les états de Béarn s'assemblerent à Pau en 1483, pour donner leur avis sur le mariage de Catherine de Foix, devenue reine de Navarre par la mort de son frere François-Phœbus. Il paroît qu'il se présentoit quatre prétendans à la main de la jeune reine. L'un étoit *René, comte d'Alençon*, prince du sang de France, qui épousa depuis Marguerite de Lorraine, & mourut en 1492. Le second étoit *Charles, comte d'Angoulême*, aussi prince du sang, de la branche d'Orléans ; il épousa depuis Louise de Savoie, & mourut en 1495. Le troisieme étoit le fils d'un *comte de Bologne*, & le quatrieme le fils du sire *d'Albret*.

On opina dans l'ordre ordinaire de la tenue des états. Les évêques de Lescar & d'Oleron, & les trois abbés qui ont entrée aux états, opinerent les premiers, & furent pour le fire d'Albret. On prit enfuite l'avis des douze anciens barons qui font à la tête du corps de la nobleffe du Béarn. Trois d'entr'eux propoferent un prince de Tarente : ce furent les barons de Navailles, d'Andouins & d'Arros. Le refte de la nobleffe opina enfuite comme elle fe trouvoit placée, c'eft-à-dire fans obferver d'ordre ni de prééminence. Le plus grand nombre fut pour le fire d'Albret : quelques-uns furent pour le prince de Tarente; il y en eut même un qui propofa un prince de Caftille. Mais ceux du tiers-état furent unanimement pour le fire d'Albret. Ainfi ce fut ce feigneur qui l'emporta, & qui époufa la reine Catherine.

La raifon qui détermina principalement les états de Béarn, fut la crainte de voir leur fouveraine s'éloigner de leur pays; ce qui auroit pu arriver, fi elle eût époufé un prince étranger; au lieu qu'en fe mariant à Jean d'Albret, qui devoit être héritier de grandes terres dans la Gafcogne, contiguës au Béarn, il étoit évident que eux ni leurs enfans ne seroient point tentés de transporter leur résidence ailleurs.

J'ai dit un peu plus haut que douze anciens barons sont à la tête du corps de la noblesse du Béarn. Je crois, Madame, qu'il ne sera pas hors de propos de vous faire connoître ici les plus illustres de ces douze baronnies. Ce sont celles de *Navailles*, d'*Andouins*, à laquelle on prétend qu'étoit attaché la dignité de grand sénéchal du Béarn, de *Mioffens*, de *Lescun*, d'*Arros* & de *Doumy*. Au commencement du seizieme siecle, la premiere & la seconde étoient possédées par la même maison, qui portoit le nom d'*Andouins*. Mais celle de *Navailles* passa par une fille dans celle de *Montaut-Benac*, dont la branche aînée a été élevée à la dignité de duc & pair & de maréchal de France, sous le nom de *Montaut-Navailles*. La seconde resta plus long-tems dans la maison de son nom. Mais celle-ci s'éteignit dans la personne de la belle & fameuse *Corisande d'Andouins*, qui épousa en 1567, Philibert d'Aure d'*Aster*, substitué aux nom & armes de Grammont. Vous savez combien cette dame fut tendrement attachée à Henri IV. En reconnoissance, ce monarque étant monté sur le trône de France, & son fils Louis XIII qui lui succéda, éleverent Antoine, comte de Grammont, fils de Philibert, aux plus hautes dignités. Il fut fait vice-roi de Navarre, gouverneur-général du Béarn, gouverneur particulier, & maire perpétuel de la ville de Bayonne, & enfin duc & pair. Toutes ces dignités sont devenues héréditaires dans sa maison.

Corisande d'Andouins possédoit aussi la baronnie de *Lescun*, qui, au commencement du seizieme siecle, étoit dans une branche de la maison de Foix : cette branche a fourni deux freres maréchaux de France, dont l'un portoit le nom de *Lautrec*, & l'autre celui de *Lescun*. Cette même terre avoit encore plus anciennement donné le nom à un autre maréchal de France, qui étoit bâtard de la maison d'Armagnac.

La baronnie de *Miossens* étoit dans une branche cadette de la maison d'*Albret*, qui s'esteinte la derniere de toutes en la personne du maréchal d'Albret, mort en 1676, ne laissant que des filles. Une branche de la maison de Lorraine en a hérité, & a pris le nom de *Marsan*, qui faisoit partie de cet héritage.

La baronnie d'*Arros* avoit été dans la branche aînée de la maison de ce nom : dès le seizieme siecle elle avoit été portée dans celle de Gontaut par une fille ; mais la maison d'Arros subsiste dans des branches cadettes.

Enfin la baronnie de *Doumy* appartenoit à des seigneurs qui portoient le nom & les armes de *Béarn*. Belleforêt, en parlant d'eux, dit qu'il ne sait précisément si c'est par une concession ou conséquemment à une descendance bâtarde qu'ils portent ce nom ; mais qu'il paroît qu'ils en étoient en possession avant que le Béarn passât dans les maisons de Gavaret, de Moncade & de Foix, par conséquent avant le douzieme siecle. Ainsi il ajoute que, de quelque maniere qu'ils descendissent des anciens souverains de Béarn, ils feroient remonter leur origine jusqu'à *Loup-Centulle*, établi en Béarn par Louis le *Débonnaire*.

La *cour majour* que j'ai nommée plus haut, avoit été établie par les souverains de Béarn : elle étoit composée des évêques de Lescar & d'Oloron, & de douze barons; qui sous le nom & l'autorité du souverain, jugeoient en dernier ressort tous les différens survenus entre les habitans du pays. Cette cour n'existe plus aujourd'hui. Henri II, roi de Navarre & souverain du Béarn, y substitua un conseil souverain qu'il établit aussi à Pau. Louis XIII, ayant réuni à la couronne de France la basse Navarre & le Béarn, créa un parlement sous le titre de *parlement de Navarre séant à Pau* ; & ce parlement fut formé du conseil souverain de Béarn, & de la chancellerie de Navarre, qui étoit également une compagnie supérieure. Louis XIV unit la chambre des comptes anciennement établie à Pau, à ce même parlement; qui comprend aujourd'hui dans son ressort tout le Béarn, la basse-Navarre & le pays de Soulle.

Il y a en Béarn un sénéchal d'épée; au nom duquel la justice se rend dans les cinq sénéchaussées de ce pays, & dont les juges sont, à proprement parler, les lieutenans du sénéchal. Le roi est seigneur haut-justicier dans toute la province; & les seigneurs particuliers des paroisses, n'ont d'autre justice que celle qui est nommée moyenne & basse dans tout le reste du royaume. Cependant les seigneurs ont dans leurs terres leurs juges particuliers, qui sont appellés *jurats*, & qui connoissent de toute sorte d'affaires, sauf appel aux sénéchaussées ou au parlement, au choix des parties. Mais il est à remarquer que, dans quelque cause que ce soit, les parties ont aussi le droit de se pourvoir directement au parlement, sans être obligées d'essuyer la jurisdiction inférieure des *jurats*, non plus que celle des juges du sénéchal.

Dans toute l'étendue du ressort du parlement de Pau, la justice est administrée conformément aux *fors & coutumes du Béarn*. Ce sont des loix très-anciennes & très-respectables, qui fixent les droits entre les souverains & les sujets, déterminent la mesure d'autorité & de liberté du prince, des états, des peuples, & de la *cour majour*, dont j'ai parlé. Le roi Henri d'Albret les fit rédiger

M 5.

& publier; il en jura lui-même l'exécution, & l'on a continué d'en exiger le même serment de tous les souverains jusqu'à Louis XIII, qui le fit en personne, lorsqu'il se rendit dans le Béarn en 1620. On remarque que lorsque ce monarque fit ce voyage, la reine Médicis, sa mere, veuve de Henri IV, étoit avec lui. Les états de Béarn, pour obtenir sa protection auprès du roi son fils, lui firent présent d'une vache d'or massif, paissant dans un pré. Vous savez, Madame, que les armes de cette province sont deux vaches. Si depuis cette époque, nos rois n'ont pas continué de faire ce serment en personne, ils l'ont du moins fait par procureur, & toujours en gascon; car les souverains de Béarn parlent constament à leurs sujets la langue du pays : du moins cela étoit-il ainsi aux seizieme & dix-septieme siecles. Je vais transcrire ici le premier & le huitieme articles des *fors & costumas du Béarn*, écrits en béarnois. *Fors* vient du mot espagnol *fueros*, qui veut dire *loix* ou *jugemens*; *costumas* signifie *usages*.

Article Ier. *Lo senhor de Béarn, à son nouvel adveniment, es tengut jura à la cort barons, gentius, & à toutz autres habitantz de Béarn, que lôs sera fidel senhor, & judgera dreiturement au praube com au riche, sens acceptation de persoñà, & no lôs fara tort ni periudici en corps ni en beẽs, & lôs guordara, & entertiera en lôs fors, costumas, privilegi, & libertatz, tant en commun que en particulâ, & tierra por ferm ço que per sa justicia sera ordonnat.* En voici la traduction littérale.

Le seigneur de Béarn, à son nouvel avénement, est tenu de jurer à la cour des barons, gentilshommes, & à tous autres habitans, qu'il leur sera fidele seigneur, & jugera avec droiture le pauvre comme le riche, sans acception de personnes, & ne leur sera ni tort ni préjudice en leurs corps ni en leurs biens, & les gardera & maintiendra en leurs loix, usages, priviléges & liberté, tant en général qu'en particulier, & tiendra pour assuré ce qui sera ordonné par sa justice.

Article VIII. *Lôs barons, gentius, & autres de Béarn à cascuñà mundaça* de senhor, son tengutz, cascun particularament far homenage, & presta jurament de fidelitat au senhor, en la formà acostumada & seguenta. Juraran suns lôs quoate santz evangelis de Diu, que bons & fidels vassals & subjetz, lô serran sa persona, honòr & beês de tout ler podèr, defensaran envers toutz & contre toutz, lô ajudaran, & no se trobaran en loc ô plaça ont augund conspiration se faça contre lôdit senhor. Et quoad à lôr noticia vierà angus cospirin ô machinin, lo en advertiran per lôr medix, o messadge exprès, lô plus promptament qui poiran, & lô conselharan au miclhor qui lôs sera possible, quoad requeritz en seran, sens revela lôs segretz deudit senhor, & évitaran tout mau, & faran tout aixi que leiaux vassals & boos subjectz son tengutz de far à lor senhor.

Traduction littérale. Les barons, gentilshommes & autres de Béarn, à chaque mouvance de seigneur, sont tenus chacun en particulier de faire hommage & prêter serment de fidélité au seigneur en la forme accoutumée & suivante. Ils jureront sur les quatre saints évangiles de

Dieu, que bons & fideles vassaux & sujets, ils garderont sa personne, son honneur & ses biens de tout leur pouvoir, le défendront envers tous & contre tous, l'aideront, & ne se trouveront en lieu & place où aucune conspiration se fera contre ledit seigneur. Et quand il viendra à leur connoissance aucune conspiration ou machination, ils l'en avertiront par eux-mêmes, ou par message exprès le plus promptement qu'ils pourront, & le conseilleront le mieux qu'il leur sera possible, quand ils en seront requis, sans révéler les secrets dudit seigneur, & éviteront tout mal; & feront tout ainsi que de loyaux vassaux & de bons sujets sont tenus de faire à leur seigneur.

Le reste des loix & coutumes du Béarn est renfermé dans un gros volume imprimé d'abord au seizieme siecle, & souvent depuis. On y trouve tous les sermens qu'ont faits les princes souverains de Béarn, depuis l'an 1288 jusqu'au roi Louis XIII. Ce dernier monarque dit dans son serment que comme *du nom de juste il veut être renommé & voire avantagé* sur tous autres, il a reconnu qu'il étoit de sa justice de confirmer les béarnois dans tous leurs privilèges. Lorsque cette souveraineté passoit à des femmes, il paroît qu'on leur faisoit prêter serment à elles mêmes & en même-temps à leurs maris.

Le Béarn n'a que deux évêchés, celui de Lescar & celui d'Oléron, tous deux sous la métropole d'Auch. Le premier qui contient soixante dix-huit paroisses, deux abbayes d'hommes & une de filles, fut établi dans le cinquieme siecle. Le second qui a deux cent neuf paroisses, tout le pays de Soulle, & une seule abbaye, fut érigé vers le commencement du sixieme. Je vais, Madame, vous faire connoître les lieux les plus considérables de cette province dans la lettre suivante.

Je suis, &c.

En Béarn, ce 1761.

LETTRE CDXLIV.

Suite du Béarn.

JE ne suivrai point ici, Madame, l'ordre des deux diocèses que je viens de vous nommer dans ma précédente lettre, pour vous décrire les lieux les plus remarquables du Béarn. Il me paroit plus simple & plus commode de me conformer à la division qu'on fait de cette province en cinq sénéchaussées, qui sont celles d'*Oleron*, de *Pau*, de *Morlas*, d'*Orthez* & de *Sauveterre*.

La sénéchaussée d'*Oléron*, est la premiere que j'ai vue en entrant dans le Béarn par l'extrémité méridionale de la Gascogne. Il s'en faut bien qu'elle soit une des plus riches & des plus peuplées de cette province : mais elle est la plus considérable en étendue, puisqu'elle en occupe toute la partie méridionale. Elle ne comprend cependant que trente deux paroisses ou communautés, & les districts des trois vallées d'*Ossau*, d'*Aspe* & de *Baretous*, qui en renferment quarante une.

La ville épiscopale d'*Oleron* située au confluent du gave d'Ossau & de celui d'Aspe en est le chef-lieu. Les romains la connoissoient sous le nom d'*Iluro*, qui peu à peu a été changé en *Olero* ou *Oloro*. Elle fut saccagée par les Sarrasins en 732, & entierement ruinée quelque temps après par les normands. *Centulle*, vicomte de Béarn, la fit rebâtir d'abord où est le bourg de *Sainte-Marie*, & ensuite au même lieu où elle est à présent, entre les deux ruisseaux d'Ossau & d'Aspe, qui forment au bout de la ville le gave d'Oleron. Celui d'Ossau la sépare du bourg de Sainte-Marie, & en fait deux communautés distinctes pour la recette des finances.

Cette ville a eu pendant quelque temps ses vicomtes particuliers. Son évêque réside dans le bourg de Sainte-Marie, où est l'église cathédrale sous le titre de *Notre-Dame*. Le siege épiscopal y fut établi sur la fin du cinquieme siecle. Un de ses évêques, vraisemblablement le premier, se trouva au concile d'Agde en 506. Le prélat qui remplit ce siege, se qualifie premier baron du Béarn.

Les habitans d'Oléron sont la plupart négocians, & font presque tout le commerce d'Arragon. Le nombre des riches étoit considérable avant l'année 1694. Mais le 1er juin de cette même année, leurs correspondans, qui demeuroient à Sarragosse, furent pillés par le peuple de cette ville, qui se souleva contre eux & les chassa, après avoir enlevé tous leurs effets. Depuis cette époque le commerce d'Oléron n'a pas été aussi florissant qu'il l'avoit été jusqu'alors.

Il n'y a point dans cette sénéchaussée d'autre lieu qui mérite une mention particuliere, si l'on en excepte *Moneins*, petite ville assez peuplée, où il y a une grande & belle église, & dont le terroir est très-abondant en vins. On trouve dans ses environs des mines de plomb, de cuivre & de fer.

La Sénéchaussée de *Pau*, au nord-est de celle d'Oleron, & la plus peuplée de toutes celles du Béarn, renferme une étendue de pays assez considérable ; on y compte quatre-vingt douze paroisses ou communautés. Le sol, quoiqu'assez généralement sablonneux, y produit des grains, des fruits & du vin. La ville de *Pau* est située sur une hauteur, au pied de laquelle coule le Gave Béarnois. Elle n'est ni ancienne, ni grande ; mais elle est bien bâtie & très-agréable. C'est un séjour délicieux, plus encore par l'urbanité de ses habitans, que par la beauté du pays & la douceur du climat. La résidence des derniers princes de Béarn lui procure le titre de capitale de la province. Cependant les autres villes plus anciennes que Pau, ont conservé sur celle-ci leur préséance dans les états.

Cette ville doit son origine à un château bâti par un des premiers princes de Béarn, vers le milieu du dixieme siecle. Ce prince qui faisoit sa résidence à Morlas, étoit obligé à de fréquentes courses contre les Sarrasins d'Espagne, qui pénétroient souvent dans le pays par les passages des Pyrenées. C'est ce qui lui donna occasion de remarquer à l'extrémité méridionale de la plaine du Pontlong, un endroit dont la situation lui parut agréable & commode. Il l'obtint des habitans de la vallée d'Ossau, qui en avoient la propriété. En conséquence on planta sur le terrain trois pieux, (en latin *pali*) pour en marquer les limites. Dans le lieu où étoit placé celui du milieu; on bâtit le château, qui, pour cette raison, fut appellé château du *Pal*, & dans la suite de *Pau*.

Vous ne pourrez gueres douter, Madame, que ce ne soit là l'origine de cette dénomination, si vous faites attention aux armoiries parlantes de cette ville. Ce sont trois pals ou perches (en béarnois *peau*): sur celui du milieu est perché un paon faisant la roue, pour désigner l'endroit où le château fut élevé; un traversier joint les trois pals, & sous ce traversier sont deux vaches qui se regardent, & sont séparées par la perche du milieu. Le fond des armes est d'azur, & elles ont deux palmes pour supports.

Le château qui avoit été bâti sur le terrain qu'occupe actuellement la maison de Gassion, fut aussi appellé en béarnois *castel-menou*. Ce ne fut d'abord qu'une maison de plaisance des princes du Béarn, auprès de laquelle divers seigneurs particuliers & autres personnes s'établirent successivement. Cet édifice, qui a subsisté pendant quelques siecles, fut remplacé par un autre plus grand & plus beau, qui fut bâti à peu de distance par le roi Henri II, de la maison d'Albret, & que les rois de Navarre ornerent ensuite d'agréables dehors, dont on voit encore quelques restes. C'est dans ce château que naquit Henri IV, le 13 décembre 1557. Les jardins & le parc, qui servent de promenades, sont dignes de la curiosité du voyageur.

J'ai parlé dans ma précédente lettre du parlement & des autres jurisdictions établies à Pau. C'est dans cette ville qu'est la fabrique de la monnoie: les pieces qui en sortent sont marquées d'une vache. Il est impossible d'imaginer sur quoi est fondé le préjugé d'après lequel on croit que les pieces de monnoie, surtout celles d'or qui ont cette marque, rendent la fortune favorable aux joueurs.

La ville de Pau a une académie des sciences & des beaux-arts qui fut établie en 1720; une université qui le fut en 1724; un couvent de capucins & un couvent de cordeliers, quatre couvents de filles, un séminaire, un college, trois confréries de pénitens & un hôtel-dieu, où l'on voit une manufacture de jupons & de bas de laine.

Il y a aussi dans cette ville une manufacture de draps, qui réussit très-bien, parce que les eaux y sont bonnes pour dégraisser, pour la teinture & le foulage. Le commerce que font les habitans, consiste aussi en belles toiles & en beaux mouchoirs qui s'y fabriquent de lin du pays. C'est de là encore que viennent véritablement tous les jambons connus sous le nom de *jambons de Bayonne* & les *cuisses d'oies de Béarn*.

Cette ville est la patrie du P. Pardies, jésuite mathématicien & physicien célebre, auteur de plusieurs ouvrages estimés. Il est le premier qui ait cherché à déterminer la dérive d'un vaisseau, par les loix de la méchanique. Il mourut à Paris en 1673, à l'âge de trente-sept ans, victime de son zele, ayant gagné une maladie contagieuse à Bicêtre, où il avoit prêché & confessé pendant les fêtes de pâques.

Le terroir des environs de Pau est également gracieux & fertile. Divers coteaux & les monts Pyrenées qui s'élevent en amphithéâtre, forment une vue magnifique. Les fruits qu'on y cueille sont bons, & les vins qu'on y fait, excellents, sur-tout ceux du quartier de *Jurançon*, village agréablement situé sur un côteau, à un petit quart de lieue de Pau.

La ville épiscopale de *Lescar* est dans la sénéchaussée de Pau. Elle est située sur une colline d'où l'on découvre une plaine des plus riantes & des plus fertiles. On prétend qu'elle fut bâtie, environ l'an 1000, sur les ruines de l'ancienne ville de *Benearnum*, la plus considérable de ces contrées, & d'où le Béarn a pris son nom. Mais *d'Anville* oppose de fortes raisons pour prouver le contraire, en établissant la véritable position de *Benearnum* plus vers le nord & plus vers le couchant.

Quoi qu'il en soit de ces deux opinions, cette derniere ville ayant été détruite par les Normands, l'an 845, il n'en fut plus question. L'an 980, Guillaume Sanchès, duc de Gascogne, bâtit la ville de *Lescar* sur une colline, au milieu d'un bois, dans un endroit où il n'y avoit alors qu'une chapelle; & depuis elle reçut quelques augmentations & divers embellissemens. Le nom qu'elle porte lui fut donné à cause de plusieurs ruisseaux qui faisoient leur cours en serpentant; c'est ce que les Gascons appellent *Lascourre*, d'où l'on a fait *Lescar*.

L'évêché de cette ville est très-ancien, puisque c'est le même siege épiscopal établi à *Benearnum* dans le cinquieme siecle, & transféré dans le neuvieme à Lescar. Mais ce n'est pas une ville considérable, ni par son commerce, ni par son étendue, quoiqu'on la divise en haute & basse. Elle fut ravagée, en 1569, par les calvinistes. Le comte de Montgommery en dépouilla les églises dont il enleva tous les vases sacrés, & ruina les tombeaux des princes de Béarn, qui étoient dans la cathédrale dédiée à Notre-Dáme. L'évêque, qui en avoit été chassé plusieurs fois, n'y fut rétabli que sous le regne de Henri IV, lorsque ce monarque eut embrassé la religion catholique. Ce prélat est, comme je l'ai déjà dit, président né des états de Béarn. Il y a dans cette ville un séminaire occupé par les lazaristes, & un collége dirigé par les barnabites. Au reste le diocese de Léscar ne renferme d'autre chapitre que celui de la ville épiscopale, & n'a que deux abbayes d'hommes & une de filles.

Nay est encore une petite ville de la sénéchaussée de Pau. Elle étoit autrefois très-marchande : mais elle fut presque toute brûlée par le feu du ciel; & son commerce demeura long-temps suspendu. Depuis quelques années il s'est assez bien rétabli; & l'on voit dans cette petite ville ou bourg plusieurs bonnes manufactures de diverses étoffes de laine, de coton & autres, dont la consommation se fait dans les provinces voisines & dans les pays étrangers. Les environs en sont des plus agréables.

Je nomme ici le bourg de *Gan*, pour dire qu'il y a tout auprès une source d'eau bonne pour la gravelle;

velle, & pour vous apprendre en même temps, Madame, qu'il a donné naissance à Pierre de *Marca*, d'une famille ancienne, originaire d'Espagne. Cet homme illustre se distingua de bonne heure par son esprit & par son zele pour la religion catholique qu'il fit rétablir dans le Béarn. Il fut nommé président au parlement de Pau en 1621, & conseiller d'état en 1639. Après la mort de son épouse, il embrassa l'état ecclésiastique & fut nommé à l'évêché de Couserans. L'habileté avec laquelle il remplit une commission qu'on lui donna en Catalogne, lui mérita l'archevêché de Toulouse en 1652. Il s'étoit tant fait aimer en Catalogne, qu'ayant été attaqué d'une maladie très-dangereuse, la ville de Barcelonne fit un vœu public à Notre-Dame de Montferrat, qui en est éloignée d'une journée, & y envoya douze capucins nu-pieds, sans sandales, & douze jeunes filles aussi pieds nus, les cheveux épars, & vêtues de longues robes blanches.

Marca se disposoit à se rendre à Toulouse, lorsque le roi le fit ministre d'état en 1658. Il fut enfuite nommé à l'archevêché de Paris: mais il mourut le jour même que fes bulles arriverent, en 1662, âgé de 68 ans. Sa mort donna occafion à *Colletet* de faire cette épitaphe badine:

>Ci gît monfeigneur de *Marca*,
>Que le roi fagement marqua
>Pour le prélat de fon églife.
>Mais la mort qui le remarqua,
>Et qui fe plaît à la furprife,
>Tout auffi-tôt le démarqua.

Ce prélat nous a laiffé plufieurs ouvrages dont le ftyle eft ferme & mâle, affez pur, fans affectation & fans embarras. Un des plus eftimables, eft le *Marca Hifpanica*: c'eft une defcription favante & curieufe de la Catalogne, du Rouffillon & des frontieres. La partie hiftorique & la géographique y font traitées avec une égale exactitude; & cet ouvrage peut être très-utile pour connoître les véritables bornes de la France & de l'Efpagne.

Je fuis, &c.

A Pau, ce 30 juin 1781.

LETTRE CDXLV.

Suite du Béarn.

En sortant de la sénéchauffée de Pau par le nord, je suis entré, Madame, dans celle de *Morlas*, qui renferme cent cinquante-une paroisses, mais qui pour cela n'est pas la plus peuplée de toutes les sénéchauffées du Béarn. Il n'y a pas même de lieu qui offre quelque objet remarquable, & susceptible de la moindre description. A peine en compte-t-on deux, *Morlas* & *Lambeye*, qui ne doivent pas être passés sous silence.

Morlas, chef-lieu de ce district, est une ville fort ancienne, mais petite, presque déserte, & dont les maisons sont la plupart ruinées. Elle tient cependant encore le premier rang dans les états du pays. Elle a été long-temps la résidence des souverains du Béarn, étant devenue la capitale de cette province après la destruction de l'ancienne ville de

Benearnum. On y voit un couvent de domicains & un autre de Cordeliers.

Il y avoit autrefois dans cette ville une cour de monnoie, qui a subsisté pendant plus de six cens ans depuis l'établissement des vicomtes. On y battoit non-seulement des monnoies de cuivre & d'argent, mais encore des monnoies d'or sous le nom & les armes des princes de Béarn. C'est là une des plus fortes preuves de leur souveraineté & de leur indépendance. Il ne paroit par aucun monument qu'ils aient reçu ce pouvoir des rois de France ; & l'on sait par l'histoire que lorsque nos rois ont accordé ce privilege à quelques seigneurs particuliers, ils ont toujours excepté la fabrication des especes d'or.

On croit que la monnoie de Morlas fut établie du tems des romains, qu'on sait sûrement avoir fait travailler aux mines des Pyrénées, tant du côté de l'Espagne, que de celui de France. Cette monnoie subsista sous les rois visigoths & sous les rois françois. Elle continua sous les ducs de Gascogne, & ensuite sous les vicomtes de Béarn, avec le consentement & l'approbation des princes & seigneurs voisins. L'hôtel où elle se fabriquoit, étoit le palais même & la maison seigneuriale des vicomtes, appellée *la Fourquie*. C'est ce qui fit donner à cette monnoie le nom de *moneta Furcensis*, ou de *monnoie de la Fourquie*. Cette maison devoit être située sur une éminence hors de la ville, appellée encore à présent la vieille Fourquie.

A trois lieues nord est de Morlas, est la petite ville de *Lambeye*, bâtie sur une hauteur qui en rend la situation fort agréable. Il y a un couvent de récollets. Au reste, le terroir de ce district est médiocrement fertile, & le climat fort tempéré.

Il faut en dire autant de la sénéchaussée d'*Orthez*, qui l'avoisine du côté de l'occident, & qui ne renferme que trente-six paroisses. La ville d'*Orthez*, qui en est le chef-lieu, mérite seule une mention particuliere. Elle est agréablement située sur le penchant d'une colline, au pied de laquelle coule le Gave de

Pau. Elle est du diocèse de Dax en Gascogne, & a été autrefois sous la domination des vicomtes de ce pays. Dans le treizième siècle, elle fut cédée aux princes de Béarn, après la conquête qu'en fit Gaston III. Il y a quatre couvens d'hommes. La reine Jeanne y avoit établi, en faveur des protestans, une université qu'elle entretenoit des biens enlevés aux ecclésiastiques; & c'est principalement de cette ville que le calvinisme se répandit dans tous les états de cette princesse. On ajoute que de la fenêtre du pont bâti sur le Gave, les prêtres & les religieux qui ne vouloient point embrasser cette secte, étoient précipités dans la riviere.

Au-dessus de la colline on voit les vestiges d'une forteresse, que les princes de Bearn, de la maison de Moncade, avoient élevée pour qu'elle servît de défense à leur province, contre les vicomtes de Dax & les anglois qui y vinrent après. Cette forteresse consistoit en un grand château, auquel on donne encore le nom de *château noble* ou de *Moncade*. La plupart des souverains de ce pays y nâquirent, & y résiderent jusqu'en 1640, qu'étant devenus rois de Navarre, ils transféfèrent leur cour à Pau.

C'est dans ce château qu'habitoit au quatorzieme siecle le fameux Gaston Phœbus dont je vous ai parlé, madame, dans une de mes lettres précédentes. Agnès de Navarre, sa femme, lui avoit donné un fils nommé *Gaston*, prince d'une grande espérance, & digne de la plus heureuse destinée, mais qui fit une mort tragique. Gaston Phœbus avoit une maitresse, & Agnès fut obligée de se retirer chez son frere, Charles *le mauvais*, roi de Navarre. Le jeune Gaston profondément affligé de la désunion qui régnoit entre son pere & sa mere, se laissa persuader par son oncle, qui, en lui donnant une poudre, lui fit accroire qu'elle guériroit son pere de son fol amour, si on la mettoit sur les viandes qu'on lui serviroit. Cette poudre étoit un poison mortel dont il se chargea très-innocemment. Son pere en ayant été averti à temps, le jugea coupable, & le fit enfermer dans une étroite prison, où il mourut d'ennui & de tristesse. Il y en a qui disent qu'il mourut d'une blessure que son pere lui fit sans s'en apperçevoir, en lui portant un poignard à la gorge, pour l'intimider & l'obliger à prendre de la nourriture qu'on dit que le jeune prince se refusoit. Mais c'eût été là un moyen bien peu convenable pour un prince, & encore moins pour un pere. Gaston Phœbus mourut subitement à Orthez, au retour de la chasse, comme on lui versoit de l'eau sur les mains pour souper.

A quatre lieues sud-ouest d'Orthez, on trouve *Sauveterre*, chef lieu de la sénéchaussée de ce nom, qui est composée de soixante-cinq paroisses. Cette petite ville bâtie sur une hauteur, au pied de laquelle coule le Gave d'Oleron, est dans une très-belle situation, & le séjour en est fort agréable.

Navarreins, ville forte, située au lieu d'une plaine très-fertile, sur la rive droite du Gave d'Oléron, est dans la même sénéchaussée. Elle est de figure carrée: l'enceinte en est petite; mais elle a de belles murailles & quatre bons bastions; elle n'a d'ailleurs nuls dehors, & elle est commandée par des hauteurs. Cette place passoit pour forte du temps de Henri II, roi de Navarre & prince du Béarn, qui la fit bâtir pour se mettre à couvert des incursions des navarrois espagnols. On y entretient toujours une garnison & un état-major.

La petite ville de *Sailliés* n'est connue que par sa source d'eau salée, qui fournit assez de sel pour la consommation des habitans du Béarn & de la basse-Navarre.

Je suis, &c.

A Sauveterre, ce 10 juillet 1761.

LETTRE CDXLVI.

LA BASSE-NAVARRE.

LE lieu d'où je vous ai écrit, madame, ma derniere lettre, est sur les frontieres de la basse-Navarre, que je viens de parcourir, & qui, comme je vous l'ai déjà dit, est comprise dans le gouvernement de Béarn. Cette contrée qui n'a que huit lieues de long sur cinq de large, est bornée à l'est par le pays de Soulle, au nord-est, par le Béarn, au nord & au nord ouest, par le pays de Labour; à l'ouest & au sud par les Pyrenées qui la séparent de la haute-Navarre. Elle n'est qu'une petite partie du royaume de ce nom, ainsi que vous allez le voir dans cette courte notice de son histoire.

Les *tarbelli*, & particulierement les *vassei*, habitoient la basse Navarre du temps de César. Elle passa successivement sous la domination des romains, des Visigoths & des françois. Dans le neuvieme siecle elle se trouva plus que jamais exposée aux fréquentes incursions des sarrasins établis en Espagne. Nos rois occupés par les guerres civiles qui déchiroient alors le royaume, ne pouvant secourir les navarrois, ceux-ci mirent à leur tête *Inigo Arista*, comte de Bigorre, pour marcher contre les sarrasins. La bonne conduite de ce général lui mérita l'honneur d'être élu unanimement roi du pays.

Ce royaume ne comprenoit à cette époque que la basse-Navarre, le pays de Soulle, une petite partie du Bearn, & quelques terres au midi des Pyrenées. Dans la suite les rois de Navarre reculerent les limites de leurs états, & les pousserent jusqu'au bord de l'Ebre, fleuve d'Espagne, & même au-delà. Alors ce royaume de Navarre comprit, outre la haute & la basse-Navarre, les provinces de Guipusco, d'Alava, de la Rioja, & une partie de l'Arragon.

Les descendans d'Inigo Arista jouirent de ce royaume jusqu'en 1234, que Sanchès VIII, roi de Navarre, mourut sans laisser des enfans de Clémence de Toulouse sa femme. Ce prince avoit deux sœurs, Berengero & Blanche. La premiere fut mariée à Richard-*cœur-de-lion*, roi d'Angleterre, qui mourut aussi sans enfans. Blanche épousa Thibaud V, comte de Champagne, dont le fils nommé Thibaud VI, fut roi de Navarre & comte de Champagne.

Celui-ci eut deux enfans, Thibaud & Henri, qui porterent successivement cette couronne. Le dernier laissa en mourant une fille unique, Jeanne, qui fut mariée à Philippe-*le-bel*, roi de France, & qui par ce mariage devint roi de Navarre. Mais leur fils aîné, Louis X, dit *Hutin*, n'eût qu'une fille, qui porta ce royaume dans la maison d'*Evreux*, en épousant Philippe comte d'Evreux. De ce mariage naquit ce Charles *le mauvais*, si connu dans l'histoire par ses fourberies, ses perfidies, son caractere vindicatif, cruel & méchant. Le poison étoit son arme ordinaire, dans toutes les circonstances où il s'agissoit de son intérêt personnel, ou de satisfaire sa vengeance. La mort de ce scélérat couronné, arrivée en 1187, fut digne de sa vie. Il s'étoit fait envelopper dans des draps trempés dans de l'eau-de-vie & du souffre, soit pour ranimer sa chaleur affoiblie par les débauches, soit pour guérir la lepre dont il étoit couvert. Le feu prit aux draps, à mesure qu'on les cousoit, & le consuma jusqu'aux os.

Ce prince eut un fils, qui loin de lui ressembler, mérita par ses belles qualités & sur-tout par sa sagesse, les surnoms de *noble* & de *second Salomon*. Blanche, sa fille unique & son héritiere, épousa Jean, roi d'Arragon, qui par là devint roi de Navarre. De tous les enfans qu'ils laisserent, Eléonor restée seule, porta ce royaume à Gaston, comte de Foix & de Bigorre, vicomte de Béarn, à qui elle fut mariée. Catherine leur fille unique, le porta à Jean, sire d'Albret, sur lequel Ferdinand *le catholique*, roi d'Arragon l'usurpa.

Le monarque arragonnois fut favorisé dans son entreprise par le pape. L'un & l'autre prirent pour prétexte que Jean d'Albret étoit allié de notre Louis XII, & fauteur du concile de Pise que le pontife n'approuvoit pas. Louis XII secourut

Jean d'Albret : mais l'activité du duc d'Albe, général de Ferdinand, rendit ce secours inutile, & força le roi de Navarre à lever le siege de Pampelune. Après la perte de ce royaume, Catherine de Foix disoit au roi son mari : *dom Jean, si nous fussions nés, vous Catherine, & moi dom Jean, nous n'aurions jamais perdu la Navarre.*

Ce royaume étoit alors composé de six *Mérindades* ou Bailliages, & la Basse-Navarre en formoit une. Jean d'Albret & Catherine conserverent celle-ci, parce qu'étant séparée des cinq autres par les plus hautes montagnes des Pyrenées, & étant tout-à-fait contiguë à la France, il fut aisé de la soustraire aux efforts de l'usurpateur.

Je vous ai dit ailleurs, Madame, que Henri d'Albret, fils de Jean & de Catherine, épousa Marguerite, sœur de François I, & que de ce mariage naquit Jeanne, qui fut mariée à Antoine de Bourbon, duc de Vendôme. Cette princesse possédoit alors, outre ce royaume de Navarre & la vicomté de Béarn, le comté de Foix, les vicomtés de Soulle, de Gavaret

& de Dax, les comtés d'Armagnac, d'Astarac, de Pardiac & de Fezensac, ceux de Lomagne & d'Auvillars, la Sirie d'Albret, les comtés de Bigorre & de Périgord, la vicomté de Limoges, &c. Toutes ces terres étoient, pour la plupart, dans la Guienne & dans la Gascogne. Henri IV, fils d'Antoine de Bourbon, roi de Navarre, réunit toutes ces possessions sous le même sceptre, lorsqu'il parvint à la couronne de France.

La Basse-Navarre est un pays très-montueux & naturellement stérile. Ce n'est qu'à force de travail & de culture, que les terres rapportent. Les fruits qui y croissent, sont en petite quantité, mais excellens. On y recueille des grains & quelque peu de vin dans les vallées.

La *Nive* & la *Bidouse* sont les deux rivieres les plus considérables qui arrosent cette petite province. Elles sont très-abondantes en poissons & sur-tout en bonnes truites. La Nive sort des montagnes d'Espagne, traverse la Basse-Navarre dans sa plus grande largeur, entre dans le pays de Labour en Gascogne, & se jette dans l'Adour à Bayonne. La Bidouse prend sa source dans les montagnes de la Basse-Navarre, la traverse dans presque toute sa longueur, & va se jetter dans l'Adour au-dessous de Guiche.

Les montagnes de la Basse-Navarre sont presque toutes couvertes de bois & de bons pâturages. On y trouve un grand nombre de mines, entr'autres une de fer dans la vallée de *Baigorry*, & une de cuivre dans un petit canton nommé les *Aldudes*, qui confine à l'Espagne. Elles n'étoient point exploitées au seizieme siecle ; celle de fer l'a été enfin au dix-septieme, & celle de cuivre au dix-huitieme. Le cuivre de celle-ci est mêlé de beaucoup d'argent : quelquefois même on y trouve de l'or. On reconnoît d'ailleurs dans ces mêmes montagnes les traces des travaux faits par les romains, tant pour l'exploitation de ces mines que pour la défense des passages, entr'autres un retranchement qui pourroit contenir un corps de cinq à six mille hommes.

Les habitans de la Basse-Navarre ont en général beaucoup d'esprit, sont d'un naturel vif & bouillant, laborieux & très-zélés pour la religion & le service de leur prince. Ils se piquent de droiture & de bonne foi ; ce qui les rend fort recommandables. Ils s'adonnent aux exercices du corps, & y réussissent très-bien. Ils parlent tous la langue basque, quoique la française soit celle des écritures & des actes publics. Leur principal commerce se fait avec l'Espagne ; & c'est de là principalement qu'ils tirent les moyens de subsistance : ils font aussi passer dans les provinces de France du bétail & principalement des chevaux fort estimés.

La Navarre étoit un pays d'états, quand elle fut usurpée par Ferdinand *le catholique*. Henri d'Albret se voyant dépouillé sans retour des cinq sixiemes de son royaume, voulut conserver dans celui qui lui restoit la même forme de gouvernement qui étoit observée dans le royaume entier. En conséquence il institua dans la Basse-Navarre des états pareils à ceux qui étoient établis dans la haute.

On distingue dans ces états les

trois ordres du clergé, de la noblesse & du tiers-état. Les deux évêques de Bayonne & de Dax en Gascogne, ont la liberté d'y assister; & quand ils y viennent ils y président: le petit corps du clergé, les prêtres *majours* ou prieurs y siegent après eux.

Le corps de la noblesse est composé des seigneurs de terres titrées, & de tous les possesseurs de fiefs nobles: ils siegent sans rang, & comme ils se trouvent. Je dois cependant observer ici qu'il y a dans la Basse-Navarre des terres plus considérables les unes que les autres. Tels sont le château d'*Agramont* ou de *Gramont*, & la seigneurie ou principauté de *Bidache* qui en dépend; la seigneurie d'*Ostabat* & la petite principauté de *Luxe* qui sont réunies. On prétend que ces deux belles terres étoient anciennement des *Richombries*, & leurs possesseurs des *Richombres*; titre très-respecté & très-considéré en Espagne. Aussi les *Gramont* & les *Luxe* étoient les plus grands seigneurs dans la Basse-Navarre. Ces deux maisons se sont éteintes au seizieme siecle. Le nom & les armes de l première ont passé, vers 1530, dans celles des seigneurs d'*Aure*, vicomtes d'*Aster* en Bigorre, de qui descendent les ducs de Gramont d'aujourd'hui. La principauté des seconds a passé dans la maison de Montmorenci par le mariage de Charlotte-Catherine, fille unique & héritiere de Charles, dernier comte ou prince de Luxe, avec Louis de Montmorenci-Bouteville, dont elle a eu le grand maréchal de Montmorenci-Luxembourg. Sa postérité a conservé jusqu'à nos jours la principauté de Luxe.

Le tiers-état est composé de vingt-huit députés des villes, bourgs & villages de la Basse-Navarre. Ces petits états accordent des secours proportionnés au peu d'étendue & de fertilité du pays. Au dix-septieme siecle le don gratuit qu'ils faisoient au roi, ne montoit pas à deux mille écus, & ils en accordoient autant pour les appointemens du vice-roi ou gouverneur, qui, depuis que les rois de la Basse-Navarre ne résident plus dans le pays, a toujours été un seigneur de la maison de Gramont. Lorsque des trois corps, il y en a deux du même avis, il est tout naturel qu'ils l'emportent sur le troisieme; mais il n'en est pas de même en matiere de finance, le tiers état seul l'emporte sur les deux autres.

Quant à la justice, le roi Henri d'Albret a conservé le nom d'*alcade* à certains juges d'épée qui président aux justices inférieures, composées d'ailleurs de petits magistrats. On appelloit de leurs sentences à la chancellerie de Navarre, qui fut supprimée en 1620, & réunie au parlement de Pau. Louis XIII ordonna cependant que l'on continueroit d'y suivre les *fors & coutumes de Navarre*, & le *style de la chancellerie* de ce royaume, tels qu'ils avoient été établis par Henri d'Albret, qui, en même temps qu'il régla la forme des états de la basse-Navarre, leur donna un nouveau code. Quoiqu'il soit annoncé dans le préambule que ce code doit servir pour tout le royaume de Navarre, il n'est point écrit en espagnol, mais en *gascon-béarnois*; & il est conforme dans presque toutes ses dispositions, au droit de France. Le premier article porte que les gens des trois états rendront hommage au nouveau monarque, & lui prêteront ferment de fidélité; que le roi administrera la justice lui-même dans le royaume, & que quand il s'en absentera, il y laissera un vice-roi ou autres officiers ou commissaires pour l'administrer. Ces officiers & ces commissaires composoient la chancellerie de Navarre, aujourd'hui refondue dans le parlement de Pau. Ce droit particulier à cette province differe, mais de peu de chose, de celui de Béarn, dont j'ai déjà parlé.

Une partie de la basse-Navarre est du diocèse de Dax, & l'autre partie de celui de Bayonne. Il n'y a ni chapitre, ni abbaye, ni monastere, mais seulement quatre prieurés-cures dont le revenu est fort modique. Ce petit pays se divise en sept districts, vallées ou pays, qui contiennent ensemble cent deux paroisses ou communautés.

La ville de *Saint-Jean-pied-de-port*, capitale de cette province, est située au midi sur la Nive près des Pyrénées, au pied d'une montagne où il y a un défilé. Les habitans des Pyrénées appellent *port* ces fortes de paſſages. C'eſt la ſeule qui ſoit défendue par une aſſez bonne citadelle bâtie ſur une hauteur qui commande tous les paſſages par où l'on pourroit venir d'Eſpagne. Mais cette ville eſt en elle-même ſi petite qu'elle ne renferme que deux mille habitans.

Le paſſage de Saint Jean-pied-de-port à Roncevaux, s'appelle le *val carlos*; nom qui lui vient de Charlemagne, parce que l'on croit généralement que l'arriere-garde de ſon armée y fut ſurpriſe & défaite par les Sarraſins. C'eſt-là, dit-on, que périt Roland ſon neveu, ce héros ſi connu des premiers romans françois.

La ſeconde ville de la baſſe-Navarre eſt *Saint Palais*, ſituée au nord ſur un lieu fort élevé, & fermée d'un côté par la Bidouſe. Elle diſpute le titre de capitale à Saint-Jean-pied-de-port: on y compte environ quinze cents habitans. Il y avoit au ſeizieme ſiecle une fabrique de monnoie, qui depuis le dix-ſeptieme eſt réunie à celle de Pau. Les environs en ſont aſſez agréables & aſſez fertiles: on y recueille différens grains, entr'autres une graine que l'on appelle *panis*, dont on fait une assez bonne pâte ou bouillie.

Au nord de cette petite ville, est *Gramont*, duché-pairie érigé en faveur d'Antoine III du nom. Les autres endroits ne valent pas la peine d'être nommés.

Je suis, &c.

A Saint-Jean-pied-de-port, ce 22 juillet 1761.

LETTRE CDXLVII.

LA GASCOGNE.

J'AUROIS pu dans ma derniere lettre vous parler, Madame, de la vicomté de Soule, située entre le Béarn & la basse-Navarre. Mais comme ce petit pays fait partie de la Gascogne, j'ai cru ne devoir vous le faire connoître que dans la description de cette derniere province que je viens de parcourir. Elle est la partie méridionale du gouvernement de Guienne, le plus étendu de tout le royaume : la Guienne proprement dite en est la partie septentrionale.

Dans le douzieme & le treizieme siecles, on comprenoit sous la dénomination de *Gascogne*, la métropole d'Ausch, qui en est la ville principale, & celle de Narbonne. C'est de là que les Languedociens ont été pendant quelque tems appellés gascons. Il arrive même encore aujourd'hui qu'on comprend quelquefois sous le nom de Gascogne le Languedoc, toute la Guienne,

Guienne, & tout ce qui, par rapport à Paris, se trouve au-delà & au midi de la Loire. Mais c'est très-improprement, & ce n'est qu'à cause de l'accent dans la prononciation. La véritable province de *Gascogne* est bornée au nord par la Guienne ; à l'ouest par l'océan ; au sud, par les Pyrénées qui la séparent de l'Espagne, & à l'est par le Languedoc & le pays de Foix. Elle a cinquante grandes lieues de longueur sur quarante de largeur ; ce qui peut être évalué à quatorze cent cinquante lieues carrées.

Cette province contient donc à-peu-près l'ancienne Aquitaine, telle que Jules César l'avoit décrite. Car il ne sera pas inutile de vous rappeller ici, Madame, que les premiers des romains qui firent des conquêtes dans la Gaule, donnerent au pays qui s'étend depuis la Garonne jusqu'aux Pyrénées, le nom d'*Aquitaine*; sans doute à cause du grand nombre de sources d'eaux minérales qu'on y trouve. Dans la suite les romains comprirent sous cette dénomination, outre ce pays, celui qui est renfermé entre la Garonne & la Loire.

Sous l'empereur Honorius, l'Aquitaine étoit divisée en trois parties, ou, pour parler plus exactement, on compta trois Aquitaines; la premiere à l'orient, dont *Bourges* étoit la métropole; la seconde à l'occident, qui avoit *Bordeaux* pour capitale, & la troisieme au midi, dont *Elusa*, aujourd'hui *Eause* étoit le chef-lieu. Celle-ci, qui comprenoit la Gascogne, une petite partie de la Guienne actuelle, le Béarn & la basse-Navarre, étoit appellée *Novem-populanie*, parce que dans le nombre des différens peuples qui l'habitoient, il y en avoit neuf qui étoient très-considérables & très-distingués.

Dans la décadence de l'empire romain, le même Honorius céda aux visigots, l'an 419, la partie de l'Aquitaine qui comprenoit plusieurs pays du Languedoc qu'on appella d'abord *Septimanie* & ensuite *Gothie*. Mais bientôt après, ces barbares s'emparerent du reste, que l'empereur Avitus fut obligé de leur céder. Cependant malgré cette cession, les goths ne se

virent maîtres des trois Aquitaines
que sous leur roi *Evaric*, en 466. Ils s'y
maintinrent jusqu'au tems de Clovis,
qui gagna sur eux une grande bataille
près de Vouillé, en 507. Les goths
conserverent néanmoins la Septimanie, où ils se trouverent renfer-
més. Le reste fut soumis aux rois de
France.

Vers l'an 595, les gascons ou was-
cons, peuples originaires des Pyrénées & de la Biscaye, que l'on peut
prendre pour la postérité des anciens
Cantabres, commencerent à se faire
connoître. Ils profiterent si bien des
divisions des rois Clotaire, Théodebert & Thierri, qu'ils s'établirent
dans une partie de la Novem populanie, & pillerent l'autre partie de
cette province. Peu d'années après
Théodebert aidé de Thierri les défit;
& sans vouloir les chasser de leurs
nouvelles possessions, il leur donna
pour chef *Genialis*, qui prit le titre de
duc de Gascogne.

Cette paix ne fut pas de longue
durée. Les gascons recommencerent
leurs courses dans l'Aquitaine. Mais
le roi Dagobert I les repoussa l'an

635, & contraignit leur duc *Aighinan* à venir lui demander pardon. Les divisions de la France ne faisant qu'augmenter sous l'autorité des maires du palais, les gascons rentrerent dans l'Aquitaine l'an 663, & s'y réunirent aux naturels du pays pour se choisir un chef, auquel ils donnerent le titre de duc. Suivant quelques écrivains, ce premier duc fut *Loup* I, qui avoit été employé dans la province par le roi Chideric II, & qui commença de régner en 696. Mais d'autres prétendent que ce fut un des enfans de Garibert, roi d'une partie de l'Aquitaine, nommé *Boggis*, à qui Dagobert I, son oncle, donna l'Aquitaine à titre de duché héréditaire, & qui fut aussi comte ou duc de Gascogne avant Loup I, ou peut être en même tems & en concurrence.

Quoi qu'il en soit, ce *Boggis* mourut en 688, & laissa *Eudes* I, qui, en lui succédant au duché d'Aquitaine, fut aussi comte ou duc de Gascogne. Celui-ci devint bientôt très puissant: il s'assujettit une grande partie de l'Aquitaine qui n'étoit pas sous sa domination; se mêla souvent dans les troubles de la France, & soutint le maire Rainfroi contre Charles-Martel. Il se saisit même de la personne du roi Chilpéric III, qu'il emmena en Aquitaine; Mais par un traité qui termina cette guerre, il remit ce monarque entre les mains de Charles-Martel, sans que néanmoins ils devinssent meilleurs amis ; puisque ce dernier ravagea presqu'aussi-tôt l'Aquitaine jusqu'à la Garonne.

Eudes ne se sentant point assez fort pour résister à Charles Martel, dont la puissance étoit alors bien établie, se lia avec Munieza, chrétien sujet des Arabes, & gouverneur pour les sarrasins de la partie de l'Espagne qui est en deçà de la rivere d'Ebre. Il avoit recommencé la guerre contre Martel, lorsque Munieza fut arrêté par ordre d'Abderame, gouverneur général d'Espagne sous Hescham calife des sarrasins. Eudes livré à ses propres forces, auroit été contraint de subir la loi de Martel, si l'irruption subite d'Abderame ne les eût engagés tous deux à se réunir contre leur ennemi commun.

Le général Sarrasin à la tête d'une

armée des plus formidables, sema le carnage & l'effroi jusqu'aux bords de la Loire. Eudes & Charles-Martel le combattirent près de Tours, & remporterent sur lui la victoire la plus signalée dont on conserve le souvenir. Abderame resta sur le champ de bataille avec un nombre prodigieux de morts, que nos anciens auteurs font monter à trois cent soixante-quinze mille. Les débris de son armée regagnèrent la Septimanie sans être poursuivis ; & les deux vainqueurs se séparèrent pour retourner dans leurs pays respectifs.

Ce combat si sanglant, & si mémorable avoit enlevé à Eudes une grande partie de ses meilleures troupes, tandis que Martel avoit conservé sur lui tout son avantage. Il l'employa constamment à humilier son adversaire, qui à la fin succomba & mourut en 738.

Son fils Hérald ne trouvant qu'un héritage fort diminué, voulut du moins conserver ce qui lui restoit. Il se lia avec quelques seigneurs françois mécontens de l'usurpation de Charles-Martel, particulièrement avec Gérard de Roussillon, l'un des plus puissans de la Bourgogne, & même avec les sarrasins d'Espagne & de Languedoc. Chef d'une puissante armée composée de gascons, de goths, de sarrasins, &c., il porta la guerre jusque dans le cœur de la France. Mais il fut repoussé devant la ville de Sens par Ebbon, évêque du lieu, qui s'étoit mis à la tête de son peuple. Charles-Martel lui même, après avoir soumis le Languedoc & la Provence, vint l'attaquer dans le centre de son pays, & le battit. Hérald ne fut pas plus heureux dans la guerre qu'il soutint contre le roi Pepin; & las de se voir en butte aux revers de la fortune, il se retira dans un monastere de l'île de Rhé, l'an 744, laissant ses états à Gaifer ou Waifre son fils.

Celui-ci continua la guerre contre Pepin, & perdit le château de Loches, où il fut vaincu après une belle défense. Il se battit toujours en retraite, & ne se trouva réduit à l'extrémité, qu'après avoir résisté pendant vingt-quatre ans à des forces bien supérieures. Il fut tué par ses propres gens, l'an 768, après avoir été défait par Pepin près de Périgueux.

Lorsque la couronne de France passa à Charlemagne, toute l'Aquitaine étoit soumise, excepté la Gascogne qui avoit son duc particulier: c'étoit *Loup* II, fils d'Hatton, frere puîné d'Hérald. Le monarque françois ayant porté, en 778, la guerre en Espagne contre les sarrasins, fut sur le point de voir son armée manquer totalement de vivres, par une trahison des gascons qui avoient intercepté les convois. C'est ce qui l'obligea de repasser les montagnes plutôt qu'il ne l'auroit voulu. A peine fût-il engagé dans ces défilés, que les gascons tomberent sur son arriere-garde, enleverent son bagage & causerent une espece de déroute, connue dans l'histoire sous le nom de journée de Roncevaux, où périt le brave Roland. Mais ils livrerent eux-mêmes presque aussi-tôt les principaux auteurs de cette action, afin d'obtenir le pardon de tous les autres, & leur duc fut pendu par ordre du roi.

Cependant Charlemagne jugeant que les gascons ne se contiendroient pas long-tems ; & se persuadant qu'ils vouloient avoir un prince particulier de leur nation, ordonna que la reine sa femme, qui étoit enceinte, viendroit dans le pays pour y faire ses couches ; ce qui arriva la même année 778, au palais de Chassencuil près d'Agen. La reine y mit au monde deux jumeaux, & Charlemagne conféra au plus jeune, qui fut depuis Louis I, dit le *débonnaire*, le titre de roi d'Aquitaine, royaume composé des deux Aquitaines, de la Gascogne, du Languedoc, & des conquêtes faites en Espagne sur les sarrasins. Dans la suite, ce royaume échut en partage à plusieurs princes de la maison de France de la seconde race ; & les ducs d'Aquitaine & de Gascogne n'étoient que leurs officiers.

Quelque tems après, Charlemagne établit des comtés dans toutes les cités, pour contenir les peuples. Le fils de Loup II, *Adalric*, duc ou plutôt comte des Gascons, qui avoit été proscrit en 790, fut rétabli, & gouverna avec son frère Loup-Sanches. Vers l'an 801, les gascons se souleverent encore, à l'occasion d'un nouveau comte que Charlemagne avoit établi à Fezensac: mais ils furent châtiés rigoureusement.

Depuis l'an 595, que les gascons étoient entrés en France, ils avoient toujours eu des ducs particuliers, mais qui rarement avoient été propriétaires. Cependant ils furent presque tous de la même race jusqu'en 819, que Louis le *débonnaire* ayant défait ces peuples, ôta le duché de Gascogne à la postérité d'Eudes I, en exilant *Loup-Centulle*, qui étoit de cette maison. Il le réunit à la couronne, & le mit sous l'autorité d'un duc amovible; dignité qu'il conféra à *Totilo* un de ses parents. Après celui-ci, on compte trois ducs des gascons jusqu'à *Sanchès-Sancion*, qui vers l'an 848, se saisit de la Gascogne & s'y maintint. Il eut pour successeur *Arnaud*, fils d'une de ses sœurs, qui défit les normands en 864.

Vers ce temps là, *Sanchès I* dit *Mitarra*, petit-fils de ce Loup-Centulle exilé par Louis le Débonnaire, fut appellé par les Gascons qui se soumirent à lui vers l'an 872. Sa postérité conserva le duché de Gascogne, *Garcie-Sanchès*, dit *le Courbé*, son petit-fils, unit à son duché le comté de Bordeaux. L'arriere petit-fils de celui-ci, *Sanche-Guillaume*, mort en 1032, ne laissa que deux filles, & eut pour successeur *Berenger*, fils de l'une d'elles & d'Alduin. Celui-ci mourut sans postérité en 1039; & *Eudes* duc d'Aquitaine ou de Guienne, lui succéda, du chef de sa mere Prisca, sœur de Sanche Guillaume, duc de Gascogne.

Enfin ce même Eudes étant mort sans postérité en 1069, Bernard, comte d'Armagnac, s'empara de la Gascogne, comme plus proche parent des anciens ducs de cette province, puisqu'il étoit du même sang. Mais Guillaume Geoffroi, duc de Guienne, comme haut seigneur, ou, plutôt sans aucun droit, déclara la guerre à Bernard, le vainquit, & le dépouilla du duché de Gascogne aussi-bien que du comté de Bordeaux; qu'il réunit, en 1070, au duché de Guienne.

Depuis cette époque l'histoire de la Gascogne est la même que celle de la Guienne, dont je vous tracerai, Madame, un petit précis, à mon arrivée dans cette derniere province.

La plus grande partie de la Gascogne est un pays mêlé de plaines & de collines. A mesure que l'on avance vers les Pyrenées, la terre s'éleve; & plus on approche de ces montagnes, plus le terrain devient raboteux. Cette province produit en général une grande quantité de froment, de seigle & de millet. On y recueille aussi de bon vin. Il y a beaucoup de pâturages; & le bétail qui s'y nourrit, est d'un goût excellent. Le gibier y abonde, & est également très-bon. Le climat y est en général fort tempéré dans les plaines. Mais dans les cantons voisins des Pyrenées, & dans ceux où ces montagnes s'étendent, l'hiver est fort rude & fort long. Au reste, la Gascogne est un pays fort sujet aux orages: souvent la grêle y détruit les grains & les vignes à la veille des récoltes.

Les principales rivieres qui arrosent cette province, sont la *Garonne*, dont j'ai décrit ailleurs le cours; le *Gers*, qui prend sa source dans le

Comminge, & va se jetter dans la Garonne au-dessus d'Agen ; l'*Adour* qui sort des montagnes de Bigorre, devient navigable à Grenade, dans la Chalosse, & se jette dans la mer à Bayonne, & les *Gaves*, que je vous ai fait connoître, Madame, dans mes observations sur le Béarn.

Les habitans de la Gascogne sont en général spirituels, courageux, adroits & agiles. Ils ont l'esprit très-vif, mêlé souvent de mélancolie, ce qui les rend propres aux sciences les plus difficiles, dans lesquelles ils réussissent. Vous savez qu'on les accuse d'être intéressés, vains & de trop exalter leur bravoure ; ce qui a fait donner le nom de *gasconnade* à tout ce qui sent le fanfaron. Mais quant au premier reproche, on peut dire qu'il ne leur a été fait que par ces français véritablement prodigues, accoutumés à confondre l'honnête économie avec ce qui se rapporte à l'intérêt personnel. Quant à l'exagération des Gascons en fait de bravoure ; qu'elle soit fondée ou non, il n'est pas moins vrai que ces peuples sont très-braves, & que leur courage s'est constamment soutenu dans une infinité d'occasions délicates, où il a été mis à l'épreuve. Personne n'ignore les actions glorieuses par lesquelles ils se sont signalés sous la conduite de notre vaillant Henri IV. J'aurai occasion, Madame, de vous en rappeller quelques unes de celles qui les immortaliferent sous le fameux prince de Galles.

Je termine ici mes observations générales sur la Gascogne, me proposant de suppléer ce qui peut y manquer, par des détails particuliers sur chacun des pays qui divisent cette province. Ce sont le *Couferans*, le *Comminges*, le *Bigorre*, le *Pays des Basques*, les *Landes*, la *Chalosse*, le *Condomois* & l'*Armagnac*. C'est dans cet ordre que je les ai parcourus, & que j'en ai tracé la description dans les lettres jointes à celle-ci.

Je suis, &c.

En Gascogne, ce 1761.

LETTRE CDXLVIII.

Suite de la Gascogne.

Les trois pays de la Gascogne que j'ai vus, après être sorti du comté de Foix, & que je vais, Madame, vous faire connoître, sont le *Couserans* ou *Conserans*, le *Comminges* & le *Bigorre*. Le *Couserans*, borné à l'est par le pays de Foix, au nord & à l'ouest par le comté de Comminges, & au sud par la Catalogne, a neuf lieues de longueur & environ autant de largeur. Il est arrosé de la *Salat* qui a sa source dans les montagnes frontieres de l'Espagne, & de plusieurs autres rivieres peu considérables : la Garonne coule à son extrémité occidentale. Quoique ce pays soit extrêmement montagneux, il y a des plaines & de très-belles vallées. Le climat y est fort sain, plutôt froid que tempéré : mais les chaleurs y sont très-fortes en été. On y trouve beaucoup de bois, & d'excellens pâturages. Le blé qu'on y recueille, n'est pas aussi abondant : il ne suffit point pour la subsistance des habitans, qui sont obligés d'en faire venir du Comminges & du Languedoc.

Les *Consorani* habitoient le Couserans du temps de César; ils faisoient alors partie des *Convenæ*, peuples du Comminges, dont ils furent séparés par Auguste. De la domination des romains, le Couserans passa sous celle des visigoths, & successivement sous celle des français & des gascons. Les premiers seigneurs de ce pays qu'on connoisse, étoient comtes de Carcassonne. L'un deux, nommé *Roger*, donna, l'an 1060, à son second fils *Bernard*, les comtés de Couserans & de Foix, qui restèrent ainsi réunis pendant quelque temps sous les mêmes souverains; & alors le pays de Foix garda le titre de comté, & le Couserans ne porta plus que celui de vicomté. Dans la suite ils furent séparés ; & la vicomté de Couserans passa aux comtes de Comminges. Au quinzième siècle, ces deux petites province furent réunies ensemble à la couronne. La justice de Couserans dépend encore à présent de la sénéchauffée de Comminges, qui reffortit au parlement de Toulouse.

Ce pays contient environ quatre vingts paroiffes & cinquante mille habitans. *Saint-Lizier*, ville épiscopale, située fur la riviere de Salat, en est la capitale. Il y a deux cathédrales, & une chapelle qui y attire beaucoup de pélerins. Elle s'appelloit autrefois *Auftrie*, & prit enfuite le nom d'un de fes évèques, mort au huitieme fiecle. Mais l'évêché étoit plus ancien, puifqu'il fubfiftoit déja au commencement du fixieme. A cette époque le fiege de l'évêque étoit à *Conforanni*, alors chef-lieu de cette petite province. Cette ville fut brûlée & détruite par Bernard, comte de Comminges.

L'autre lieu le plus remarquable eft *Saint-Girons*, fitué fur la même riviere de Salat, à une lieue de Saint-Lizier. Il s'y tient plufieurs foires, où l'on vend beaucoup de beftiaux & de mulets.

En fortant du Couferans par l'ouest, je fuis entré dans le comté de *Com-*

minges, qui s'étend depuis les frontieres d'Espagne, au midi, jusqu'aux confins du Languedoc, au nord, sur dix huit lieues de longueur & six de largeur. Les *Convenæ* qui l'habitoient du temps de César, étoient un amas de plusieurs nations, chassées d'Espagne par Pompée, après la défaite du parti de Sertorius. Sous l'empereur Honorius, ce pays se trouvoit compris dans la Novem populanie ou troisieme Aquitaine. De la domination des romains il passa sous celle des visigoths, & ensuite sous celle des français.

Le premier comte de Comminges dont l'histoire fasse mention, s'appelloit *Bernard* : il vivoit, en 1130, sous le règne de Louis *le Gros*. Sa postérité finit, en 1376, par une fille qui avoit épousé, en troisieme noces, *Mathieu de Foix*. Comme elle n'avoit point d'enfant, son mari la persécuta pour qu'elle le fit son héritier, & la tint prisonniere pendant long-temps. Elle trouva le moyen de porter ses plaintes au roi Charles VII, qui la délivra ; & ce fut à ce monarque qu'elle fit donation de ses petits éats. Elle ne mourut qu'en 1461, âgée de cent ans, libre & tranquille. Cette même année, Louis XI donna le comté de Comminges à Jean, batard d'Armagnac, maréchal de France. Mais celui-ci étant mort sans enfans, en 1472, le même roi disposa du Comminges en faveur d'*Odet* d'*Aydie*, seigneur de Lescun, à charge de réversion à la couronne à l'extinction de sa postérité; ce qui étant arrivé en 1548, par la mort de *Henri d'Aydie*, comte de Comminges, cette réunion fut opérée sans retour.

Je remarquerai ici, Madame, qu'il subsiste encore dans le royaume un assez grand nombre de gentilshommes qui portent le nom & les armes de *Comminges* : ils font tous remonter leur origine à *Guy de Comminges*, seigneur de *Sainte-Foix*, fils cadet du premier comte Bernard. Ce *Guy* a formé la branche des seigneurs de *Péguillan*, de laquelle sont sortis beaucoup de rameaux, dont quelques-uns sont éteints, & les autres existent. Les uns descendent du premier comte de Comminges de mâle en mâle; les autres ont été substitués aux nom & armes de Comminges, en épousant des héritieres. Il y a eu des vicomtes de *Couserans* de la maison de Comminges; mais ils sont éteints. Les seigneurs de *Montespan* qui portoient le nom d'*Espagne*, prétendoient en être aussi. Cependant ils avoient des armes tout-à-fait différentes : leurs principales seigneuries ont passé par héritage dans la maison de *Pardaillan de Gondrin d'Antin*. Enfin on a lieu de croire que la maison d'*Auré* tire son origine de Bernard I, comte de Comminges, par son fils Guy, & qu'un des enfans de celui-ci épousa l'héritiere de la vallée d'*Auré* dans les Pyrenées. Ses descendans l'ont possédée long-temps; & le nom leur en est resté. Un cadet de cette maison épousa, au quinzieme siecle, l'héritiere des vicomtes d'*Aster*; & le petit-fils de celui-ci recueillit les grands biens de la maison de *Grammont* en Navarre, à la charge d'en porter le nom & les armes, avec lesquelles cependant MM. de Grammont d'aujourd'hui écartellent toujours celles de *Comminges*, d'*Aure* & d'*Aster*.

LA GASCOGNE. 335

Le Comminges se divise en haut & bas. Le haut s'étend vers le sud jusqu'à la frontiere d'Espagne, & le bas vers le nord. La Garonne fait la division de ces deux parties, qui sont arrosées d'autres rivieres, telles que la grande & la petite Nesle, le Lez, la Save, la Noue &c. Elles sont l'une & l'autre dans le ressort du parlement de Toulouse.

Le haut Comminges est un pays froid & extrêmement montagneux: la terre n'y est gueres fertile qu'en pâturages; mais ils y sont excellens; c'est ce qui fait qu'on y éleve avec le plus grand succès une quantité prodigieuse de bétail, gros & menu. Les mulets qu'on en tire, & en grand nombre, sont fort estimés. Il y a aussi beaucoup de bois de sapins, de hêtres & de chênes: ce dernier sert à la construction des bâtimens, & le transport s'en fait en radeaux par la riviere de Sallat, la Garonne & la Nesle.

Dans le bas Comminges, le climat est beaucoup plus tempéré que dans le haut; & cette temperature d'air y tient plus du chaud que du froid. Le terroir y est fertile en grains, tels que le froment, le seigle, & l'avoine. On y recueille aussi du vin en assez grande quantité.

Les habitans de cette petite province sont bien faits, laborieux, spirituels, vifs, & bons soldats. Ils sont fort attachés à la religion catholique & à leurs anciens privileges. Parmi ces privileges, on distingue celui des *lits & passeries*: c'est un ancien droit par lequel les peuples des frontieres des deux royaumes de France & d'Espagne, placés sur une certaine ligne, peuvent librement commercer entr'eux en marchandises permises, soit en paix soit en guerre, sans être inquiétés.

Il y a dans ce pays deux diocèses; celui de *Lombez*, au nord, & celui de *Saint-Bertrand*, au midi: ce dernier est connu plus particulierement sous le nom de *Comminges*. Le diocèse de Lombez est un démembrement de celui de Toulouse. La ville épiscopale, située sur la rive gauche de la Save, étoit anciennement une abbaye de l'ordre de saint Augustin, qui fut érigée en évêché l'an 1317. par le pape Jean XXII. Elle ne contient qu'environ deux mille cinq cents habitans, & n'offre rien de remarquable.

Le pays que comprend ce diocèſe, eſt des plus fertiles & des plus agréables. On y compte quatre-vingt-dix paroiſſes. La petite ville de *Muret*, ſituée ſur la Garonne & peuplée d'environ douze cents perſonnes, eſt la plus conſidérable. Elle eſt célebre dans l'hiſtoire par un ſiege qu'elle ſoutint en 1213, & par une ſanglante bataille qui ſe donna ſous ſes murs. Pierre II, roi d'Arragon, qui avoit pris le parti des albigeois, aidé du comte de Toulouſe & d'autres ſouverains, l'aſſiégea avec une armée de cent mille hommes. Saint Dominique qui étoit renfermé dans cette place avec l'évêque de Toulouſe, appella à ſon ſecours Simon, comte de Montfort. Ce général trouva le moyen d'entrer dans la ville, & fit une vigoureuſe ſortie avec quatorze mille hommes, à la tête deſquels on vit, dit-on, ſaint Dominique, tenant un grand crucifix, & encourageant les troupes. L'armée du roi d'Arragon fut taillée en pieces, & ce prince fut tué dans le combat. Le bois du crucifix que tenoit saint Dominique, fut percé de trois fleches, dont aucune n'atteignit ni le corps du christ ni le saint. On bâtit sur champ de bataille une chapelle, où l'on conserve ce crucifix.

On trouve encore dans ce diocèse *Montrejau*, au confluent de la Neste & de la Garonne. La situation de cette petite ville est assez agréable, sur une éminence, au pied de laquelle coule la riviere. Elle appartient au duc d'Antin. Le commerce y est florissant à proportion du nombre de ses habitans.

Au-dessous du diocèse de Lombez, vers le midi, est une contrée ou district qu'on appelle le *Nebouzan*, qui fait partie du diocèse de Comminges. La Garonne, la grande Neste & plusieurs autres petites rivieres arrosent ce pays qui a douze lieues de longueur, & six dans sa plus grande largeur. Le climat y est sain, mais assez froid, à cause des montagnes dont il est rempli. Le sol y est peu fertile, & les habitans auroient peine à subsister, sans les secours qu'ils tirent
de

de leurs voisins, soit en bleds, soit en vins. Les bons pâturages qu'il y a dans les montagnes, sont le principal produit de cette contrée. Il y a aussi des eaux minérales à Capbern ou Capvert & à Barbazan.

Le Nebouzan, après voir subi le fort des pays voisins, depuis la conquête des romains, jusqu'à la domination des gascons, eut des vicomtes particuliers, qui relevoient des souverains du Béarn. On croit qu'il passa depuis par alliance dans la maison des comtes d'Armagnac. C'est un pays d'états qui s'assemblent tous les ans à Saint-Gaudens.

Cette ville, capitale du Nebouzan, n'est pas grande : mais elle est assez peuplée; & l'on y tient tous les jeudis un marché qui est très-fréquenté. Il y a une collégiale, & quelques couvens, entre autres un de dominicains, & celui des religieuses de Notre-Dame, qui est une jolie maison. Saint Raymond, religieux de l'Escale-Dieu, & fondateur de l'ordre de Calatrava en Espagne, étoit originaire de Saint-Gaudens.

Cinquante-huit communautés composent ce diſtrict du Nebouzan. Je ne nommerai que le petit village de *Caſſagnadere*, où naquit en 1536, le célebre cardinal d'*Oſſat*, fils, ſuivant les uns, d'un opérateur, ſuivant les autres, d'un maréchal ferrant. Il ſe trouva ſans pere, ſans mere, ſans fortune à l'âge de neuf ans, & fut placé au ſervice d'un jeune ſeigneur de ſon pays, qui étoit auſſi orphelin, & fit ſes études avec lui. Mais il le ſurpaſſa bientôt & devint ſon précepteur. On les envoya à Paris, où d'Oſſat finit l'éducation de ſon éleve & de ſes deux couſins germains. Après avoir fait un cours de droit à Bourges ſous le fameux Cujas, il revint à Paris, où il ſuivit le barreau avec le plus brillant ſuccès. *Paul de Foix*, archevêque de Toulouſe, ayant été nommé ambaſſadeur à Rome par Henri III, emmena avec lui d'Oſſat en qualité de ſecrétaire d'ambaſſade. Après la mort de ce prélat, arrivée en 1584, il fut chargé des affaires de la cour de France. Le roi inſtruit de ſon mérite & de ſes vertus, lui fit offrir une charge de ſecrétaire d'état, qu'il refuſa avec autant de modeſtie que de sincérité. C'est aux soins de ce grand homme que Henri IV dut sa réconciliation avec le St.-Siege. Ses services furent récompensés par l'évêché de Rennes, par le chapeau de cardinal, enfin par l'évêché de Bayeux. D'Ossat mourut à Rome en 1604. Il est impossible de trouver une fausse démarche dans les affaires & les négociations dont il fut chargé. Nous avons de lui un grand nombre de *lettres*, qui sont des chef-d'œuvres de politique.

La ville épiscopale du Comminges, qu'on regarde comme la capitale de tout le pays, est *Saint-Bertrand*. On prétend que cette ville située sur une colline près de la Garonne, fut bâtie sur l'ancienne cité des commingeois, qui s'appelloit *Lugdunum Convenarum*, qui étoit plus grande que Toulouse, comme il le paroît encore par les vestiges de son enceinte, & qui fut détruite à la fin du sixieme siecle par Gontran, roi de Bourgogne, parce qu'elle avoit donné asyle au faux Gondebaud. Elle ne fût rebâtie que vers l'an 1100, par un de ses évêques, nommé *Bertrand*, qui a été canonisé, & qui lui a donné son nom. Cette ville ne renferme point mille habitans. Ce qu'il y a de curieux à voir, c'est sa cathédrale : la menuiserie du chœur est digne de remarque.

Au reste le siege de Comminges est fort ancien. L'un de ses évêques, nommé *Présidius*, assista au second concile d'Orléans, assemblé par l'ordre de Childebert, fils de Clovis. J'ai dit ailleurs que l'évêque de Comminges a entrée aux états de Languedoc, parce qu'il a quelques paroisses dans cette province.

Sur les bords de la Garonne, est *Saint-Béat*, petite & triste ville, serrée entre deux montagnes, mais toute bâtie de marbre, qui est très-commun dans ce canton. Les autres lieux ne valent pas l'honneur d'être nommés.

Le comté de Bigorre, borné au midi, par les Pyrénées, est contigu, du côté du nord, à l'Armagnac, & du côté de l'occident au Béarn. Il a dix-huit lieues de long, & seulement trois de large. Les *Bigerri* ou *Bigerrones*, dont les *Torvates* & les *Campani* faisoient partie, l'habitoient du tems de César. Cette province paſſa, comme les deux dont je viens de parler, de la domination des romains, ſous celle des viſigoths, & ſucceſſivement ſous celle des françois & des gaſcons. Elle eut enſuite des ſeigneurs particuliers, qui en furent inveſtis au neuvieme ſiecle par Charles le *Chauve*, & dont la race s'éteignit à la fin du onzieme. Alors cet héritage paſſa dans la maiſon de Béarn ; & dans la ſuite la maiſon de Foix fut héritiere de celle-ci. Mais il s'éleva des difficultés qui l'empêcherent d'en jouir paiſiblement juſqu'en 1412, que le roi Charles VII mit en poſſeſſion du Bigorre *Jean, comte de Foix*, de la maiſon de *Grailly*. Le petit-fils de celui-ci monta ſur le trône de Navarre ; & ſon arriere-petite-fille, après avoir épouſé Henri d'Albret, fut grand-mere de Henri IV.

La riviere de l'Adour traverſe le Bigorre preſque en entier. On le diviſe en trois petites parties, qu'on nomme *la Montagne*, *la Plaine* & *le Ruſtan* ſitué à l'extrémité ſeptentrionale. L'air eſt tempéré dans les plaines & très-froid dans les montagnes. Les plaines sont fertiles en foins, en seigle, en orge, & en millet: mais on y recueille fort peu de froment. Les vignes dont la plupart sont plantées sur des côteaux, donnent d'excellens vins. Dans les vallées qui s'avancent le plus vers le midi, il y a de fort bons pâturages où l'on nourrit & où l'on engraisse une grande quantité de bétail qui se vend en France & en Arragon: c'est le meilleur commerce du pays.

Il y a dans les montagnes de très-beaux bois de charpente & de construction, & même de beaux mâts de navire. Mais l'éloignement des rivieres & la difficulté du transport sont cause qu'on ne retire pas de ces bois toute l'utilité qu'on desireroit, & qu'il semble qu'on devroit s'en promettre. La plus haute montagne des Pyrénées est dans cette province, & s'appelle le *Pic du midi*. On trouve dans les rochers qui sont au pied de ce pic, & dans quelques autres rochers voisins, des filamens transparens auxquels est attaché le lin incombustible, en amas de petits filamens très fins de couleur argentée ou d'un cendré argentin: c'est ce qu'on appele *amiante* ou *arbeste*. Les habitans de ces cantons en font des mouchoirs, des bourses & des jarretieres qu'ils vendent aux étrangers. Ces même montagnes renferment des cartieres de marbres, dont quelques uns sont beaux & renommés, sur-tout le *vert de campan*. Il y a aussi plusieurs sources d'eaux minérales très-estimées, dont je parlerai bientôt.

Le Bigorre a ses petits états, ses *fors*, loix & coutumes particulieres. Ces états s'assemblent tous les ans pendant huit jours. L'évêque de Tarbes, qui a toute la province dans son diocèse, y préside toujours, & quatre abbés & un commandeur de Malte composent avec lui tout l'ordre du clergé. Celui de la noblesse, beaucoup plus nombreux, est composé de douze barons, & de plusieurs autres gentilshommes. Le tiers-état est répréfenté par les députés des villes, qui sont en assez petit nombre, quoique la haute justice soit totalement entre les mains du roi, les seigneurs du pays n'ayant que la basse. Le gouverneur de Béarn l'est aussi de la province de Bigorre. Mais la sénéchaussée de Tarbes, qui est la justice ordinaire du pays, ressortit au parlement de Toulouse & non à celui de Pau.

Je viens de vous dire, Madame, que douze barons tiennent, dans les états de Bigorre, le premier rang parmi la noblesse : quelques uns d'eux portent le titre de *vicomtes*. La première de ces vicomtés est celle de *Lavedan*. Au seizième siecle cette terre étoit possédée par des seigneurs de *Bourbon-Malauze*, descendans d'un fils naturel de Jean II, duc de Bourbon, & de Louise d'Albret. Cette maison est à présent éteinte.

La seconde vicomté du Bigorre est celle d'*Aster*. Elle fut portée vers 1550, par une héritiere dans la maison d'Aure; & le premier vicomte du nom d'Aster-d'Aure eut un fils qui épousa l'héritiere de Grammont. La baronnie de *Bénac* étoit encore au seizieme siecle dans la maison de *Montaut*; qui la possédoit depuis l'an 1350. Elle y est restée avec celle de *Navailles* en Béarn jusqu'à la fin du siecle dernier. Alors le maréchal duc de Navailles étant mort, ses biens ont passé à sa fille unique qui a épousé un prince de la maison de Lorraine.

La baronnie d'*Antin* a autrefois appartenu à une maison qui en portoit le nom. A la fin du quinzieme siecle elle entra dans celle de *Pardaillan*. En 1711 elle fut érigée en duché pour Louis Antoine, marquis de *Gondrin*, fils de Louis Henri de Pardaillan, que l'on appelloit le marquis de *Montespan*, dont la femme a joué un grand rôle sous le règne de Louis XIV. Elle étoit belle, & avoit un caractere d'esprit plaisant, agréable & naturel. La duchesse de la Valliere favorite de ce monarque, l'admit dans sa société, & le roi ne la regarda d'abord que comme une aimable étourdie. Elle agaçoit sans cesse Louis XIV, qui disoit, en se moquant, à Me. de la Valliere : *elle voudroit bien que je l'aimasse ; mais je n'en ferai rien*. Il ne tint pas parole, & il se laissa bien-tôt séduire par ses charmes. La marquise de Montespan régna avec empire : elle aima le roi par accès, & encore plus l'argent. Le cœur de ce monarque lui fut long-temps asservi; mais son humeur impérieuse & bizarre l'en chassa peu à peu. Elle avoit supplanté la duchesse de la Valliere; & elle fut supplantée à son tour, d'abord par la duchesse de Fontanges, puis par la marquise de Maintenon.

Les seigneurs de *Beaudau*, d'abord barons, ensuite comtes de *Parabere* en Bigorre, c'eux d'*Ossun*, qui presque de temps immémorial possédent la vallée dont ils portent le nom, sont encore du nombre des barons de cette province.

Le Bigorre renferme environ soixante cinq mille habitans. Ils ont de l'esprit, beaucoup de vivacité, sont industrieux, actifs & bons soldats. Lorsqu'ils vont commercer au loin, on les reconnoît en général à leur habillement étroit, & sur-tout à leur coiffure; que l'on appelle *beret* ou *biret*. En hiver, ils mettent par dessus leur habit la cape surnommée *Béarnoise*, à laquelle est attachée un large capuce qui enveloppe la tête & même le *Beret*. Les habitans de la vallée d'Ossun, sont assujettis à une obligation particuliere, celle de porter la livrée de leur seigneur, qui est blanche, avec des galons rouges & bleus.

Deux cents soixante-seize paroisses forment le comté & le diocèse de Bigorre. La ville épiscopale de *Tarbes*, située sur la riviere de l'Adour en est la capitale. Elle existoit du temps des Romains, & on l'appelloit *Turba* ou *Tarba*. Elle étoit défendue par un château nommé *Castrum Begorense* (*château de Begorre*). On en voit encore les ruines ; & c'est ce château qui a donné son nom à tout le pays. Outre la cathédrale, il y a dans cette ville une église paroissiale & deux couvens, l'un de cordeliers & l'autre de carmes.

Au nord de Tarbes, dans la partie de la plaine, est une petite ville que l'on appelle *Vic de Bigorre*, où les anciens souverains du pays faisoient ordinairement leur résidence.

Au sud de la même ville de Tarbes, est le bourg de *Bagnieres*, agréablement situé au pied des montagnes, dans une jolie plaine, à l'entrée du fertile vallon de Campan, & très-renommé par ses eaux chaudes. On les prend en bains ou en boisson : elles sont très fréquentées, parce que l'on y arrive aisément, du moins en litiere : d'ailleurs elles sont salutaires. Les romains les connoissoient & les fréquentoient : on en a la preuve dans les antiquités & les médailles que l'on trouve encore autour de la fontaine.

Cependant les bains de *Barége* & les eaux de *Cauterés* sont infiniment plus fréquentés ; les premiers pour les vieilles blessures, & les secondes pour les maux d'estomac & même de poitrine. Nos anciens cosmographes en font les plus grands éloges, en convenant que les chemins pour y parvenir sont presque impraticables. Mais ils ont cessé de l'être de nos jours. Barége n'est qu'à deux lieues des frontieres de l'Espagne, sur le haut d'une montagne très-élevée, que l'on appelle *le Tourmalet*. Cauterés est à l'occident de Barége.

Du même côté, en tirant vers les montagnes, on trouve dans la petite vallée de Lavedan, le bourg de *Lourde*, situé sur le gave de Pau. Il est remarquable par un château, que les Anglais ont fortifié, lorsqu'ils étoient maîtres de la Guienne; mais que l'on prétend être de construction tout-à-fait antique & du temps des romains.

Le *Ruſtan*, petit pays situé le long de la riviere d'Arroux, n'offre aucun lieu remarquable. Le seul qui mérite à peine d'être nommé, est le bourg de *Saint-Sever*.

Je ne dois pas vous laisser ignorer, Madame, qu'il y a dans le Bigorre une espece de peuple dont l'origine a donné lieu, même de nos jours, à de grandes dissertations. On les appelle *cagots*, *capots*, ou quelquefois *gahets*. Dans quelques anciens livres & titres ils sont qualifiés de *chrétiens gézitains :* ils sont effectivement très-bons chrétiens & catholiques, honnêtes gens, travaillant bien, toujours du métier de charpentier ou de tonnellier. Ils ne parlent aucune autre langue que celle du pays ; ils sont beaux, bien faits & paroissent sains & robustes. Avec tous ces avantages on ne comprend pas pourquoi ils sont fuis de tous les autres habitans, qui ne veulent avoir avec eux aucune communication; si bien que ceux-ci ne peuvent vivre ni se marier qu'entr'eux. On m'a assuré même que les curés sont obligés de leur donner une place particuliere à l'église; qu'ils y assistent, hommes & femmes, à tous les offices divins, mais sans aucune communication avec le reste des paroissiens, & qu'ils font leurs dévotions à part & à d'autres heures.

Deux auteurs du seizième siecle, Thevet & Belleforet, ont été dans l'opinion reçue de leur temps, que ces gens étoient *infects & puans*; qu'ils naissoient ladres, ou qu'ils le devenoient aisément; de sorte qu'il étoit dangereux de les fréquenter. Le dernier a cru qu'on les appelloit *Gezitains*, du nom de *Giezi*, disciple d'Elisée, que ce prophête guérit de la lepre. Il croit aussi qu'on les appelloit *cagots*, parceque c'étoient les restes de certains goths qui avoient été bannis de l'Espagne, pour avoir contracté des maladies dangereuses & désagréables.

M. de Marca, historien du Béarn, également estimé par son érudition

& ses lumieres, refute toutes les opinions de Belleforet. Il convient qu'autrefois ces peuples ont pu être lepreux & puans : mais il soutient qu'aujourd'hui ils ne sont plus ni l'un ni l'autre ; & sur ce dernier point on est assuré qu'il a raison. Il pense que ce sont des restes des Sarrasins, qui après avoir conquis l'Espagne, traverserent les Pyrenées, passerent en France, s'y établirent & furent vaincus par Charles Martel. Quelques-uns d'entr'eux n'ayant pas pu ou voulu rentrer en Espagne, s'établirent dans le Béarn & dans le Bigorre, & se firent baptiser. Mais on les soupçonna d'être chrétiens de mauvaise foi, d'être ladres, & de ne s'être fait baptiser que parcequ'ils croyoient que cette sainte ablution les guériroit de leur maladie. D'ailleurs les vieux chrétiens les sachant circoncis, s'obstinoient à croire qu'ils étoient toujours juifs ou mahométans dans le cœur. C'est pour cela que les peuples du Bigorre demanderent aux états de les forcer à porter une marque particuliere, au moyen de laquelle on les reconnût.

Mais cette demande fut rejettée : cependant la haine aveugle contre ces peuples a toujours subsisté & subsiste encore.

Je suis, &c.

A Tarbes, ce 12 août 1761.

LETTRE CDXLIX.

Suite de la Gascogne.

Le pays des *Basques*, dont je vais, Madame, vous entretenir, comprend le Labourd & la vicomté de Soule. Je commence par cette derniere contrée, pour me conformer à la marche que j'ai tenue dans ma route.

La vicomté de *Soule* est une langue de terre située entre la Basse-Navarre à l'occident, le Béarn au nord & au levant, & les Pyrenées au midi. Ce pays a neuf lieues de longueur sur quatre & demie dans sa plus grande largeur. Il étoit habité, du temps de César, par les *Sibyllates*, qui, suivant l'opinion générale, faisoient partie des *Hencarni*, & fut compris dans la Novempopulanie sous l'empereur Honorius. Frédégaire appelle ce pays *Vallis Subola*, au sujet d'une expédition que firent les français, sous Dagobert, pour réprimer les *Vascones*, cantonnés dans les Pyrenées.

Dans les titres de l'abbaye de Sauvelade, au diocèse de Lescar, les seigneurs qui ont possédé cette vallée, sont appellés *vice comites Subolæ*. Selon Oihenart, ce nom, dans la langue que parlent les basques, désigne un pays couvert de bois & sauvage; & par contraction on a dit *Sola*, d'où est venu le nom françois de *Soule*.

Après avoir successivement passé sous la domination des goths, des françois & des gascons, cette contrée eut ses souverains particuliers, qui portoient le titre de vicomtes. Il est vraisemblable qu'ils relevoient des ducs de Gascogne, & que bientôt après ils releverent des ducs de Guienne. En 1306, l'un deux nommé Enguerand de Miramont, ne voulant point faire hommage aux Anglais, remit son pays & la ville de Mauléon qui en étoit la capitale, à notre Philippe *le Bel*. Ce monarque lui donna un établissement en Navarre, ou il prit le nom de *Mauléon* que sa famille a conservé. En vertu du traité de Bretigni, les anglais possederent la vicomté de Soule pendant un siecle. Mais Charles VII les en chaffa, ainfi que du pays de Labourd, en 1451.

Le fol de ce diftrict confifte principalement en une vallée qui s'étend du midi au nord, arrofée par la rivier de *Ceffon* ou *Saifon*, dont la fource eft près de la frontiere d'Efpagne. Trois ou quatre ruiffeaux ou torrens qui coulent dans d'autres petites vallées, viennent fe joindre au Saifon. Le climat eft ici fort inconftant & varié. Le moindre temps pluvieux y rafraichit l'air; & en été les chaleurs y font exceffives: ce qui provient de la fituation du pays au pied de hautes montagnes, fur lefquelles il neige prefque toujours, quand il pleut dans la plaine. Le chaud y fuccéde au froid; & cette alternative eft fingulierement remarquable. La qualité dominante du climat eft néanmoins tempérée.

Dans les meilleures années ce pays ne produit que le grain néceffaire à la fubfiftance des habitans. On n'y recueille prefque point de vin. Le petit commerce qui s'y fait confifte en beftiaux. On en nourrit beaucoup, foit gros, foit menu, dans la partie la plus voisine des hautes montagnes. Les chevaux de cette contrée sont très-estimés. Il y a dans ces montagnes de beaux bois propres pour la marine; mais il est très-difficile de les faire sortir du pays. On a ouvert dans ces derniers temps plusieurs routes pour l'exploitation des ces bois; ce qui a procuré le moyen d'en trasporter en quantité à Bayonne par la riviere ou gave de Saison, par le gave d'Oleron & par l'Adour.

La Soule a toujours été regardée comme dépendante de la Guienne, quoique les rois de Navarre, des maisons de Foix, d'Albret & de Bourbon en aient joui. Elle a ses petits états: mais au seizieme siecle, elle ne payoit aucun subside ni à l'un ni à l'autre roi; & les impositions étoient toutes employées aux charges du pays. Tous les nobles ou possesseurs de maisons nobles assistent à ces états. Le tiers-état y est représenté par treize *degans* ou députés des différens bourgs & cantons. Lorsqu'il y a partage entre les deux corps de la noblesse & du tiers-état, le président, qui est le gouverneur chatelain du pays le leve, excepté toutefois quand il s'agit de quelque imposition. Dans ce cas, le partage doit être levé par le roi.

Il y a dans le pays de Soule quatre jurifdictions. La premiere qui est la plus confidérable est la cour de Licharre. Par un ufage particulier, les gentilshommes poffeffeurs de terres dans le pays, font juges nés de cette cour, & ont le droit d'y affifter pour la diftribution de la juftice, avec le juge en titre, fans être affujettis à aucun examen ni à aucune formalité pour leur réception en qualité de juges-jugeans. La feconde cour eft celle de Mauléon ; la troifieme celle de Barcus : ces trois jurifdictions font royales. La quatrieme eft celle de Tardets qui n'eft que feigneuriale. Tout le pays reffortit au parlement de Pau, & pour les affaires du domaine, à l'intendance & généralité de Bayonne. Pour le fpirituel il eft en entier du diocéfe d'Oleron. On y compte foixante neuf parroiffes qui renferment enfemble environ quinze mille habitans. Plufieurs d'entreux vont tous les ans, au temps des moissons & des vendanges, travailler en Espagne, d'où ils rapportent assez d'argent pour vivre dans l'aisance, & se procurer même les douceurs de la vie.

Le lieu le plus remarquable de toute cette vicomté est *Mauléon*, qui en est le chef-lieu. Encore ne mérite-t-il que j'en fasse mention, que parce qu'il a produit *Henri Sponde*, écrivain célebre du dix-septieme siecle. Né en 1568, il eut pour parrain Henri de Bourbon, depuis roi sous le nom de Henri IV, & fut élevé dans le calvinisme par son pere qui étoit secrétaire de Jeanne, reine de Navarre. Il se rendit habile dans la langue grecque & la latine, dans le droit canon & le civil, & devint maître des rêquêtes. Dans la suite la lecture des livres de controverse du cardinal du Perron & de Bellarmin le porta à abjurer le calvinisme & à embrasser l'état ecclésiastique. Il accompagna à Rome le cardinal de Sourdis, & fut ensuite nommé par Louis XIII, à l'évêché de Pamiers, qu'il n'accepta que par un commandement exprès du pape Urbain VIII. Il fit de grands biens dans son diocèse & mourut à Toulouse en 1643. Il a abrégé & continué avec succès les *annales* du cardinal Baronius.

Le *pays de Labourd* est entre la frontiere d'Espagne au sud, la Basse-Navarre à l'orient, les Landes au nord, & la mer océane au couchant. Vous croirez peut-être, Madame, que ce mot de *Labourd* vient de celui de *labourage*. Non, c'est d'une corruption du mot latin, & peut-être plus anciennement cantabre, *lapurdum* : ce pays est proprement la *biscaye française*. On donne assez communément le nom de *Basques* aux peuples qui l'habitent. Ce nom leur vient de l'ancienne appellation de *Bascos,* dont on a tiré ceux de *Vascos*, *Vascons*, & enfin *Gascons* ; de sorte qu'on peut les prendre pour les restes de ces anciens peuples, qui, sous la premiere race de nos rois, vinrent s'établir dans la Novempopulanie. Ils ont une langue particuliere, qu'on croit n'approcher d'aucune de celles qu'on parle ailleurs en Europe.

Les *Tarbelli* & particulierement les *vaſſei* habitoient le Labourd du temps de Céſar. Il faiſoit partie de la Novempopulanie ſous Honorius. A la décadence de l'empire romain, il tomba ſous la domination des viſigoths, & enſuite ſous celle des françaises. Ce fut une des premieres contrées où les gaſcons s'établirent. Les ſarraſins y firent auſſi quelque ſéjour. Après que ceux-ci eurent été chaſſés du royaume, le Labourd obéit aux ducs de Gaſcogne & ſuivit depuis le ſort de ce duché. Mais la ville de Bayonne qui en eſt la capitale, eut des vicomtes particuliers depuis l'an 1060, juſqu'en 1205, que Jean *Sans-Terre*, roi d'Angleterre & duc de Guienne, réunit cette vicomté à ce même duché de Guienne. En 1451, Charles VII, roi de France, chaſſa les Anglais de Bayonne, & réunit cette ville à ſon domaine. Depuis ce temps tout le pays de Labourd s'eſt ſignalé, par une fidélité conſtante envers nos rois.

Cette contrée a ſept lieues & demie

mie de longueur sur six & demie de largeur. Elle est arrosée par l'Adour, la Nive, la Bidassoa, la Nivelette & autres petites rivieres. Le climat y est fort tempéré quoiqu'en été les chaleurs y soient très-fortes. C'est un pays mêlé de collines & de montagnes, où les terres sont sabloneuses. On y recueille peu de bled & peu de vin, mais beaucoup de fruits délicieux. Il y a de bons pâturages, du gibier en abondance & d'excellente qualité. On trouve dans les montagnes des simples très-utiles & d'autres choses rares & curieuses.

Les communautés que renferme le Labourd, sont au nombre de trente-huit, dont trente forment l'assemblée commune qu'on nomme le *Bellac*. Les habitans qui sont dans l'intérieur des terres, ne font d'autre commerce que celui de leurs moutons. La ville de Bayonne & le gros bourg de Saint-Jean-de-Luz sont les seuls endroits du pays où il se fasse un commerce considérable.

Les basques sont la plupart bien faits, vifs, fort alertes, & bons soldats. Ceux qui habitent près de la

Tome XXXIII. Q

mer font excellens navigateurs. Ce font les premiers qui se soient attachés à la pêche de la baleine du côté du nord, & à celle de la morue sur le banc de Terre-neuve. Ils faisoient la premiere de ces pêches bien avant le seizieme siecle. C'est à peu-près dans ce tems là qu'ils imaginerent de dépecer les baleines dans les mers mêmes les plus reculées, auprès de leurs vaisseaux, ou sur les côtes qu'ils pouvoient aborder ; d'en tirer l'huile, les fanons, le blanc, enfin tout ce qui peut en être utile, & de le transporter chez eux dans des tonneaux. C'est en allant à cette pêche de la baleine, que les basques découvrirent le Canada & entrerent dans le fleuve Saint-Laurent. On leur est redevable de la maniere de préparer & de saler les morues, & c'est encore sur la fin du seizieme siecle qu'ils commencerent à mettre en pratique cette méthode.

La ville épiscopale du Labourd, & la plus considérable de tout le pays, est *Bayonne*, située au confluent de la Nive & de l'Adour, à une lieue de l'océan. Cette ville n'est pas fort ancienne, & il n'en est gueres fait mention avant le onzieme siecle. Quelques-uns pensent qu'elle a succédé à l'ancienne cité ou château de *Lapurdum*. Mais il seroit bien difficile de déterminer la position de ce château, détruit depuis long-tems, & dont il ne reste aucun vestige. Ce qu'il y a de certain, c'est que jusqu'au douzieme siecle, les évêques de Bayonne ne prirent d'autre nom que celui d'*Episcopi Lapurdenses*. Mais ce nom ne désignoit alors que le pays de Labourd, qui étoit soumis à la jurisdiction d'un évêque particulier. Quant au nom de *Baionaa*, *Bayonne*, il s'est formé des deux mots basques *baya* & *ona*, qui signifie *bonne baie* ou *bon port*. Effectivement le port de cette ville est bon; il est à peu de distance de l'embouchure de l'Adour, & il pourroit contenir des bâtimens considérables, si cette embouchure n'étoit pas si difficile. Mais depuis long-temps elle est embarrassée par des bancs de sable mouvans, qu'il faut bien connoître, pour s'en démêler heureusement. On assure même que depuis le seizieme siecle, il s'y est formé une véritable barre.

On divise la ville de Bayonne en trois parties, dont deux sont situées sur la rive gauche de l'Adour, & séparées l'une de l'autre par la Nive, dont les eaux se mêlent dans la ville même avec celle de la premiere riviere. La troisieme partie, située sur la rive droite de l'Adour, est connue sous le nom de *fauxbourg du Saint-Esprit*. La partie de Bayonne, qui est située sur la rive septentrionale de la Nive, s'appelle la *grande ville*, ou le *grand Bayonne*; & la méridionale s'appelle la *petite ville* ou le *petit Bayonne*. L'une & l'autre sont entourées d'une vieille enceinte & d'un fossé sec que l'on a conservé. Il y a dans chacune un château; le *vieux* dans le grand Bayonne, & le *neuf* dans le petit. Le premier est flanqué de quatre tours rondes, & sert de logement au gouverneur. Le second est flanqué de quatre tours en forme de bastions. En traversant l'Adour sur un pont très-long, on arrive au fauxbourg du Saint-Esprit. Ce n'est que depuis le siecle dernier qu'il est entouré de fortifications & défendu par une citadelle de la construction du fameux maréchal de Vauban.

La citadelle est située aussi du côté de ce même fauxbourg, & à une très-petite distance de l'Adour. Elle est bâtie sur une hauteur, d'où elle commande aux deux parties de la ville, au faubourg, au port & à la campagne. C'est un carré régulier, flanqué de quatre bastions, fortifié à la maniere de Vauban, & accompagné de trois demi-lunes; une du côté du fauxbourg, auquel cette citadelle est contiguë, & les deux autres du côté de la campagne. Tous ces ouvrages sont entourés d'un bon fossé sec avec son chemin couvert.

L'évêché de Bayonne subsiste depuis le onzieme siecle, & comprend 100 paroisses. La Biscaye espagnole étoit autrefois presque toute entiere sous sa jurisdiction. Mais Philippe II, roi d'Espagne, sous prétexte des progrès que l'hérésie faisoit en France, fit passer cette province sous la jurisdiction de l'évêque de Pampelune.

Vers l'an 900, sous le regne de Charles le *simple*, le pape chargea saint Léon, qu'il avoit nommé archevêque de Rouen, d'aller travailler sur les frontieres d'Espagne, à la conversion des infideles. Il étoit à Bayonne en 907, & avoit fait un grand nombre de profélytes qu'il avoit baptisés, lorsque les pirates se saisirent du saint apôtre, & lui trancherent la tête hors de la ville, près de la riviere de Nive. En mémoire de sa mort glorieuse, & en reconnoissance de ce que ce saint martyr a porté la lumiere de l'évangile dans Bayonne, les habitans font tous les ans, le jour de la Pentecôte, une procession où assiste le corps de ville, & qui va jusqu'à la porte de *saint Léon*.

L'église cathédrale de cette ville, dédiée à Notre-Dame, n'a rien de remarquable, au vaisseau près qui est assez bien bâti. A la qualité de cathédrale, elle joint aussi celle d'église paroissiale *ab antiquo*, & avec cette circonstance qu'il n'y a point d'autre paroisse dans la ville ni dans le territoire de Bayonne. L'évêque & les chanoines sont les curés naturels & primitifs de cette paroisse, & confient l'exercice de la cure à un des chanoines, à qui on donne le titre & la qualité de *chapelain majeur*. Il y d'ailleurs dans cette ville cinq couvens de moines mendians & deux de religieuses.

Le corps municipal de Bayonne a une jurisdiction, qui consiste à juger en premiere instance plusieurs procès, soit civils, soit criminels, & toutes sortes de crimes qui se commettent dans la ville & la banlieue par toutes sortes de personnes, excepté les ecclésiastiques & les gentilshommes. L'appel de leurs sentences est porté au sénéchal de la ville.

On compte dans Bayonne environ vingt mille habitans. Le commerce qui s'y fait est très-considérable. Néanmoins cette ville a peu de rapport avec le reste du royaume, si ce n'est pour la laine d'Espagne : elle en a encore moins avec l'Angleterre & la Hollande. La principale attention des négocians de Bayonne se dirige vers l'Espagne, où ils font des profits considérables. Ils tirent directement par la voie de la mer tout ce qui est nécessaire en denrées étrangeres à la haute Navarre & à l'Arragon. Le bois, le fer, le goudron & les autres matériaux étant très-abondans dans cette ville, où ils sont d'ailleurs de très-bonne qualité & à un bas prix, on y construit beaucoup de vaisseaux pour le compte des marchands. Ces bâtimens vont tous les ans à la pêche de la baleine dans les mers du Nord, & à celle de la morue sur le banc de Terre-neuve.

Dans le fauxbourg du Saint-Esprit, il y a beaucoup de juifs qui s'y sont établis depuis qu'ils ont été chassés de l'Espagne & du Portugal. Leur commerce y est très-considérable. Ils font la banque, & s'intéressent dans les armemens : mais, comme on sait, ils ne naviguent jamais eux-mêmes. Dans le dernier siecle, les juifs se trouvant ici en trop grand nombre, détacherent une colonie de leur nation, qui s'établit à Bordeaux, & qui est à présent riche & puissante.

Bayonne est la patrie de Jean du Verger de Haurane & de Martin de Barcos, son neveu, successivement abbés de Saint-Cyran. Le premier fut, conjointement avec Jansenius, évêque d'Ypres, l'auteur du système si connu sur la grâce. Le second fut disciple de ce même Jansenius, alors professeur de théologie à Louvain, & se joignit à son oncle & au docteur Antoine Arnaud, pour répandre la doctrine de son maître.

Saint-Jean de-Luz est la seconde ville du pays de Labourd. *Lus* ou *Luis* veut dire en Basque *Bourbe* ou *Bourbeux*. La petite riviere de *Ninette* sépare cette petite ville d'un gros bourg qui s'appelle *Siboure*. L'embouchure de cette riviere est une rade assez bonne, mais de difficile entrée comme celle de Bayonne. Les vaisseaux y souffrent beaucoup pendant la grosse mer, & sont même en danger de souffrir après que les vents ont cessé, parce qu'alors la mer demeure si agitée que les plus gros cables se coupent contre les rochers.

Un peu plus loin, sur la riviere de Bidassoa, est le village d'*Andaye*, très-renommé pour ses bonnes eaux-de-vie. Il y a un fort avec un commandant & une garnison. Un peu en arriere, est une montagne fort élevée, & sur le sommet un château. J'ai eu le courage d'y monter, Madame,

& j'ai vu de là quatre royaumes, la France, la Navarre française, la Navarre espagnole & la Castille.

Les anciennes terres de la maison de Grammont sont situées partie dans le Labourd, partie dans la Basse-Navarre. Le château de *Grammont* même est de Navarre. *Guiche* est en France : assez près de Bayonne & entre ces deux terres est celle de *Bidache*, franc-aleu si noble qu'il s'attribue le titre de souveraineté. En effet ses seigneurs n'ont jamais, du moins pour cette terre, rendu aucun hommage aux rois de France ni à ceux de Navarre : il en est de même de ceux de Luz.

Je suis, &c.

A Bayonne, ce 23 août 1761.

LETTRE CDL.

Suite de la Gascogne.

En sortant du Labourd, je suis entré, Madame, dans un pays bien triste & bien stérile. C'est celui des *Landes*, qui s'étend le long de la mer Océane depuis Bayonne jusqu'à Bordeaux, ou du moins jusqu'au territoire de cette ville. Divers peuples l'habitoient du temps de César : c'étoient les *Belendi*, les *Succases*, les *Tarbelli*, les *Vasates* & les *Elusates*. Ils furent tous compris dans la Novempopulanie sous Honorius ; & après avoir été soumis aux visigoths, & successivement aux français, aux ducs de Gascogne, aux ducs de Guienne, ils suivirent le sort des autres habitans de ce dernier duché.

Le nom de *Landes* signifie des plaines stériles & incultes, couvertes de Bruyeres. Effectivement le terroir de ce pays est en général très-mauvais, extrêmement ingrat, & presque partout sec & sabloneux. Il n'y croît du vin qu'en quelques cantons. Les eaux y sont mauvaises, & le climat peu sain. On n'y recueille guere autre chose que du petit seigle. Il y a des pâturages pour les moutons, & des pins dont on fait le goudron, qui est presque le seul revenu du pays. Le voisinage de la mer a encore la malheureuse distinction d'être appellé les *Landes Sauvages,* parce que les habitations y sont plus éloignées les unes des autres, & qu'il y a moins de commerce. Le terroir y est très-marécageux, & rempli de forêts de bois résineux. Les côtes en sont inabordables, parce que les fonds en sont bas, & que les vaisseaux ne peuvent pas en approcher. Les hommes mêmes ont de de la peine à y marcher; & il y a des endroits d'où l'on ne peut se tirer qu'en s'élevant sur des échasses de bois, sans lesquelles on s'enfonceroit jusqu'à mi-corps. Ce pays est divisé en quatre vicomtés, qui sont *Dax*, ou plutôt *Acqs*, *Albret*, *Tartas*, *Aort*, ou *Urt*.

On connoît depuis long-temps deux chemins pour aller de Bayonne à Bordeaux. Le premier est celui des grandes landes, ou landes sauvages : c'est le plus court, mais le plus désagréable, parcequ'on n'y trouve aucune commodité, & peu de lieux où l'on puisse s'arrêter. Le second est plus long, parcequ'il s'éloigne davantage de ce triste pays : mais en le suivant, on traverse quelques villes & quelques lieux remarquables; aussi n'ai-je pas balancé à prendre celui-ci.

Le premier canton que j'ai trouvé en remontant l'Adour depuis Bayonne jusqu'à *Acqs*, s'appelle la vicomté d'*Urt*, ou *Aort*. Il tire son nom d'un très-petit lieu, situé au delà de l'Adour, sur les confins du Béarn. Peut-être étoit-il autrefois plus considérable : mais à présent il est bien inférieur au bourg de *Peyre-Hourade*, chef-lieu de cette vicomté, & où il se fait un assez grand commerce. Tout auprès, on voit un château, nommé *Aspremont*, qui étoit autrefois la résidence des vicomtes d'*Urt*.

La ville épiscopale d'*Acqs* est sur l'Adour à huit lieues de Bayonne. Elle a environ quatre mille habitans : mais elle a été autrefois beaucoup plus considérable. Son ancien nom étoit sûrement *Aquæ*, & lui venoit de ses eaux chaudes, qui étoient fameuses du temps même des romains. Auguste permit qu'on y ajoutât son nom, & qu'on l'appellât *Aquæ Augustæ*, au lieu qu'on la nommoit auparavant *Aquæ Tarbellionæ*, du nom des tarbelliens, peuples qui habitoient au pied des Pyrenées, depuis Tarbes en Bigorre jusqu'à Acqs. C'est donc mal-à-propos que les gascons appellent quelquefois cette ville, *Dax*.

Les goths en s'emparant d'Acqs sur les romains, ravagerent cette place & la détruisirent en partie. Les français la conquirent sur les goths, & les gascons sur les français. Les sarrasins la ruinerent encore au dixieme siecle. Il y avoit des lors un évêque qui fut chassé de son siege, & qui y rentra ensuite sous la protection des rois de France & des ducs de Guienne. Les anglois la possederent long-temps, comme faisant partie de l'héritage de la reine Eléonore de Guienne. Enfin Charles VII la reprit sur les anglais en 1451. Elle a eu pendant quelque tems des vicomtes qui étoient les mêmes que ceux de Tartas. Mais comme c'étoit une place frontiere & très-forte, les ducs de Guienne, rois d'Angleterre, & ceux de France ont toujours veillé immédiatement sur elle, & y ont tenu des gouverneurs.

On voit dans cette ville différentes singularités d'histoire naturelle, dont la plus remarquable est une fontaine située au milieu. Le bassin en est vaste, l'eau toujours bouillonnante & d'une chaleur insupportable. Il en sort continuellement une épaisse fumée qui s'éleve en l'air, & que l'on voit de toute la ville. On y fait en fort peu de temps cuire & durcir des œufs : on y feroit aussi aisément cuire de la viande ; mais elle contracteroit peut-être un mauvais goût, & pourroit incommoder du moins ceux qui n'y sont point accoutumés.

A quelque distance de cette fontaine brulante est un autre bassin ; dont l'eau, quoique provenant de la même source, est froide, & sert aux usages communs. Cependant on conduit l'eau de la fontaine chaude, au moyen de tuyaux, dans des bassins particuliers, où les malades peuvent se baigner. On se sert aussi des boues tirées de la fontaine, pour les rhumatismes invétérés & les vieilles blessures.

Nos auteurs du seizieme siecle parlent aussi de certains tombeaux qui se trouvent dans une ancienne église d'Acqs, qui se remplissent d'eau, & se vuident suivant que la lune croît ou décroît, sans que l'on voie par où l'eau entre & sort de ces tombeaux ou cuves. Belleforêt dit que cette espece de phénomene est connu ailleurs & se nomme *source* ou *fontaine intercalaire*.

En remontant toujours l'Adour, jusqu'au confluent de la riviere de la Douse, on trouve la petite ville de *Tartas*, qui avoit autefois ses vicomtes particuliers, dont le dernier vendit toutes ses terres à un seigneur d'Albret; au moyen de quoi elles furent réunies à celles dont je parlerai dans un moment. Cette ville est la plus jolie du triste pays des Landes. Le nom qu'elle porte vient de l'ancien mot gascon ou basque *Tartassu*, qui signifie une espece de chêne qu'on trouve en abondance dans cette partie de la Gascogne, ou peut-être des bois qui produisent la résine qui se débite dans les foires & les marchés de cette ville.

Enfin, en remontant la Douse jusqu'à sa source j'ai trouvé *Albret*, chef-lieu du duché de ce nom, & des états d'un ancienne & illustre maison qui a donné deux rois à la Navarre, & dont l'héritiere a été la mere du grand roi Henri IV. Le nom d'Albret s'écrivoit autrefois la *Brit* en gascon, ou le *Bret* en français; & l'on prétend que ce mot vient du latin *leporetum*, & veut dire *lievre*.

Le premier seigneur qui fut investi de la ville & du pays de ce nom, vivoit l'an 1000, & s'appelloit *Amanjeu*. Ses descendans & successeurs continuerent à porter cette espece de nom de baptême. Il y en avoit déja huit au quatorzieme siecle, entremêlés d'un petit nombre d'autres qui s'appelloient *Bernard*. En 1401 Charles I d'Albret, fils d'une princesse de la maison de Bourbon, s'attacha à la cour de France, & obtint l'honneur d'écarteler les armes de

France avec celles de sa maison qui étoient d'or plein, & enfin l'épée & la dignité de connnétable. Mais il s'en servit bien malheureusement ; car ce fut lui qui perdit en 1415 la funeste bataille d'Azincourt, où il fut tué.

Son fils Charles II, qui étoit proche parent des Armagnacs, prit leur parti dans les guerres du quinzieme siecle. Celui-ci laissa trois fils : l'aîné lui succéda ; un autre fut décapité ; & le troisieme, nommé *Guillaume*, forma la branche des seigneurs de *Miossens* & de *Pons*, qui s'éteignit en 1676, & dont les biens passèrent dans une branche de la maison de *Lorraine - Armagnac*. L'arriere-petit-fils de Charles II, par son fils aîné, épousa Catherine de Foix, & monta sur le thrône de Navarre dont il perdit bien tôt après la plus grande partie. Sa petite-fille, Jeanne d'Albret, épousa Antoine de Bourbon, pere de Henri IV.

Je remarquerai ici, Madame, que les seigneurs d'Albret ne prenoient d'autres titres que celui de *sire*, & ne s'intituloient ni comtes ni vicomtes. Ils imitoient en cela les fires de Coucy, qui dédaignoient toutes qualifications inférieures à celle de princes, & n'ofoient prendre ce dernier titre, parcequ'ils ne poffédoient point de terres abfolument indépendantes des rois de France & des ducs de Guienne. Albret fut érigé en duché-pairie, l'an 1556, par François I, en faveur de Henri roi de Navarre, fon beau-frere. Mais Henri de Bourbon, petit-fils de Henri d'Albret étant monté fur le thrône de France, cette pairie s'éteignit ou plutôt fe confondit avec la couronne. Louis XIV la rétablit en 1652 pour la maifon de Bouillon; & elle fait partie de l'échange de la principauté de Sedan.

A l'orient de la petite province que je viens, Madame, de vous décrire, eft la *Chaloffe*, où l'air eft fain & tempéré, mais un peu chaud pendant une bonne partie de l'année. C'eft un pays de plaines & un peu fabloneux; il eft néanmoins abondant en grains, en vins, en fruits & en pâturages. La qualité des vins eft parfaite pour le commerce du nord. Cette contrée pourroit être mise au rang des meilleures de la Gascogne, sans la grêle qui la désole très-souvent. L'Adour, le Luvy, le Lous & le Gabas sont les rivieres dont elle est arrosée.

Ce pays se divise en trois parties, la *Chalosse propre*, le *Tursan* & le *Marsan*. Saint-Sever, sénéchaussée sur l'Adour, est la capitale de la Chalosse propre. On la qualifie de capitale de la Gascogne ; parce qu'elle étoit le chef-lieu du pays qu'habitoient les anciens gascons. Mais il faudroit pour cela qu'elle eût été connue autrefois sous un autre nom que celui de Saint-Sever, puisqu'elle n'a eu celui-ci qu'à la fin du dixieme siecle. Guillaume Sanchez, sixieme duc héréditaire de Gascogne, fonda l'abbaye de Saint-Sever, l'an 982, en actions de grâces de la victoire navale qu'il avoit remportée par l'intercession de ce saint, sur les normands qui vouloient faire une descente en Gascogne, & ravager ce pays. On prétend que c'est à cette abbaye que la ville de Saint-Sever doit son origine & son nom. Si cela est ainsi, elle n'est pas aussi ancienne que quelques uns l'ont cru. Mais il est possible, & même vraisemblable que les ducs de Gascogne aient eu un palais ou maison de plaisance, où ils faisoient souvent leur résidence, tout proche du lieu sur lequel l'abbaye a été bâtie. Cette ville est d'ailleurs une des plus jolies de la Gascogne. Elle renferme trois mille habitans. Il s'y fait un assez grand commerce de vin, que l'on embarque sur l'Adour pour le faire passer jusqu'à Bayonne. Elle est la patrie de *Jean Martianay*, bénédictin fort savant dans la langue hébraïque & la grecque, & du P. *Antonin Cloche*, général des dominicains.

La ville épiscopale d'*Aire*, située sur l'Adour, est le chef-lieu du Tursan qui a appartenu autrefois aux mêmes vicomtes que le Marsan, & a été uni de même au Bigorre & au Béarn. Elle a formé aussi des prétentions au titre de capitale de la Gascogne. On croit qu'elle fut la cité des *sottiates*, dont parle César dans ses commentaires. On l'appella ensuite *Vicus Julii*, parce que ce fut du temps de Jules César que Crassus son lieutenant la prit. Après que les visigoths s'en furent emparés, plusieurs de leurs rois l'habiterent. Alaric, l'un deux l'agrandit & l'embellit d'un château sur les bords de l'Adour, où l'on en voit encore les ruines, tout proche de l'abbaye *du Mas*, dédiée à sainte Quitterie. Les gascons se rendirent maîtres de cette ville sur la fin du sixieme siecle; & l'on présume que leurs ducs y établirent pendant quelque temps leur résidence. Mais dans le huitieme siecle elle fut ruinée par les sarrasins, brulée ensuite par les normands, & saccagée par les autres barbares qui, dans les neuvieme & dixieme siecles, ravagerent la Gascogne. Au reste, elle n'est remarquable que par son évêché, & ressemble plutôt à un village qu'à une ville.

Dans le même district, sur la rive droite de l'Adour, est la petite ville de *Grenade*, où cette riviere commence de porter bateau en hiver ou dans les grandes eaux.

Le Marsan, après avoir suivi le sort de la Gascogne, eut ses vicomtes particuliers. L'un deux fonda, l'an 1120, la ville de *Mont-de-Marfan*, capitale de ce pays, fituée fur la Midouze, qui commence ici d'être navigable. Vers 1140, fon fils époufa l'héritiere de Bigorre, & forma une nouvelle branche des comtes de ce nom, qui s'éteignit à la fin du treizieme fiecle. En 1645 Louis XIV donna l'Armagnac à Henri de Lorraine, comte d'Harcourt, dont la poftérité le poffède aujourd'hui; & comme la vicomté de Marfan fait partie de l'Armagnac, une branche cadette de Lorraine porte le titre de comte de Marfan. Ce canton d'une étendue affez confidérable, arrofé de plufieurs rivieres, eft fertile en grains, en fruits & en bons pâturages. La récolte du vin eft prefque toujours abondante. On y nourrit quantité de moutons, dont la laine fert à quelques petites fabriques qu'il y a dans le pays.

En fortant du Marfan par l'Orient, on entre dans le *Condomois*, habité du temps de Céfar par les *Nitobriges*, compris, fous l'empereur Honorius, dans la feconde Aquitaine, conquis, à la décadence de l'Empire, par les visigots, suivant ensuite le sort de l'agenois, dont il faisoit partie, réuni enfin à la couronne en même-temps que le Bordelois & la Guienne. Ce pays est arrosé par la Garonne, la Baïse & la Gélise. Le climat y est tempéré, & le sol fertile. Mais la grêle, ce fléau général de la Gascogne, n'y fait que trop souvent d'horribles ravages.

La capitale de cette petite province est la ville épiscopale de *Condom*, située sur la Gélise. Belleforet en fait dériver le nom du mot latin *condomini* (*coseigneurs*) parce que la seigneurie en étoit partagée entre plusieurs seigneurs. Elle étoit autrefois, ainsi que tout le pays, dépendant de l'Agenois, au spirituel comme au temporel : ce n'est qu'en 1323 que le pape Jean XXII érigea en évêché une riche abbaye de bénédictins qui étoit déja depuis long-temps dans la ville de Condom. Les moines y resterent & tinrent lieu de chapitre à la nouvelle cathédrale : ils furent sécularisés au seizieme siecle. Toutes les églises & les monasteres de Condom furent

furent pillés & presqu'entièrement détruits par les calvinistes en 1569.

On compte aujourd'hui dans cette ville environ quatre mille cinq cents habitans. Elle n'est ni commerçante, ni riche, ni remarquable par aucun objet curieux. C'est la patrie de *Scipion Dupleix*, historiographe de France, qui nous a laissé des *mémoires sur les Gaules*, mal écrits, mais remplis d'excellentes recherches ; de *Blaise de Montluc*, capitaine illustre & historien, auteur de *commentaires sur les guerres d'Italie*, que Henri IV appelloit *la bible des soldats*, & du P. Gaichiés de l'oratoire, dont nous avons des *maximes sur la chaire*.

A trois lieues nord de Condom est la petite ville de *Nerac*, qui a été bâtie par les Anglais, & qui est le chef lieu du duché d'Albret. La riviere de Baise la divise en deux, le grand & le petit Nerac. Il y a un présidial, & un grand château, dont les jardins sont fort beaux. En 1579 la reine Catherine de Medicis & le roi de Navarre eurent une conférence dans ce château, où les rois de Navarre, ducs d'Albret, avoient établi

Tome XXXIII. R

leur cour. Cette petite ville est bien bâtie & assez commerçante.

On trouve à l'extrémité occidentale du Condomois, le pays de *Gabardan*, qui en fait partie, & dont le sol ingrat ne produit que peu de bled, peu de vin, & quelques pâturages. Il a eu du temps des ducs de Gascogne, des vicomtes particuliers, qui devinrent aussi vicomtes de Béarn. Il renferme quinze paroisses, & a pour chef-lieu *Gabaret* ou *Gavaret*, bourg peuplé d'environ trois cents habitans.

Je suis, &c.

A Condom, ce 2 septembre 1761.

LETTRE CDLI.

SUITE DE LA GASCOGNE.

ME voici, Madame, dans le dernier diſtrict de la Gaſcogne, où je ſuis entré à quelque diſtance de Condom, du côté de l'orient de cette ville. C'eſt l'*Armagnac*, qu'on peut certainement regarder comme une des plus grandes ſeigneuries du royaume, puiſque du midi au nord, il a trente ſix lieues, & de l'eſt à l'oueſt, vingt-cinq dans certains endroits. Il eſt borné au nord par la Guienne, à l'eſt par le Languedoc, au ſud & à l'oueſt par divers cantons de la Gaſcogne & le Béarn. L'Adour, le Gers, & pluſieurs autres petites rivieres ou torrens arroſent ce pays, où le climat eſt fort tempéré & la nature du ſol excellente. On y recueille des grains de toute eſpece & quantité de vin ; il y a auſſi de bons pâturages & beaucoup de fruits. Le principal commerce y conſiſte en eaux de-vie, en lins, laines, bled, salpêtre & poires de bon chrétien.

On divise l'Armagnac en haut & bas. Le haut, très-resserré, comprend la partie méridionale, où se trouve le *pays des quatre vallées*, qui sont Aure, Neste, Barrousse & Magnoac. Le bas, beaucoup plus étendu, renferme le comté d'*Astarac*, le *Brullois*, l'*Eauzan*, les comtés de *Fezensac* & de *Fezensaguet*, le comté de *Gavre*, le *pays de Verdun*, la *Lomagne*, le *pays de Riviere*, &c. Avant de vous faire connoître, Madame, tous ces petits cantons, je crois qu'il est à propos de vous tracer quelques détails historiques sur cette seigneurie, & ceux qui l'ont possédée.

L'Armagnac étoit habité par les *Auscii*, lorsque les romains en firent la conquête. Il fit partie, sous l'empereur Honorius, de la troisieme Aquitaine où Novempopulanie, fut ensuite occupé par les visigoths, & suivit le sort de la Gascogne depuis l'an 507 jusques vers l'an 613, que Clotaire II, roi de France, réunit les Aquitaines au reste de la monarchie.

Ce fut vers ce temps que les gascons pénétrerent dans la Novempopulanie. Après divers succès, l'Armagnac qui faisoit partie des états des ducs de Gascogne, se trouva compris dans le comté de Fezensac, qui échut en partage à Guillaume Garcie, deuxieme fils de Sanchès *le Courbé*, duc de Gascogne. Ce Guillaume mourut en 920, & laissa deux fils, dont le second nommé *Bernard* eut le comté d'Armagnac. En 1140 la race des comtes de Fezensac ayant fini, ce comté fut réuni à celui d'Armagnac en la personne de Geraud III.

Geraud V, douzieme comte d'Armagnac, eut plusieurs enfans de Marthe de Béarn, vicomtesse de Marsan, & mourut en 1283. Gaston, son fils cadet, forma la branche de *Fezensaguet*, & Bernard VI, son fils aîné, épousa Cécile, héritiere du comté de Rhodès. Cette alliance fut la source de la grande puissance où parvinrent dans la suite les comtes d'Armagnac. Dès l'an 1295, ce même Bernard avoit obtenu le comté de Gavre, & le château de Gavaret.

A Bernard VI succéda Jean I, son fils, qui hérita du comté de Lomagne, par Regine de Goth, fa premiere femme, & du comté de Charolois, par Béatrix de Clermont, fa feconde femme, & qui, de plus, fut maintenu, par arrêt de 1320, dans la poffeffion de la vicomté de Carlat, comme étant aux droits de Cécile de Rhodès fa mere. Ce feigneur s'intituloit, *par la grâce de Dieu*, comte d'Armagnac, de Fezenfac, de Rhodès, de Carlat, de Lomagne, de Charolois, de Gavre & des quatre vallées.

Jean III, petit-fils de Jean I, étant mort fans enfans mâles, les états de la province exclurent fes deux filles de fa fucceffion, dont ils déclarerent héritier fon frere Bernard VII. Celui-ci fut l'un des plus puiffans princes & des plus grands capitaines de fon fiecle. Mais fon ambition exceffive le précipita dans un abîme de crimes & d'atrocités. Il déclara la guerre à Geraud III, vicomte de Fezenfaguet, qu'il dépouilla de tous fes biens & qu'il fit inhumainement mourir avec fes deux fils. Ce dernier comte de Fezenfaguet poffédoit auffi le comté de Pardiac, parcequ'un de fes aucêtres avoit épousé l'héritiere des anciens comtes de Pardiac, qui portoient le nom de Montlezun, mais qui descendoient des comtes d'Astarac, sortis eux mêmes des ducs de Gascogne. Bernard VII avoit épousé Bonne, fille du duc de Berri, qui étoit lui-même fils du roi Jean; & il donna sa fille en mariage à Charles, duc d'Orléans, neveu de Charles VI. C'est ce qui l'attacha, durant les troubles du règne de ce monarque, aux intérêts de la maison d'Orléans, & ce qui le rendit chef du parti opposé à celui du duc de Bourgogne. Il assiégea Paris en 1412, & fut fait connétable de France en 1415. Il fit exiler la reine Isabelle de Baviere, & fut premier ministre de Charles VI. Enfin les bourguignons ayant surpris Paris en 1418, il y fut massacré le 12 juin. Ce comte laissa deux enfans, Jean IV qui lui succéda, & Bernard qui fut comte de Pardiac.

Jean IV fit l'acquisition du comté de Isle-Jourdain du duc de Bourbon. Son fils Jean V vécut de la maniere la plus scandaleuse & la plus criante. Il entretint un commerce incestueux avec Isabelle d'Armagnac, sa propre sœur, & l'épousa même solemnellement, au moyen d'une dispense, qui fut fabriquée, à l'insçu du pape Calixte III, par l'infâme *Ambroise de Cambrai*, alors Référendaire de la cour de Rome : c'est ce dont Jean lui-même convint dans le procès qui lui fut fait au sujet de cet horrible mariage. Ce comte eut de grandes guerres avec les rois Charles VII & Louis XI ; il fut tué, l'an 1473, en défendant la ville de Lectoure, ne laissant point d'enfans de Jeanne de Foix sa femme légitime.

Son frere Charles I prit le nom de comte d'Armagnac. Mais il fut fait prisonnier par les troupes du roi & envoyé à Paris. Ce ne fut qu'après une longue captivité qu'il obtint son rétablissement dans ses états à des conditions humiliantes. Il mourut en 1497, sans enfans.

Je dois vous observer ici, Madame, que Bernard d'Armagnac, comte de Pardiac, & comme je l'ai dit un peu plus haut, second fils de Bernard VII, forma une branche connue sous le nom d'*Armagnac-Nemours*, en épousant Eléonore de Bourbon, comtesse de la Marche & duchesse de Nemours, fille unique de Jacques de Bourbon II du nom, roi de Sicile. Jacques d'Armagnac, son fils, connétable de France, s'étant laissé entraîner dans les conjurations formées contre Louis XI, fut arrêté dans son château de Carlat, & amené à Paris, où après avoir été condamné comme criminel de lese-majesté par le parlement, il eût la tête tranchée en 1477. Je vous ai dit ailleurs que le barbare Louis XI fit placer les malheureux enfans du connétable sous l'échaffaud, afin que le sang de leur pere ruisselât sur leur tête. L'un d'eux nommé *Louis*, duc de Nemours, fut viceroi de Naples, sous Louis XII, & fut tué à la bataille de Cérignoles en Italie l'an 1503. En lui finit cette branche d'Armagnac Nemours.

Quant à la succession du comté d'Armagnac, voici la fin de ce qui la concerne. Après la mort du comte Jean V, le comté d'Armagnac fut déclaré confisqué & réuni au domaine par lettres patentes de l'an 1481. Charles, duc d'Alençon, petit-fils de

Marie d'Armagnac, sœur de Jean V, prétendit que la confiscation ne pouvoit avoir lieu, au préjudice des anciennes substitutions de la maison d'Armagnac, auxquelles il étoit appellé : il avoit de plus en sa faveur le testament de Charles I d'Armagnac, frere de Jean V. Pour terminer ce différend, le roi François I maria Marguerite de Valois, sa sœur, au duc d'Alençon, & en considération de ce mariage, lui rendit ainsi qu'à leurs descendans, le comté d'Armagnac, mais à condition que ce comté reviendroit au domaine à défaut d'héritiers.

Le duc d'Alençon mourut en effet sans enfans. Marguerite de Valois épousa en secondes noces Henri d'Albret, roi de Navarre, avec les avantages portés par son premier contract de mariage. Ce souverain étoit d'ailleurs petit-fils d'Anne d'Armagnac, sœur de Jean IV. Il ne laissa qu'une fille Jeanne d'Albret, reine de Navarre, qui épousa Antoine de Bourbon, duc de Vendôme, dont le fils unique Henri, devenu roi de France sous le nom de Henri

IV, réunit l'Armagnac à la couronne.

En 1645 Louis XIV disposa d'une partie de ce pays en faveur d'un prince de la maison de Lorraine, second fils du duc d'Elbœuf. C'est de ce prince qu'est sortie la branche de Lorraine-Armagnac, encore subsistante dans la personne des princes de Lambesc & d'Elbœuf.

Le comté d'Armagnac renferme deux diocèses, celui d'*Auſch*, & celui de *Leictoure*. Je vais, Madame, vous mettre sous les yeux un petit tableau des différens pays de ce comté, dans le même ordre que je les ai vus.

La partie qui avoisine le plus les Pyrénées s'appelle les *quatre vallées*; canton qui a ses privilèges & même de petits états. Ces quatre vallées que j'ai déja nommées, sont celles de Magnoac, dont la capitale s'appelle *Castelnau de Magnoac*; de Nestes, dont le chef-lieu est *la Barthe*, qui a donné son nom à une ancienne famille de Guienne; de Barrousse où se trouve *Mauléon*, & celle d'Aure, qui renferme *Arreu* & *Sarrancolin*, fameux par ses carrieres de marbre.

R 6

Il y a aussi dans cette vallée des mines de fer & de plomb. Ce pays est entouré de hautes montagnes qui font partie des Pyrenées.

Entre ces quatre vallées & le pays de Conserans j'ai trouvé une autre vallée plus grande, mais encore moins fertile : c'est la vallée d'*Aran*, dont la capitale s'appelle *Viella* ou *la Vieille*. C'est là que prend sa source la Garonne, qui a presque tout son cours dans la Guienne. Cette vallée est, pour ainsi dire, neutre & indépendante entre la France & l'Espagne : elle est du diocèse de Comminges.

Dans ce même diocèse, mais décidément en France, est le bourg de *Bagnéres de Luchon*, si peu connu il y a deux cents ans, que nos auteurs du seizieme siecle n'en font point mention. Aujourd'hui il est en réputation par ses eaux minérales beaucoup plus salutaires que celles de Bagnères en Bigorre : mais il s'en faut bien que le lieu soit aussi agréable.

En tirant à l'orient vers la Garonne, je suis entré dans le petit pays de *Verdun*, dont le principal lieu est sur les bords du fleuve, aussi-bien que *Grenade* ; l'un & l'autre sont par conséquent dans une situation agréable. Verdun a environ deux mille habitans, & Grenade beaucoup moins.

Je me suis ensuite rapproché du centre de la province & j'ai parcouru un petit canton nommé le *pays de Riviere*, parce qu'il est en effet arrosé de plusieurs rivieres & ruisseaux qui se jettent dans la Garonne. Une des plus considérables est la Save, sur laquelle est l'*Isle-Jourdain*, jolie ville qui a environ trois mille habitans, & où il y a une sénéchaussée. Elle a reçu le nom qu'elle porte, parcequ'elle est située dans une île formée par la riviere ; & qu'elle a appartenu à des comtes nommés *Jourdain*. Au seizieme siecle elle étoit fortifiée, & elle a soutenu plusieurs sieges ; mais ses fortifications ont été démolies.

A l'occident de ce petit pays, est l'*Astarac*, dont la capitale est *Mirande*, petite ville bâtie au treizieme siecle, qui contient, tout au plus, un millier de personnes. Il y a plusieurs autres petites villes ou bourgs encore moins considérables. L'Astarac est fertile & coupé de rivieres. Cependant on n'y fait pas un grand commerce; mais les vivres y sont à bon marché. Ce pays a eu, dès le dixieme siecle, ses comtes particuliers qui descendoient des ducs de Gascogne. Leur branche subsista jusqu'à l'an 1504, que Marthe, fille du dernier comte, épousa Gaston de Foix-Grailly, qui portoit le titre de comte de Candale, en vertu d'une prétention que sa maison avoit sur une comté-pairie d'Angleterre. L'arriere-petite-fille & héritiere de celle-ci épousa, au commencement du dix-septieme siecle, Jean Louis de Nogaret duc d'Epernon, & lui porta en dot le comté d'Astarac, & plusieurs autres terres dont les anciens comtes avoient hérité. Mais les ducs d'Epernon n'en posséderent aucune qu'à titre de simple seigneurie, Gaston de Foix-Candale ayant abandonné au roi toutes ses prétentions sur la souveraineté d'Astarac. En 1661 les biens du dernier duc de Candale-Nogaret ayant été vendus par décret, le duc de Roquelaure les acheta; & l'Astarac a du passer à ses petites-filles les princesses de Léon, de Rohan-Chabot & de Pons-Lorraine.

Après être sorti de l'Astarac par le nord, & à une petite distance de ce canton, je suis arrivé à la ville d'*Ausch*, située sur la riviere de Gers, & regardée comme la capitale de la Gascogne : elle l'est du moins de l'Armagnac. C'est une métropole ancienne & illustre, & un des plus riches bénéfices du royaume. L'évêché existoit dès le quatrieme siecle ; mais il ne fut érigé en archevêché qu'au dixieme. Cette ville a pris son nom de ses anciens habitans qui s'appelloient *Auscij :* La ville même étoit nommée *Augusta Ausciorum*. Elle avoit été, dit-on, prise par Crassus, & ne fut regardée comme colonie latine que sous Tibere. Les comtes d'Armagnac y faisoient leur résidence, sans préjudice des droits des archevêques, qui en ont toujours été seigneurs en partie, ne relevant que des rois de France & des ducs de Guienne.

Cette ville se divise en haute & basse. Pour passer de l'une à l'autre on monte quelques marches. La cathédrale & le palais archiépiscopal sont dans la haute. L'église est vaste & fort ancienne; car on prétend qu'elle est du temps de Clovis, par conséquent gothique & de mauvais goût : mais elle a été ornée & décorée magnifiquement à différens temps par ses archevêques. La boiserie du chœur passe pour un chef-d'œuvre : elle est d'un goût un peu moins que gothique, mais fort bien travaillée pour les ornemens & la fécondité de génie que l'on remarque de tous les côtés. Le vitrage de cette église est regardé comme un ouvrage incomparable. Le palais du prélat a une très belle vue.

Il y a dans la ville d'Ausch un présidial, une sénéchaussée & une généralité. Cependant on n'y compte que trois ou quatre mille habitans, le commerce y étant peu considérable. Mais on s'y procure à peu de frais tout ce qui est nécessaire à la vie, & même tout ce qui peut la rendre douce & agréable.

A quelques lieues nord-ouest d'Ausch, j'ai vu les restes de l'ancienne ville d'*Eause*, autrefois *Elusa*, capitale du pays des *Elufates*, & enfuite de toute la Novempopulanie ou troifieme Aquitaine. Les goths s'en emparerent au cinquieme fiecle ; & quelque temps après, Clovis la conquit fur eux. Les gafcons s'y maintinrent fous la protection de ce monarque & de fes fucceffeurs. Mais dans le neuvieme fiecle, fous le règne de Louis *le Débonnaire*, elle fut ruinée par les Normands. Les habitans qui furvécurent à ce défaftre, fe réfugierent à Aufch, où l'évêché d'Eaufe fut transféré. La place où étoit l'ancienne ville, s'appelle encore *la Ciutat* (la Cité). On y voit des reftes d'antiquités, des ruines ; & l'on y découvre fréquemment, en labourant la terre, des mafures de marbre & d'anciennes monnoies romaines. A quelque diftance, eft le bourg qui a retenu le nom d'*Eaufe* : le canton des environs s'appelle l'*Eaufan*.

A l'occident de la ville d'Aufch, fur la riviere de Midouze, eft *Nogarot*, ville autrefois confidérable & capitale du bas Armagnac. Elle eft aujourd'hui réduite à cinq ou fix cents habitants, & elle dépend du duché d'Albret. Il s'y est tenu deux conciles aux treizieme & quatorzieme siecles; elle n'est cependant pas épiscopale.

En revenant vers l'orient je suis entré dans le comté de *Fezensac*, dont les seigneurs ont autrefois dominé dans l'Armagnac même, puisque, comme je l'ai dit plus haut, ils étoient les aînés des comtes de ce dernier nom. La capitale qui s'appelle *Vic-de-Fezensac*, a environ deux mille habitans. Du Fezensac dépend le *Fezensaguet*, dont le chef-lieu est *Mauvezin*, & qui ne renferme aucun lieu considérable.

Au nord de la ville d'Ausch, sur la riviere de Gers, est la petite ville de *Fleurance*, peuplée d'environ deux mille cinq cents personnes. Elle est la capitale d'un canton qui s'appelle le *Gavre*, & qui a eu ses comtes particuliers de la maison de ceux de Fezensac & d'Armagnac.

Le bourg de *Leyrac*, peu éloigné de la Garonne, est le chef-lieu d'un petit pays que l'on appelle le *Brullois*. On y compte environ deux mille habitans.

Enfin la *Lomagne*, située au nord-est de l'Armagnac, forme une assez grande partie de ce district. Elle a pour capitale *Lectoure*, où il y a un évêché, un présidial, une sénéchaussée & plusieurs couvens. Quelques auteurs prétendent qu'elle s'appelloit anciennement *Tauropolium* (*la ville des Taureaux*). Mais ce mot qui est dans une inscription qu'on lit sur le perron de la prison de l'officialité, signifie *un sacrifice de taureaux fait à la mere des dieux.*

Cette ville étoit très-forte avant l'invention du canon, étant entourée d'une triple muraille, & défendue par un bon château. Au commencement du quatorzieme siecle, le roi Philippe *le Bel* en acquit le domaine d'un comte de Talleyrand-Périgord. Elle est aujourd'hui une des villes les plus considérables de l'Armagnac. Nos anciens cosmographes lui donnoient même le titre de capitale. Cependant les anciens seigneurs résidoient à *Vic-de-Lomagne*, autrement *Lavit* ou *Labit*, bourg qui renferme environ deux mille habitans.

Il y avoit dans ce même canton une autre petite ville nommée *Au-*

villars, avec titre de vicomté & un château : elle est située sur la Garonne. Le château a été démoli, & la vicomté unie au comté d'Armagnac.

Au reste, les anciens seigneurs de Lomagne n'avoient rien de commun avec ceux d'Armagnac. Depuis le commencement du quatorzieme siecle cette seigneurie a passé successivement dans plusieurs grandes maisons, & a été enfin réunie à celle d'Armagnac, dont elle a suivi le sort. Cependant des cadets de la maison de Lomagne ont formé des branches qui après avoir subsisté long-temps, se sont éteintes dans les maisons de Cassagnet-Fimarcon & de Grossoles-Flamarens, &c. Les derniers de la maison de Lomagne portoient le surnom de *Terride*.

Je suis, &c.

A Lectoure, ce 18 septembre 1761.

FIN.

TABLE DES MATIERES
CONTENUES DANS CE VOLUME.

LETTRE CDXXX.

Suite du Languedoc.

Diocèse d'*Aleth*, ses limites. page 1
Mines & productions de ce pays. 2
La ville d'Aleth, son évêché, &c. 3
La ville de *Limoux*; le comté de *Razès* & son histoire. 4
Le village de *Rennes*, fontaine d'eau minérale. 5
Autres lieux de ce diocèse. Le pays de Sault. Ibid.
Diocèse de *Carcassonne*, ses limites, son terroir, ses manufactures. 6
Situation de la ville de *Carcassonne*; fables concernant son origine. 7
Les goths s'y établissent. Sieges que soutient cette ville. Elle est prise par Charlemagne; conduite d'une Héroïne qui la défendoit. 8
Fondation remarquable de l'abbaye de *Notre-Dame la Grasse*. Poëme en langue catalane. 10
Comtes établis à Carcassonne. Ibid.

Les Trincavel y rentrent. Elle est prise par les croisés, & le comté réuni à la couronne. 11

Division de la ville de Carcassonne ; ce qu'on voit dans la haute. 12

Description de la basse-fontaine remarquable. 13

Le village de *la Canette* ; mine d'argent. 14

LETTRE CDXXXI.

Suite du Languedoc.

Haut-Languedoc. Son climat, son terroir & sa division. 15

Le *Lauraguais* ; son histoire, seigneurs qui l'ont successivement possédé ; comment réuni à la couronne. 16

Le haut *Lauraguais*. Diocèse de *Saint-Papoul*, & son territoire. Ville de ce nom. 18

La ville de *Castelnaudarry* ; sa situation. Grands hommes qu'elle a produits. 19

Mas-Saintes-Puelles-Avignonet. 20

Le bas *Lauraguais*. Diocèse de *Lavour* & ses productions. Ibid.

Histoire de la ville de *Lavour* ; siège qu'elle a soutenu. 21

Expédient dont se servent les assiégeants pour s'en emparer, massacre horrible qui s'y fait. 22

Trait de cruauté de Simon de Montfort ; chevaliers mis à mort, albigeois brulés. 23

Concile tenu à Lavour, ses fortifications détruites, son évêché. 24

Les petites villes de *Revel*, de *Sorèze* & de
Puy-Laurens. 25

LETTRE CDXXXII.

Suite du Languedoc.

L'*Albigeois*. Diocèse de Castres & ses produc-
tions. 27
La ville de *Castres*, son origine & son his-
toire. Ibid.
Palais épiscopal, jardins remarquables; com-
merce de la ville de Castres; grands hommes
qu'elle a produits. 29
Mines de turquoises; ce qu'elles ont de sin-
gulier. 30
Belle chartreuse près de *Faix*. 31
Le village de *la Roquette*. Le roc qui tremble;
ce que c'est. Grotte souterraine. Ibid.
Le diocèse d'*Albi*, & ses productions. 33
Histoire de l'Albigeois; vicomtes d'Albi. Ibid.
Hérétiques albigeois; marque à laquelle on
les reconnoissoit. 35
Evêques d'Albi; cathédrale remarquable,
palais de l'archevêque. 36
Belle promenade autour de la ville. 38
Le faubourg de *Chateau-Vieux*; population
& manufactures d'Albi. Ibid.
La petite ville de *Gaillac*; commerce de ses
vins. 39
Les petites villes de *Lautrec*, de *Rabastins* &
de *Réalmont*. Ibid.

LETTRE CDXXXIII.

Suite du Languedoc.

Le pays *Toulousain*; son étendue. 40
Le diocèse de *Toulouse* & ses productions. Ibid.

Situation de la ville de *Toulouse*; sa prétendue origine; côteau appellé le *Puy-David*. 41
Toulouse capitale des Volces-Tectosages; expédition que font ces peuples. 42
Annibal traverse leur pays. 43
Les romains s'en rendent les maîtres. 44
Lieux où étoient deux anciens châteaux. Moulin du *Basacle*. Ibid.
Description de ce moulin remarquable. 45
Château narbannois; par qui anciennement habité; sa description. 46
Ancien temple d'Apollon; trésors qu'on y gardoit sous le nom d'*or de Toulouse*. 48
Consul romain qui s'empare de ce trésor. Circonstance qui a donné lieu à cette expression d'*or de Toulouse*. Ibid.
Etablissement du christianisme dans Toulouse. 50
Ancien capitole de cette ville. Origine de l'église du *Taur*. Ibid.
Fondation de l'église cathédrale; cloche appellée *la cardaillac*. 51
Église de *la Daurade* & de *Saint Sernin*; ce qu'elles étoient anciennement. 52
Temple de Pallas transformé en église de *la Daurade*; par qui & comment; Statue de *Notre-Dame la Noire*. 53
Ancien tombeau de la reine Raguachilde. Pourquoi fut-elle sur-nommée *Pedauque* ou *Pied-d'Oie*. 54
Ruines d'anciens bains. Ibid.
Embellissemens faits à l'église de *la Daurade*; histoire de son chapitre. 55
Cimetiere de cette église. 56
Monastere des bénédictins de St-Maur. Ibid.

Temple

Temple d'Apollon transformé en église de
Saint-Sernin; reliques qu'on y rassemble.
57
Description de cette église; chapelles souter-
raines, châsse remarquable. 58
Eglise des *Carmes*; tableau curieux; à quelle
occasion il fut placé. 59
Eglise des *Dominicains*; ancienne cellule de
St. Dominique; commencement de l'in-
quisition. 60
Tombeau de St. Thomas d'Aquin. 61
Eglise des *Cordeliers*, Charnier fameux; corps
de la *belle Paule*. Ibid.
Prieuré de l'ordre de Malte. 62
La Chartreuse. Confrérie de pénitens. 63
Ancien temple du capitole transformé en cha-
pelle. 64
Capitouls de Toulouse; leurs privilèges. Ibid.
Remarques sur la noblesse que ces magistrats
acquerent; anciens capitouls des maisons
les plus illustres. 65
Corps de garde du capitoul. 68
Consistoires du capitole. Statue de *Clémence
Isure*; jeux floraux. Ibid.
Remarques sur l'existence de cette femme
célebre. 70
Petit consistoire; registres de l'hôtel-de-ville,
ornés de belles miniatures; ce qu'elles re-
présentent. 71
Galerie des hommes illustres. 72
Bustes d'autres hommes illustres qu'on voit
dans cette galerie. 73
Colléges de Toulouse; beau morceau de sculp-
ture. 74
Amphithéâtre d'anatomie; séminaires, mai-
sons religieuses, &c. 75

Tome XXXIII. S

TABLE

Intérieur de la ville de Touloufe ; pont re-
marquable. 76
Commerce & population de cette ville. 77
Grands hommes de lettres qu'elle a produits. 78
Juifs qui habitoient anciennement Touloufe ;
amende honorable à laquelle ils étoient af-
fujettis. 79
Jurifdiction de l'archevêque de Touloufe. 80
Anecdote finguliere fur le lieu de *Verfeuil*.
Ibid.
Maifon de campagne nommée *Grouille*; vers
de Bachaumont & de Chapelle. 81
La petite ville de *Caftel-Sarrafin*. 82
Les bourgs de *Valentine* & de *Saint-Béat*. Ibid.
Le diocèfe de *Rieux*, & fes productions. Ibid.
La ville de *Rieux*; clocher & carillon remar-
quables. 83
Notice fur un habile muficien aveugle de
naiffance ; têtes de divinités payennes. 84
Monaftere de feuillans ; notice fur le B. *Jean
de la Barriere*. Ibid.
La petite ville de *Montefquiou*. 85
Autres lieux de ce diocèfe ; mines, eaux mi-
nérales, fontaine avec flux & reflux, pont
naturel & grotte. 86.

LETTRE CDXXXIV.

Suite du Languedoc.

Le diocèfe de *Mirepoix* & fes productions;
87
La ville de Mirepoix ; fon évêché. Ibid.
Les bourgs de *Laurac*, du *Carlat* & de *Fan-
jaux*. 88
Fontaine remarquable de *Fonteftorbe*. Ibid.
Maifon de *Lévis*, à laquelle appartient la
ville de Mirepoix.

DES MATIERES.

Pourquoi ces seigneurs ont pris le titre de maréchal de la Foi. 90
Origine de la maison de *Montfort*. 91
Ancienne maison de souverains du Languedoc. 92
Autres maisons illustres de cette province. *Faudoas de Montégu*. 94
*Cornusson la Valette. Purisot, D*e *Paule, Castelper, Rigaud de Vaudeville, Mauremont, Villeneuve, Montesquieu, Saint-Jorry, Castelnau d'Estretefons, Lanta.* 95
La Valette-Nogaret. Isalguié de Morinville. Astore de Montbartier. Montesquiou du Faget. 96
Polastron de Saint-Cassian. Escars de la Mothe. Puget de Saint-Alban. 97
Du bourg de la Pérouse. Durfort de Deyme. 98
La Vethe-Fontenille, Villemur de Palluz, Saint-Sivié de Montaud. Nigry ou Lenoir. Voisins. Monssoleins, Ars, Cabanac, Saint-Sulpice. 99
Rabasteins de la Tour, d'Adhémar, d'Hurpoul, & autres. Lautrec. Moutsa, Rochefort, Corneillau. 100
Fridolet de Lubens. Verdale. Lordat, Goleja, Hautpoul, & autres. Bertrand de Villette, Béon de Cazeaux. 101
Séguier, Pelet, Roquefeuil. 102
Thoyras-Bermoud-du-Caylard, de Sarret, Castries, Calvisson, à présent Louet. 103
Noms, & courtes notices d'autres maisons anciennes du Languedoc. 104

LETTRE CDXXXV.

Le Roussillon

Situation & bornes du *Roussillon*. 107

S 2

Etymologie du mot Roussillon; division de cette province. 107
Premiers habitans du Roussillon. 108
Peuples qui l'habitoient lors du passage d'Annibal. 109
Conquête qu'en font les Romains. Ibid.
Les barbares s'y établissent; le roi Pepin les en chasse. 110
Premiers comtes du Roussillon, divisé en deux comtés. 111
Il tombe sous la domination des rois d'Aragon. Ibid.
Il devient le partage des rois de Majorque guerres qui l'agitent; le roi d'Aragon s'en empare. 112
Le Roussillon cédé en engagement à Louis XI, est réuni à la France. 113
Il est rendu au roi d'Aragon, devenu roi d'Espagne. 114
Il se donne à la France; & lui est cédé par un traité. 115
Etablissement du christianisme dans le Roussillon. Ibid.
Création du tribunal de *l'inquisition* & autres. 116
Ancien évêché d'*Alne*; sa translation à Perpignan. 117
Séparation du Roussillon des provinces voisines; description générale de celles-ci. 118
Montagnes du Roussillon; plaines qu'on voit sur leur sommet. 119
Le *Canigou*; sa description. 120
Tours anciennes sur les montagnes du Roussillon. Ibid.
Grottes souterraines sous ces montagnes. 121
Description de l'ensemble de ces montagnes. Ibid.

Terroir du Roussillon. 122
Rivierres qui l'arrosent; la *Tet*, le *Tec*, l'*Agly*,
l'*Aude*, la *Segre*. 124
Etangs & lacs du Roussillon. 125
Mines de cette province. 126
Température du climat. Ibid
Vents qui soufflent dans le Roussillon. 127
Population & caractere des habitans. 128
Leur amour pour le travail ; montagnes qu'ils
 cultivent. Ibid
Commerce du Roussillon. 129
Conseil supérieur de cette province. 130
Autres tribunaux. 131

LETTRE CDXXVI.

Suite du Roussillon.

Comté de Roussillon; description de la plaine
 de ce nom. 133
Canaux remarquables. 134
Productions de cette plaine. 135
La ville de Perpignan ; sa situation ; pont re-
 marquable. 136
Egout curieux à voir. 137
Histoire de la ville de Perpignan. Ibid
Fauxbourgs, remparts, places, rues & fontaines
 de cette ville. 139
Fortifications. 141
Citadelle. 142
Donjon; dextrochere qu'on y voit. Ibid
Puits remarquable. 143
Eglise cathédrale de Perpignan; sa description.
 144
Grande figure de Saint Jean ; superbe osten-
 soire. 145

Trésor de cette église. 146
Clergé de ce chapitre; son habillement. 147
Boursiers de ces ecclésiastiques; *Paioffe*; ce
    que c'est. 148
Privilége des ecclésiastiques de cette église. 149
Autres églises & maisons religieuses de Perpi-
    gnan. Ibid
Université; chaires données au concours, &
    ce qui se pratique dans cette circonstance.
    150
Election du recteur. 151
Hôtel des monnoies. 152
Consuls de Perpignan; dans quel corps ils
    sont pris. Ibid
Leur habit de cérémonie. 153
Beau privilége accordé à ces officiers muni-
    cipaux. 154
Siéges qu'a soutenu cette ville; pourquoi les
    habitans appellés *mange-rats*; trait admi-
    rable de patriotisme d'un commandant. 156
Décoration des églises, les jours des grandes
    fêtes 158
Décoration de la cathédrale le jeudi-saint. Ibid
Décoration de la même, le jour de la fête-
    dieu. 160
Autres décorations théâtrales. Ibid
Cérémonies religieuses 161
Procession des *flagellans*; par qui ouverte;
    pénitens & leurs *mystères*. 162
Représentation de J. C. montant au calvaire.
    164
Personnages singuliers; *les Saints Jérômes* &
    les traîneurs de chaines. 165
Les *damejaunes*, les *barres de fer*, les *flagel-
    lans*. 166
Danses publiques; quelle espece de danses. 167

Décoration de la place de l'hôtel-de-ville dans les bals publics, & dans les bals masqués. 169

LETTRE CDXXXVII.

Suite du Roussillon.

La petite ville de *Vernet*; ce qu'elle offre de curieux. 171
Château-Roussillon, reste de l'ancienne *Ruscino*. 172
La vicomté de *Canet*. Ibid
La petite ville de *Rivesalte*; ses vins muscats. 173
L'ancienne petite ville d'*Opol*. Ibid
Le village de *Salses*; sa fontaine d'eau salée. 174
Château fort. Ibid
La ville de *l'Ille*; la beauté de ses environs; couvent de cordeliers. 175
Le village de *Corbere*, grotte souterraine. 176
La ville d'*Elne*; son ancien nom; origine de celui qu'elle porte. 177
Camp d'Annibal; tombeau de l'empereur Constant. 178
Eglise d'Elne; sa description. 179
Cloître de cette église; statue remarquable. 180
Restes de la ville d'Elne; sa situation. 181
Les villages de *Saint-Jean-de-pla-de-cors* & de *Volo*. 182

LETTRE CDXXXVIII.

Suite du Roussillon.

Le *Vallespir*; ses bornes & sa division. 184
Description générale du *Haut-Vallespir*. Ibid

—lu *Bas-Vallespir*. 185
La petite ville d'*Argelès*. 186
Coliouvre; description de cette place forte. Ibid
Port-Vendres ; son ancien nom ; sa description;
 rétablissement de ce port. 188
Crypte du *Bernadell*. 189
Bellegarde, sa forteresse ; sa description. 190
Prats-de-Mollo, place forte ; sa description.
 191
Eaux thermales de *la Preste*. 193
Le village de *Custujas*; son ancienne église. Ibid
La ville d'*Arles* ; origine de son nom. 194
Tombeau qui contient une eau qui ne tarit
 jamais ; son histoire. Ibid
Le *Fort-des-Bains*, forteresse. 196
Le village des *Bains* ; antiquité & description
 de ces bains. 197
La ville de *Ceret* ; par qui bâtie. 198
Fontaine curieuse; environs de cette ville. 199
Par quoi elle est connue dans notre histoire. 200
Pont remarquable. Ibid.
Restes d'une ancienne église. 201

LETTRE CDXXXIX.

Suite du Roussillon.

Le *Conflent*; description générale de ce pays.
 202
La petite ville de *Vinça*; fontaines qu'on y voit.
 203
Siéges qu'a soutenus cette ville; eaux minérales.
 204
Le village de *Moitx* ; ses eaux thermales.
 Ibid.
Couvent de *Notre-Dame de Corbiac*. 205.

La petite ville de *Prades* ; par qui bâtie. Ibid.
Sa situation ; belle pleine de Prades. 206
L'abbaye de *Saint-Michel de Cuxa* ; par qui fondée. 207
Le village d'*Arriat* ; famille illustre qui y a pris naissance. 208
La petite ville de *Cornella* ; son ancien palais, son église. 209
Les bourgs de *Vernet* & d'*Anyer* ; leurs eaux thermales. 210
Villefranche ; origine de son nom ; sa description. Ibid.
Situation de cette ville forte ; son château ; prison souterraine. 211
Caverne remarquable. 212
Description générale du Capsir ; productions du sol de ce pays. 213

LETTRE CDXL.

Suite du Roussillon.

La *Cerdagne* ; origine de son nom ; ses bornes. 215
Cerdagne française ; sa description générale. 216
Colline nommée *Col de la perche*. Ibid.
Qualité du sol. 217
La ville de *Mont-Louis* ; sa situation, sa description. Ibid.
Forme de son enceinte. 218
Description de sa citadelle. 219
Villages de la Cerdagne française, *Planès*, *Escaldas* ; description de ses bains. 221
Vallée de Carol. 222

LETTRE CDXLI.

Le comté de Foix.

Bornes & division du comté de Foix. 224
Histoire abrégée de ce pays ; ses révolutions; ses souverains. 225
Climat, productions, forêts & mines du haut-comté de Foix. 226
Productions & agrémens du bas-comté. 227
Rivieres qui arrosent ce pays: l'*Ariège*; maniere d'en tirer l'or qu'elle roule. 228
Cours remarquable de la riviere de *Rise*. 229
Source qui a son flux & reflux; eaux minérales. 230
Ce que renferment les montagnes; lin minéral. Ibid.
Ce qu'on fait de ce fil; possibilité de le mettre en œuvre. 231
Explication d'un savant à ce sujet. 232
Caractere des habitans du comté de Foix. 234
Etat de cette province, ordres qui les composent. Ibid.
Quand & comment ils s'assemblent. 235
Administration judiciaire du comté de Foix. 236
Administration ecclésiastique de ce pays. 237

LETTRE CDXLII.

Suite du comté de Foix.

Bornes & productions du *Donnezan*. 238
Par qui ce pays a été possédé. Ibid.
Son seigneur actuel, & ses deux paroisses. 239
Bornes & productions de la vallée ou pays

DES MATIÈRES. 413

d'*Andorre*. 240
Le village d'*Ourdines*. 241
La ville de *Foix* ; sa situation & son origine. Ibid.
Abbaye de Saint-Vclusien ; par qui fondée. 242
La petite ville de *Tarascon*. Ibid.
La ville de *Pamiers* ; son ancien nom. 243
Ce qu'elle a été autrefois, & par qui possédée. Ibid.
Ce qu'on y voit de remarquable. 244
La petite ville de *Saverdun* ; son château, ce qu'il étoit autrefois. 245
Notice sur le pape Benoît XII, natif de cette ville. 246
La petite ville de *Mazeres*. 247
Le village du *Carlat* ; notice sur *Bayle* qui y a pris naissance. 248

LETTRE CDXIII.

Le *Béarn*.

Etendue & bornes du Béarn. 250
Son histoire, son état sous les romains & sous les goths. Ibid.
Les gascons s'y établissent ; ses premiers vicomtes. 251
Centulle I, & ses successeurs. 252
Centulle IV, & Gaston III ; ce que l'on conserve de lui. 253
Centulle V. Les *Gavaret* deviennent vicomtes de Béarn. 254
La principauté de Béarn passe dans la maison de *Moncade*. Election singuliere de l'un des deux jumeaux. Ibid.
Gaston 255

Gaston VII; établissement de la *Cour Majour*. 256

Les comtes de *Foix* deviennent princes du Béarn. Gaston sur-nommé *Phœbus*, & pourquoi. 257

Maison de *Foix-Grailly*. Gaston XIII, & ses successeurs. 258

Le Béarn porté dans la maison d'*Albret* : les erreurs de Calvin s'y répandent. 259

Qualité & productions du sol du Béarn. 260

Mines, arbres antiques; eaux thermales. 261

Gaves ou rivieres du Béarn, & leur cours. 262

Population & commerce du Béarn. 264

Etats du Béarn; de combien d'ordres composés. 265

Barons de ces états; *abbés laïcs*, *abrégé des états*. 266

Ces états donnent leur avis sur le mariage d'une reine de Navarre; prétendans qui se présentent. 267

Raisons qui détermine l'avis de ces états. 268

Baronnies illustres du Béarn; de *Navaille* d'*Andouins*. 269

Baronnies de *Lescun*, de *Miossens*. 270

Baronnies d'*Arros*, de *Doumy*. 271

Conseil souverain & parlement de Béarn. 272

Sénéchaussée; juges appellés *Jurats*. Ibid.

Fors & coutumes du Béarn. 273

Articles remarquables écrits en béarnois. 275

Serment prêté par Louis XIII. 277

Evêchés de Béarn. 278

LETTRE CDXLIV.

Suite du Béarn.

Sénéchaussée d'*Oléron*; son étendue. 275

La ville d'Oléron; bourg de *Sainte-Marie*;
établissement du siége épiscopal; commerce.
 280
La petite ville de *Moneius*; son terroir, ses
mines. 281
Sénéchaussée de *Pau*, son terroir; situation
de la ville de ce nom. Ibid.
Origine du nom qu'elle porte. 282
Son ancien château. 283
Fabrique de la monnoie. 284
Académie de Pau, sa manufacture, son commerce; hommes célebres qu'elle a produits.
 285
Environs de Pau; quartier de *Jurançon*. 286
La ville de *Lescar*, où & comment elle a été
bâtie. Ibid.
Son évêché; dommages qu'elle a soufferts de la
part des calvinistes. 287
La petite ville de *Nay*; ses manufactures. 288
Le bourg de *Gan*; source d'eau remarquable;
notice sur un homme de lettres célebre. Ibid.

LETTRE CDXLV.

Suite du Béarn.

Sénéchaussée de *Morlos*; ville de ce nom, &
ce qu'elle a été. 291
Ancienne fabrique de monnoie dans cette ville,
& le nom qu'elle portoit. 292
La petite ville de *Lambaye*. 293
Sénéchaussée d'*Ortez*; ville de ce nom; maux
qu'elle a soufferts de la part des calvinistes.
 Ibid.
Ancienne forteresse appellée le *Château-Noble*.
 294

Mort tragique du fils d'un prince de Béarn. 295
Sûr échauffée de *Sauveterre* ; ville de ce nom.
  296
La ville forte de *Navarreins*. Ibid.
La petite ville de *Saillis* ; source d'eau salée. 297

LETTRE CDXLVI.

La Basse-Navarre.

Bornes de la *Basse-Navarre* ; petite partie du royaume de ce nom. 298
Ses premiers habitans ; son premier roi. Ibid.
Descendans de ce prince. 299
Le roi de France devient roi de Navarre ; ce royaume est porté dans la maison d'*Evreux*. Charles *le mauvais*, son caractere & sa mort. 300
Son successeur. Ce royaume est usurpé par le roi d'*Aragon*. 301
Merindades qui le composoient alors. 302
La Basse-Navare réunie à la couronne de France. Ibid.
Terroir & rivieres de ce pays. 303
Montagnes, mines, caractere des habitans, & commerce. 304
Etats de la Basse-Navarre. Ordre du clergé. 305
Ordre de la noblesse. Terre d'*Agramont* ou de *Gramont*, de *Bidache*, d'*Ostabat* & de *Luxe*. 306
Tiers-état. Don gratuit. Maniere d'opiner en matiere de finances. 307
Alcades ou juges d'épée. Code de la Basse-Navarre. Article remarquable. 308
Prieurés-curés de ce pays. 309
La ville de *Saint-Jean-pied-de-port*. Ibid.

Le *Val-Carlos*. 310
La ville de *Saint-Palais*. Ibid.
Le duché-pairie de *Gramont*. 311

LETTRE CDXLVII.

La Gascogne.

Ancienne étendue de la *Gascogne* : pourquoi certains peuples sont appellés *gascons*. 312
Bornes de la Gascogne ; ancienne Aquitaine, & ses trois divisions. 313
Les goths maîtres des trois Aquitaines. 314
Les gascons s'établissent dans la Gascogne. 315
Premier duc de cette province. 316
Eudes I ; ses conquêtes, sa puissance, ses pertes. Ibid.
Herald & ses successeurs. 318
L'arriere-garde de l'armée de Charlemagne défaite par les gascons. 320
Fils de Charlemagne né en Gascogne, & établi roi d'Aquitaine. Ibid.
Duc amovible de Gascogne, & ses successeurs. 322
Histoire de la Gascogne liée à celle de la Guyenne. 323
Terroir, productions & climat de la Gascogne. 324
Rivieres qui l'arrosent. Ibid.
Caractere des habitans de ce pays. 325
Différentes contrées de cette province. 326

LETTRE CDXLVIII.

Suite de la Gascogne.

La *Couserans*, ses bornes, son terroir, ses rivieres, son climat. 327

Premiers habitans du Couserans, & ses vicomtes. 328
La ville épiscopale de *Saint-Lizier*, & *Saint-Giron*. 329
Le *Comminges*, ses bornes, ses anciens habitans. Ibid.
Premiers comtes de ce pays. 330
Maisons encore subsistantes, qui portent le nom & les armes de Comminges. 331
Haut-Comminges ; son climat & ses productions. 332
Bas-Comminges; son terroir & son climat. Ibid.
Habitans de ce pays ; leurs privilèges. 334
Evêché & ville de *Lombez*. Ibid.
La petite ville de *Maret*, siège mémorable qu'elle a soutenu ; action de Saint-Dominique. 335
La petite ville de *Montrejau*, sa situation. 336
Le *Rebouzan*, son climat, son terroir, ses vicomtes. Ibid.
La ville de *Saint-Gaudens* ; ce qu'il y a de curieux. 337
Le village de *Cassagnadere* ; notice sur le cardinal d'*Ossat* qui y prit naissance. 338
La ville de *Saint-Bertrand* ; sa fondation. 339
Evêché de Comminges; la petite ville de *Saint-Béat*. 340
Le comté de *Bigorre*, & son histoire abrégée. Ibid.
Division de ce comté en trois parties ; climat, terroir, montagnes, le *Pic du midi*, *Arbesté*. 341
Etat du Bigorre. 343
Vicomtés de *Lavedan* & d'*Aster* ; baronnie de *Benac*. 344
Baronnie d'*Antin* ; notice sur madame de Montespan. 345

DES MATIERES. 425

Seigneurs de *Beaudau*, & ceux d'*Ossun*. 346
Caractere des habitans du Bigorre. Ibid.
La ville épiscopale de *Tarbes*. 347
La petite ville de *Vic de Bigorre*; bourg de
Bagnieres, ses eaux. Ibid.
Bains de *Barège*, & eaux de *Cauterets*. 348
Le bourg de *Lourde*; son château. Ibid.
Le *Rustan*, le bourg de *Saint-Sever*. 349
Notice sur des peuples de Bigorre, appellés
Cagots, *Capots*, ou *Gahets*. Ibid.

LETTRE CDXLIX.

Suite de la Gascogne.

Le Pays des *Basques*, & sa division. 353
La vicomté de *Soule*; ses bornes, & son histoire abrégée. Ibid.
Production de ce pays; rivieres qui l'arrosent;
son commerce, ses montagnes, ses bois. 355
Etats du pays de *Soule*. 359
Jurisdictions de ce canton. 357
Le lieu de *Mauléon*; homme célebre qui y naquit. 358
Le pays de *Labourd*; origine de ce nom & de celui des *Basques*. 359
Histoire abrégée du *Labourd*. 360
Productions & rivieres de ce pays. Ibid.
Assemblée appellée le *Beliac*; caractere des basques, expédition qu'ils ont faite en Amérique. 361
La ville de *Bayonne*, sa situation & l'origine de son nom. 362
Division de cette ville, sa description. 364
Citadelle de Bayonne. 365
Evêché de cette ville; notice sur *Saint-Léon*. Ibid.

TABLE

Eglise cathédrale de Bayonne. 366
Corps municipal. 367
Population & commerce. Ibid.
Juifs établis à Bayonne. 368
Hommes célebres qu'a produits cette ville. Ibid.
La ville de *Saint-Jean-de-Luz* ; le village d'*Andaye* ; château remarquable par son point de vue. 369
Château de *Grammont* ; terres de *Guiche* & de *Bidache*. 370

LETTRE CDL

Suite de la Gascogne.

Le pays des *Landes*, sa situation, ses anciens habitans. 371
Ce que signifie ce nom ; terroir de ce pays. Ibid.
Chemins pour aller de Bayonne à Bordeaux. 372
La vicomté d'*Urt* ou *Aort*, son chef-lieu. 373
La ville épiscopale d'*Acqs*, sa population, son ancien nom. Ibid.
Abrégé de son histoire. 374
Singularités d'histoire naturelle qu'on voit dans cette ville. 375
Tombeaux remarquables dans une église. 376
La petite ville de *Tartas* ; origine de son nom. Ibid.
La petite ville d'*Albret* ; comment s'écrivoit anciennement ce nom. 377
Seigneurs qui ont possédé ce duché. Ibid.
Titre que prenoient les seigneurs d'Albret. 378
La *Chalosse* ; son climat & son territoir. 379
Division de ce pays ; la ville de *Saint-Sever*

qualifiée de la capitale de la Gascogne ; fondation de son abbaye ; sa situation, sa population, son commerce, 380
Le *Tursan*. La ville épiscopale d'*Aire*, & son histoire abrégée. 381
La petite ville de Grenade. 382
Le *Marsan* ; abrégé de son histoire, Ibid.
Le *Condomois* ; son histoire abrégée, son terroir, son climat. 383
La ville de *Condom* ; origine de ce nom ; érection de son évêché. 384
Population de cette ville ; hommes célebres qu'elle a produits. 385
La petite ville de *Nerac* ; par qui bâtie ; son château ; ce qui s'y est passé de remarquable. Ibid.
Le pays de *Gabardan* ; son terroir, ses vicomtes, 386

LETTRE CDLI.
Suite de la Gascogne.

L'*Armagnac*, ses bornes, son terroir, ses productions. 387
Division de ce pays ; ce qu'il étoit anciennement. 388
Ses comtes ; puissance à laquelle ils parviennent. 389
Bernard VII, chef du parti des Armagnacs sous le roi Charles VI ; sa fin malheureuse. 390
Jean V ; sa conduite scandaleuse & criante. 391
Branche d'*Armagnac-Nemours* ; l'un d'eux a la tête tranchée. 392
La succession d'Armagnac vient au duc d'Alençon. 393
Elle entre dans la maison d'Albret. 394
Dans quelle maison est aujourd'hui une partie

de ce pays. 295
Le pays des Quatre-Vallées. Ibid.
La vallée d'Aran. 396
Le bourg de Bagneres de Luchon; ses eaux minérales. Ibid.
Le petit pays de Verdun. Ibid.
Le pays de Riviere; la ville de l'Isle-Jourdain. 397
L'Astarac, & Mirande sa capitale. Ibid.
Comtes particuliers de ce pays. 398
La ville d'Ausch; sa métropole, son ancienneté. 399
La cathédrale de cette ville; sa population. 400
Restes de l'ancienne ville d'Eause; ce qu'elle a été. Ibid.
La petite ville de Nogarot. 401
Le comté de Fezensac. 402
La petite ville de Fleurance; le bourg de Leyrac. Ibid.
La Lomagne; Lectoure sa capitale; le bourg de Vic-Lomagne. Ibid.
La petite ville d'Auvillars. 403
Ce qu'est devenue la seigneurie de Lomagne. 404

Fin de la table du tome XXXIII.